SDS 时代书局

我为峰

中国古代四大帝王心灵史记

韩联社 著

ARTTIME 时代出版
时代出版传媒股份有限公司
北京时代华文书局

图书在版编目（CIP）数据

我为峰 / 韩联社著 . -- 北京 : 北京时代华文书局 , 2015.7
ISBN 978-7-5699-0230-3

Ⅰ . ①我… Ⅱ . ①韩… Ⅲ . ①中国历史－通俗读物
Ⅳ . ① K209

中国版本图书馆 CIP 数据核字 (2015) 第 071731 号

我为峰

著　　者 | 韩联社

出 版 人 | 田海明　朱智润
统筹监制 | 王　水
责任编辑 | 王　水
责任校对 | 尚　蕾
特约编辑 | 潘小娴　宋　燕
装帧设计 | 小徐书装　九章文化
责任印制 | 刘　银　訾　敬

出版发行 | 时代出版传媒股份有限公司 http://www.press-mart.com
北京时代华文书局 http://www.bjsdsj.com.cn
北京市东城区安定门外大街 136 号皇城国际大厦 A 座 8 楼
邮编: 100011　电话: 010 - 64267120　64267397
印　　刷 | 三河市华晨印刷有限公司　0316 -3650704
（如发现印装质量问题，请与印刷厂联系调换）
开　　本 | 710×1000mm　1/16
印　　张 | 14
字　　数 | 230 千字
版　　次 | 2015 年 7 月第 1 版　　2015 年 7 月第 1 次印刷
书　　号 | ISBN 978-7-5699-0230-3

定　　价 | 28.00 元

自序
浓妆艳抹数千载，再添一笔又若何？

那天午夜，似乎是南柯一梦初醒，尚在恍惚怔忪之间，只见一轮大而圆的月亮孤悬空中，凛冽的月光照耀天地。我沿着月光的弧线，恍然走出屋来，立刻被斑斑驳驳的光晕笼罩了。眼前的世界，朦胧缥缈，幽邃迷离，山崖入云，古木倚天。时而阴风怒号，鬼影憧憧；时而金戈铁马，鲜血淋漓；时而阴晴四合，天地翻覆。这是怎样的一个神秘莫测的世界啊！我沿着脚下一条崎岖凸凹犹如赤练蛇一般的幽径，试探着挪动脚步，懵懂向前，嘭！只听一声沉闷的巨响，天灵盖似乎被一支来自远古的阴沉木撞碎了。忍着浸骨痛楚，抬眼一望，眼前矗立着一株耸入云霄的参天古木，顶天立地，枝叶如铁，不知在世间屹立了几多世纪？环顾四周，但见古木戳天，兀立寰宇，嗡声四溢，回声千古……

老实说，这就是我开始写作《我为峰——古代帝王的心灵史记》的内心感触。那些古代伟大政治家，譬如中国的秦始皇、曹孟德、武则天、成吉思汗，外国的亚历山大、恺撒、彼得大帝、拿破仑，等等，堪称人类历史上最伟大的山峰式人物。在属于自己的时代里，他们叱咤风云，移山填海，改天换地，建立了可歌可泣之奇功，开创了千古不朽之伟业。这样一群顶天立地名垂古今的英雄人物，哪里是吾等俗人可以攀追的啊！你企图用一本薄薄的书，追溯他们百转千回的历史踪迹，描绘他们波澜壮阔的心灵世界，简直是一个不可能完成的任务。我开始为自己当初的“雄心壮志”后悔了。

面对着浩如烟海的历史资料，究竟如何梳理思路，把握笔触，犹如老虎吃天，无处下口。正史，野史，戏说，传奇，令人眼花缭乱，不辨南北，恍惚之间，不知今夕是何年？就像一位蹩脚厨师面对着一大堆烹饪食材，却不晓得怎样才能捯饬出一桌美味佳肴。迷失于青史烟云，迷失于资料荒山，迷失于千百年来的嘈杂哓哓。一个基本的情形是，但凡伟大的历史人物，各种历史记载可谓浩瀚无边，汗牛充栋，摘编、剪裁、炒作这些资料，最后会弄成麦秸垛一般的“资料堆积”，毫无新意，毫无意义。要使你的写作具备哪怕一点点新意，就必须跳出这个无数人重复了无数遍的“资料怪圈”，融入富有个性特色的元素。所谓“个性特色”，并非八卦历史，胡编乱造，而是要注入属于作者个人的历史观照与人生体验。具体来说，就是要实现“三个融合”——历史融合，资料融合，心灵融合。所谓“历史融合”，就是符合历史发展之规律，使自己的笔触与历史波澜相吻合，不能逆历史潮流而动；所谓“资料融合”，就是要注重历史细节，每一个历史事件的叙述，都要有依据，有出处，不能随意编造，这是忠于史实的基本要求；所谓“心灵融合”，就是从最基本的人性出发，实现古人与今人的灵魂穿越，以作者之心灵律动感知古人之心灵律动，以今人之喜怒哀乐诠释古人之喜怒哀乐，一言以蔽之，就是要写出一部颇具私密性独特性普遍性的古代政治家之心灵史记。从人性的角度，从心灵史的角度，来解读那些神秘莫测的古代大师，虽属管窥蠡测，毕竟还算另辟蹊径，这也就成了本书不同于任何此类作品的一大特色。

在这个浮躁的时代，要沿着人性之光波，迤逦前行，抵达今人与古人心灵融合之化境，采摘几束滴露摇翠的心灵鲜花，真是谈何容易！许多年来，人们都在感叹：历史，不过是个任人打扮的小姑娘。说到底，无论古今中外，所有的历史记载，基本都属于这个被人肆意打扮的小姑娘，至于可爱与否，只有天晓得。那些历史学家先生们笔下演绎的历史，无不充满着强烈的演义色彩。从这个意义上说，那些历史学家的史识与见识，就决定了他与他的历史记述之优劣。中国史学著作之“前四史”，即司马迁《史记》、班固《汉书》、陈寿《三国志》、范晔《后汉书》，标识着四位作者的昆仑之才。毫无疑问，中国古代史学有着令人嗟叹的优良传统，春秋时期晋国史官董狐先生不惧斧钺，不畏权贵，不虚美，不掩恶，秉笔直书，被誉为“董狐笔”，“祸首燧人氏，厉阶董狐笔”（杜甫），“在齐太史简，在晋董狐笔”（文天祥）。可惜，随着历史前进的步伐，后来的历史学家们似乎愈来愈蜕化，渐渐地拜倒在帝王与权贵脚下，溢美之词杂沓横陈，谄媚之语甚嚣尘上，脊梁骨似乎普遍地缺钙；至于那些混淆是非颠倒黑白的伪历史学家，就只能付之一哂了。

一部浩浩青史，千百年来历经千百次梳妆打扮，其实早已非当初青枝绿叶的村姑模样了。浓妆艳抹数千载，再添一笔又若何？——这就是我爹着胆子，举着羸弱的手臂，抖索着写作此书的动力之所在。尽管，这一笔不过是画蛇添足，犹如稚子涂鸦，凌乱苍黄，毕竟还流溢着一些稚气与天真。经历了无数个难熬的夜晚，翻越了无数个嶙峋的山崖，穿越了无数个幽冥变幻的时光隧道，作者与那些历史巨人们朝夕相处将近一年时间，与他们歌哭嬉笑，相依相伴，就像一株无名小草依偎在一座座林木蓊郁的高山之下，那种仰望之幸福、灵神之翱翔、心海之翻腾，实在难以为外人道也。似乎是好多回，烦躁得云遮雾绕，疲惫得海枯石烂，真想甩手放弃，转身跑开。然而，在身后隐隐约约呼啸的，不是历史的熏风，却是先贤的呼唤。作为一个作者，你根本没有理由，来拒绝那些历史大师们雷霆一般的声声叮咛。时光永在流逝，心海永在沸腾，今日暮色斜阳，明天日照辉煌，你怎么会晓得，天上究竟哪片云彩会下雨呢？除了低头耕耘，你还会做什么，还能做什么呢？于是，随着日出而作，日落而息，终于咬牙完成了这部菲薄的书稿。至于质量若何，那就不是作者可以妄自夸口的了。

需要郑重申明的是，由于作者的知识积累与写作技艺所限，在这本荒草一般杂乱的书中，肯定存在着很多缺点与不足。在此，恳请诸位读者不吝赐教，批评指正！

2014 年 4 月 9 日

目　录

嬴政：沙丘宫里月色昏黄

一

人们脑海里一瞬间闪过的念头，称为“一闪念”，迅疾如闪电划过天空，转瞬即逝，消失于波澜起伏的纷乱思绪里；其弧光蝶影映射到客观世界，究竟会带来怎样的现实危害呢？——恐怕没人能说得清楚。

其实呢，这不过是个伪问题罢了。所谓“一闪念”，即是刹那间从人们脑海中闪过的一个念头，不过如浩荡秋风里的一缕风丝，淅沥秋雨里的一滴水珠而已。

对于天底下亿万草木之人而言，那些在烦恼人生中出现的“一闪念”，不过平淡如斯，平常如歌；然而，对于那些历史巨人们，譬如古代的帝王将相，他们在特定历史时刻的“一闪念”，有时候却会演绎出电闪雷鸣、山呼海啸之历史悲剧，造成天崩地坼、血流成河之悲惨景象，葬送好不容易打下来的万里江山。

此刻，让我们穿越时空，追溯历史，回到秦始皇三十七年（公元前 210 年）那个遥远的冬天。那是农历十月，白雪未落，寒风吹拂。在大秦帝国都城咸阳，天光依然豁朗，大地依旧沉浮，秦始皇帝嬴政遥望蓝天，俯视大地，决定第五次巡游天下。他令右丞相冯去疾留守京师，料理政务，自己带着最信任的几位左膀右臂，左丞相李斯、中车府令赵高、将军蒙毅，一起出京巡游。其余大批文武百官，一律扈跸随行，其卤簿仪仗，辉耀天地，銮驾车骑曳起的滚滚尘烟，势如野马，遮天蔽日。

按照当时官员的位置排列，右丞相就是在皇帝右边侍立的丞相，也称主相；

左丞相就是在皇帝左边侍立的丞相，也称副相。李斯位在冯去疾之下，然而在皇帝那里炙手可热的程度，却在老冯之上，每次随驾出巡，侍奉左右，即是证据之一。而赵高的中车府令之职，乃古代执掌乘舆之官，负责管理皇帝的乘舆与玺印，相当于皇帝的私人秘书兼司机，虽然身份不过是奴才，却是贴身近侍，权势熏天。

正当銮驾临行之际，皇帝的少子胡亥跑到父皇跟前，再三要求随行。20岁的胡亥稚气未脱，玩心正盛，万分渴望跟随父皇游览祖国的大好河山。胡亥是秦始皇最小的儿子，在诸位皇子中排名第十八，其生母姓甚名谁，已不可考；他自幼跟随赵高学习法律与书法，对这个闻名古今的大恶人，是否有些情感与心理依赖，不得而知。以往皇帝出行巡游，从来不带皇子，今次胡亥再三乞求，令这位天下之至尊的心里，颇感纠结。他对皇子们向来十分严厉，弄得皇子们在他面前一律噤若寒蝉，只有这个小儿子胡亥敢于近前撒赖。他不欲助长胡亥的游玩之心，可是看着他乞求的眼神，又不忍心加以拒绝。嬴政作为一个父亲，对自己最小的儿子，内心里也是稍微有些宠爱呢。在他眼里，胡亥天真单纯，恍若一张白纸，或者一方白璧，虽然稍显痴顽无赖，毕竟瑕不掩瑜。此刻，一个忽明忽暗把握不定的念头，在皇帝脑海里恍然闪过：可？还是不可？

这时，中车府令赵高正站在旁边，这个一眨眼一个坏主意的家伙，看到皇帝犹豫不决，便大胆开口为胡亥求情，说少子一心想着路上照顾陛下呢，一片孝心苍天可鉴。话虽轻巧，却触动了一个父亲的心灵。世界上哪个父亲，不希望自己的儿子恭顺孝敬呢？嬴政虽然被誉为“千古一帝”，毕竟也是血肉之躯，也有舐犊之情。经过片刻迟疑，向来说一不二铁嘴钢牙的秦始皇，居然点头同意了。

就这样，胡亥在最后时刻，搭上了父皇第五次巡游天下的末班车，他的兴高采烈，可想而知；然而，如日中天的大秦王朝，却为了秦始皇恍然之间的“一闪念”，为之震动了许久，许久；中国历史的天空，似乎也随之黯淡了一瞬；辽阔的中华大地，也为之晃摇了片刻。

历史证明，秦始皇在这一刹那间的犹豫，以至于最后点头同意胡亥随行，给大秦王朝带来了无可挽回的灭顶之灾。这一微不足道的举动，为日后始皇帝遽崩沙丘宫，奸贼赵高勾结左丞相李斯，发动“沙丘宫政变”，扶立胡亥篡夺帝位，埋下了重大祸根。中国历史上第一个封建王朝，由此走向了动乱与崩溃，其迅即垮台犹如巨石滚落山崖，崆峒巨鸣，势不可挡，至于二世而亡。呜呼！历史之利箭，只在一瞬间，就喀喇一声，击中了秦始皇脑海中的一闪念，如此轻巧，又如此具有毁灭性。对这个导致秦王朝发生宫廷政变、引发天下动乱，进而改变了历史进程的短暂时刻，太史公司马迁在《史记·秦始皇本纪》中只留下了轻描淡写的一句话——“少子胡亥爱慕请从，上许之。”

秦始皇第五次巡游天下，銮驾沿着帝国交通要道——秦楚大道，奔赴帝国的东南方向。皇帝一行由都城咸阳出发，迤逦直奔武关而来。武关位于陕西丹凤县东武关河北岸，乃帝国要冲，地势峻拔，与函谷关（位于河南灵宝市北）、萧关（位于宁夏固原县东南）、大散关（位于陕西宝鸡市南大散岭上），并称为“秦之四塞”。

这条穿越武关要塞而南下的秦楚大道，是秦国都城咸阳通往全国的九条驰道之一。秦始皇在统一六国后的第二年（公元前 220 年），下令修筑以咸阳为中心通往全国各地的驰道。经过多年艰苦努力，耗费大量人力物力，先后修成九条驰道——东方大道，由咸阳出函谷关，沿黄河经定陶、临淄，至山东最东段渤海之滨的琅琊山；西北大道，由咸阳至宁夏、甘肃临洮；秦楚大道，由咸阳经陕西武关、河南南阳，至湖北江陵；川陕大道，由咸阳通往巴蜀栈道；江南新道，南通四川广东、西南达广西桂林；北方大道，由九原（今内蒙古包头）沿长城东行至河北昌黎碣石山，以及与之相连的从云阳（今陕西淳化）至九原长达 900 余公里的直道等。据班固《汉书》记载，秦筑驰道“东穷齐、燕，南极吴、楚江湖之上，濒海之观毕至”。纵横华夏的九条驰道，恍若九条巨龙，南北东西，贯通全国，全长达数万公里。道宽五十步（约 69 米），每隔三丈（约 7 米）栽植青松一棵，路面用金属锤夯筑厚实，路中间为专供皇帝出行的核心禁地。对于驰道宽“五十步”之说，后人多有争论，至今存疑，有人认为路面不可能如此宽阔。无论如何，驰道是中国历史上最早的“国道”，应该是没有疑问的。

秦始皇登基称帝之初，即举全国之力，大规模修筑驰道，一方面沟通了全国各地陆路畅通，促进交通发达与经济繁荣；另一方面，秦皇可以通过驰道往来，威加海内，镇服四方。有记载说，所谓驰道乃“天子之道”，即汉代所说的“中道”，属于皇帝的专用车道，不但老百姓不许上路，甚至连朝廷大臣、皇亲国戚，都不能随意闯入。秦始皇沿着四通八达的“天子之道”，先后五次巡游全国，却只有一次西游，其余四次，都是前往东方逡巡。之所以出现这种“一边倒”的情形，可能与东南方向存在着某种神秘力量有关。《史记·秦始皇本纪》记载，秦始皇经常遥望南天，口中喃喃自语，说“东南有天子气”，于是借东游之举“以厌之”。此处之“厌”作动词，指一物压在另一物身上，引申为弹压之意也。至于这种无形无味的所谓“天子气”究竟来自何方，他没有细说，太史公也没作解释，后人只能存疑了。秦始皇屡次万里奔波向东方，希望自己这位真龙天子现身江湖，以湮灭那股吱吱生烟的“天子气”，巩固帝国的万里江山。而他一生的最后一次出游，亦即第四次出巡东方，却意外地成了他告别这个繁华世界的“永诀之旅”。这一点，是气吞山河睥睨一切的秦始皇万万没有料到的。究竟是不是那股妖异淫邪的“天子气”从中作祟，我们不得而知；但秦国从此陷入动乱，走向衰亡，却是铁一般的历史事实。

皇帝的銮驾在峰崚错落的武关盘桓数日，开始沿着苍茫原野南下，乘船渡过汉水，于十一月来到云梦九嶷山，在萧萧寒风里遥祭大舜。

九嶷山又名苍梧山，位于今湖南省宁远县境内，南接罗浮，北连衡岳，峰峦叠峙，深邃幽奇。《史记·五帝本纪》记载，舜“践帝位三十九年，南巡狩，崩于苍梧之野，葬于江南九嶷，是为零陵”。《水经注》云：“苍梧之野，峰秀数郡之间，罗岩九峰，各导一溪，岫壑负阻，异岭同势。游者疑焉，故曰：九嶷山。”秦皇第一次东巡的时候，乘船到湘山祠，在湘江上遭遇大风袭击，几乎把船掀翻，他雷霆大怒，喝问湘水之神是哪个？随行博士官告诉他，湘水之神乃是尧帝之女、舜帝之妻娥皇女英。当年舜帝驾崩于此，两位痴情女子千里迢迢追踪而至，泪洒湘妃竹，投江而死，化为湘水之神，号曰湘君。秦始皇向来认为自己功兼三皇五帝，尧女舜妻算什么，一介湘君竟敢给朕兴风作浪耍威风，于是命令3000刑徒伐光湘山之树，然后纵火焚烧，弄得万木葱茏的一座神山变成了秃山。几年过去，当秦始皇再次来到这里时，态度却为之一变，“望祀虞舜于九嶷”。这种前倨后恭之态，是否预示着他的心态变得有些平和了呢？

离开云梦，皇帝一行浩浩荡荡，沿长江而下，一路过丹阳，至钱塘，临浙江，登上会稽山，祭祀大禹，然后沿海岸北上，直达山东琅琊的滔滔大海边。秦始皇一生钟情大海，曾经数次绕海巡游，饱览大海风光的同时，更加向往着传说中的海上三座神山——蓬莱、瀛洲、方丈。

自从登基称帝那天起，秦皇就孜孜不倦地追求长生不老，狂食丹药，那些装神弄鬼怪迂苟合的神仙方士，纷纷苍蝇一般涌入，把他忽悠得昏天黑地，头晕目眩。这些嘴巴抹油号称能呼风唤雨撒豆成兵的骗子们，把贪生怕死的皇帝搞得万分痴迷，赐给他们无数金银财宝，和一连串耀眼的封号。皇帝身边的方士，卢生、侯生、徐福等人，鼓动三寸不烂之舌信口雌黄，上天入地为皇帝寻求仙人与仙药，耗费了大量金银财宝，却始终没见到神仙的一丝踪影。侯生当初是韩国人，以大忽悠闻名四方；卢生是燕国人，他声称皇帝身边有恶鬼出没，恶鬼避，真人出，导致皇帝在咸阳周围大起宫殿，行踪诡秘，脱离群臣，性情愈加孤僻。

徐福是琅琊（今山东诸城）人，海边出生，海边成长，正是这个传说中的神人，创造出了海上三神山的童话。他上书秦始皇，称海中有蓬莱、瀛洲、方丈三座神山，缥缈奇幻，轩廊仙阁，神仙飘忽往来，长生不死之丹药，就在云间闪烁。秦始皇读罢，如痴如醉，即刻赏赐大量财宝，命他入海寻仙，求取丹药。徐福诺诺连声，擎着皇帝御赐宝物而去，说是奉命寻仙，却似泥牛入海，一直没有回京复命。根据民间传说，这位徐福先生后来奉皇命带领三千童男童女，乘楼船入海求仙，后来却不知所终，有人说是遭遇海难，命丧大海；有人说是随波漂到了日本列岛，繁衍生息，徐福及三千童男童女，从此就成为了日本人之先祖。只是，这个神乎其神的民间传说，可信度并不高。

凑巧的是，秦始皇第五次出巡来到琅琊海边时，竟然邂逅了这位口若悬河的大嘴徐福。皇帝令徐福前来见驾，询问仙药何在？徐福唯恐触怒皇上丢掉小命，扑通跪倒，撒谎说："蓬莱药可得，然常为大鲛鱼所苦，故不得至，愿请善射与俱，见则以连弩射之。"对于徐福的满口胡话，以及这头莫须有的"大鲛鱼"，皇帝却深信不疑，他当夜酣然入梦，梦见自己与一个奇形如人的海神恶战，醒来请博士释梦，这位博士大约早就被徐福收买了，胡诌说水神不可见，令大鱼蛟龙为侦探，只有除掉这个恶神，而善神可至，仙药可得也。为了得到长生不死之药，秦始皇乃亲自登船，持弓执箭，追杀巨鱼。这场海上的人与鱼之战，荒唐得近乎可爱，娱乐得近似传奇；皇帝在惊涛骇浪之中，威风凛凛傲立船头，张弓搭箭，时刻准备射击，这幅秦始皇帝战恶龙的画面，像一幅古迹斑斑的历史剪影，是如此的生动美妙！可惜的是，海上虽然风起浪涌，却始终不见巨鱼踪影，皇帝不肯罢休，从琅琊一直追到芝罘（今山东烟台附近），忽然发现海上巨浪起伏，巨鱼隐约现身，皇帝勇猛出击，射杀了这条巨鱼。仰天大笑的同时，秦始皇忽然感到脑袋一阵晕眩，疲惫之波如涛似浪，开始在周身弥漫。这场人鱼之战，从琅琊一路追到芝罘，在海浪中颠簸了一千余里，对于年届五旬的秦始皇而言，实在是太过冒险，太过劳累啦，以至于銮驾抵达平原（今山东平原县）的时候，他就轰然病倒了。

这时候，时令已经进入第二年的夏天，灼热的阳光，开始明晃晃照耀大地，万物滋滋生长，欣欣向荣。秦始皇望着驿动的御辇外明亮的阳光与广袤的绿野，痛感了身心俱疲带来的力不从心。发病之初，他尚能勉强坚持餐饮，料理政事，等到了沙丘（今河北广宗县西北）之时，病情愈加沉重，卧病不起，进食艰难，浑身难受犹如抽筋拔骨，呈现出奄奄一息的濒危之状。沙丘距离都城咸阳还有1400多里，继续前行，已无可能，留在这里，缺医少药，一旦驾崩，那还了得？到了这个危急时刻，皇帝身边的一干高级随从，李斯赵高胡亥等等，一个个都慌了手脚，不知所措。此前，将军蒙毅奉皇命前往外地，代替患病的皇帝祭祀神灵，祈求消灾祛病，只剩了李斯、赵高等人随驾护航，危急关头，这两个家伙阵脚大乱，走投无路，只得让病入膏肓的皇帝住进了沙丘行宫之中。

据《广宗县志》记载，广宗全境地势平缓，土壤大多属于沙质，到处堆积成丘，古名曰沙丘。秦皇的沙丘行宫，就建在广宗县平台村南一带，那里至今还有一处长150米、宽70米的沙丘平台遗址，当地百姓曾经在这里捡拾到过古代陶器、铜饰品残片，以及绳纹瓦当碎片等遗物。

这片连绵平缓的沙丘之地，细沙如雪，柔滑如肤，却笼罩着历史的千年尘烟。遥想当年，商纣王在这里大兴土木，修筑苑台，“沙丘苑台”因此成了中国最早见诸文字记载的皇家园林。那时候，古漳水从这里缓慢流过，水草肥美，林木葱郁，纣王在苑台内大起楼台亭阁，广植奇花异木，驯养奇禽异兽，使这里成为了集游猎、观赏、祭祀、栖憩、嬉戏为一体的人间天堂。纣王与宠妃妲己在这里醉生梦死，游嬉无度，“大聚乐戏于沙丘，以酒为池，悬肉为林，使男女裸，相逐其间，为长夜之饮”（《史记·殷本纪》）。成语“酒池肉林”，就源于此。

战国时期，这里是赵国属地，雄才大略的赵武灵王，最后却被自己的儿子困死沙丘宫，殊为可悲。赵武灵王是我国历史上著名的改革家，战国时期最杰出的人物之一。当时，赵国实力薄弱，常常成为他国刀俎之下的鱼肉。赵武灵王施行“胡服骑射”，要求人们改变传统习俗，脱下臃肿的汉装，穿上轻捷的胡服，跨上战马习练骑射。在弱肉强食的残酷竞争中，这一决策无疑是英明的，尽管受到守旧势力的强力阻击，由于他的果决刚毅，使这场改革得以深入发展，赵国在一个较短的时期里实现了富国强兵，“二十一年，攻中山。中山献四邑和，王许之，罢兵。二十六年，复攻中山，攘地北至燕、代，西至云中、九原。”几年之后，中山国终于被赵国所灭。

然而，英明如赵武灵王，却在选择接班人问题上表现出少有的优柔寡断，导致两个儿子手足相残。经过再三犹豫，他传位给小儿子赵何，是为赵惠文王，自己做了“主父”，同时为了保持平衡，把大儿子赵章封为代王，号称安阳君，并打算将来把赵国一分为二，分赐两个儿子。他的所谓“两全之策”，引起了两兄弟之间的龙争虎斗。在江山归属面前，所谓骨肉亲情，不过如落花流水而已。公元前259年，“主父”带领惠文王到沙丘巡游，父子俩分别住在两个行宫里。赵章与党徒田不礼等人见有机可乘，决心先下手为强，假传父命召惠文王前往见驾，打算乘机诛杀之，惠文王岂是等闲之辈，意识到大事不妙，在谋臣公子成、李兑支持下，即刻出兵围攻赵章，赵章一见大难临头，仓惶逃入老爹行宫避难。惠文王命令大军围困老爹行宫，将官挥剑闯入，搜出赵章并当场杀掉了。但是，悲剧并没有到此结束，公子成、李兑等人害怕“主父”追究罪责，命令大军继续围困，惠文王对父王心怀恨意，不肯下令撤围，可怜英雄一世的赵武灵王，欲出不得，又不得食，饿得将宫中鸟窝中的小鸟都掏出来吃了，“三月余，而饿死沙丘宫”。一代人杰，就此殒命！这一悲惨事变，史称“沙丘宫政变”。

二

追根溯源，秦始皇这位威震中外的千古一帝，却是源自于一个天才商人的惊天策划。这位擎天驾海的天才商人，就是秦始皇曾经的“仲父”吕不韦。

让我们先沿着大秦皇统，进行一下简单追踪——秦始皇嬴政是秦庄襄王的儿子，秦庄襄王原名异人，世称子楚，是秦昭襄王的孙子、秦孝文王的儿子。秦昭襄王是个贤明君主，他在位期间，秦国疆域得到扩张，他修筑黄金台招贤纳士的传说，更是吸引着天下英才翩翩来归。秦昭襄王的儿子秦孝文王作为太子时，被称为安国君。这位安国君贵为太子，妻妾成群，生有20余个儿子，子楚排行居中，子楚之母夏姬并不得宠，在安国君的诸多儿子中，子楚属于一个无足轻重的人物。若按照大秦江山正常的传承顺序，子楚根本没有机会靠近王位，不过是一个稀松平常的公子哥儿。然而，有时候，一些匪夷所思的机遇，却会光顾那些黯淡无光的星辰。这的确也是一个无法解释的谜团。子楚命运的转机，居然来自于一次阴差阳错的“发配”。

那一年，年少的子楚受到爷爷秦昭襄王召唤，得到的恩赐，却是将他发配到赵国去做“质子”。所谓质子，其实就是人质，是春秋战国时期各个诸侯国之间互相交往的一件“信物”。经过多年混战，国与国之间的仁义与诚信，已经消亡殆尽，背信弃义之举，尔虞我诈之事，实在多如牛毛。弱国为了取得强国的信任，进而谋求扩大自己的生存空间，就派遣人质到强国作为抵押；那些有资格充当人质的人，一般都是王亲贵戚，多为王子或世子，故称质子。强国为了取得弱国的服从与支持，有时候也不惜屈尊赔笑，遣子为质，以示友好。子楚被送到赵国充当人质，无疑属于这种情况。因为就国势国力而论，秦国比赵国要强盛得多。秦穆公在百里奚、蹇叔等贤臣辅佐下，成为春秋五霸之一；秦昭襄王也是一个颇具韬略的政治家，在位期间纵横捭阖，不断开疆拓土。强盛的秦国居然质子于相对弱小的赵国，显然只是个权宜之计，其背后肯定蕴含着某种军事政治图谋。

战国时期最著名的两个人质，一个是秦国公子子楚，一个是燕太子丹。太子丹本是燕王喜之子，燕国革命事业的接班人，在秦国发动大规模灭韩战争前夕，被燕王喜送到秦国当人质，备受折辱，历经千辛万苦，不惜破面毁容逃回燕国，立誓报仇雪恨。可是，毕竟天下大势归于一，秦朝大军横扫六合，眼看就要兵临易水，太子丹剑走偏锋，聘请江湖上的传奇剑客荆轲出山，伺机刺杀秦王。燕太子丹与击筑能手高渐离一起，在阴云低垂的易水河畔，悲歌击筑，为荆轲壮行，高渐离掩泪击筑，慷慨高歌，“风萧萧兮易水寒，壮士一去兮不复还！”三人涕泗横流，易水为之呜咽。荆轲迎着凛冽西风，高蹈忠义之节，昂然踏入秦廷，以献图为名谋刺秦王，图穷匕首见的危急时刻，可惜剑术不够精良，一击不中，被太医夏无且的药囊砸得脚步趔趄，缓过神儿来的秦王拔剑连刺八剑，荆轲功亏一篑，血染秦廷，虽然名动青史，只是徒留悲壮。燕王喜后来在秦国大军追击之下，被迫诛杀太子丹，并将首级奉送秦王，乞求罢兵。

子楚到赵国做人质的时候，正是中国古代最为动荡的一个历史时期，春秋与战国交替，春秋余绪浸透血腥，战国硝烟七雄混战。

春秋时期，亦称春秋，因孔子修订《春秋》而得名。这部鲁国史书，记载了从鲁隐公元年（公元前 722 年），到鲁哀公十四年（前 481 年）的主要历史事件。后人为了简便，一般从周平王元年（前 770 年）东周立国算起，到周敬王四十四年（前 476 年）为止，称之为“春秋时期”。这一时期，曾经威震天下的周王室日渐衰微，周王朝几乎沦为一个中等诸侯国，成了一只失去威力的纸老虎。山中无老虎，猴子称大王。各诸侯国之间互相攻伐，战争持续不断，动乱时有发生，弑君现象屡见不鲜。据《春秋》、《左传》记载，春秋二百四十多年间，先后有 43 名君王被弑毙，52 个诸侯国被剿灭，各种战事 480 多起，诸侯之间的盟会和朝聘达 450 余次。

然而，春秋战国时期最为吸引眼球的，并不是这些血流遍地的诛戮杀伐，而是两项在当时和后世影响巨大的史实：一是春秋五霸争辉，二是战国百家争鸣。历史上流传至今的春秋五霸名单，并不尽相同，流传最广的两种说法，一说是齐桓公、晋文公、宋襄公、秦穆公、楚庄王；一说是齐桓公、晋文公、楚庄王、吴王阖闾、越王勾践。无论哪个名单更准确吧，这些人都是那个动乱时代里鏖战疆场的枭雄，他们剑挑历史，血染青山，在西周末年群龙无首天下大乱之际，雄霸一方，主观上实现了自己称王称霸的狼子野心，客观上却推进了国家局势的相对稳定，无疑属于时代发展的正能量。他们争霸天下的故事，至今传诵不衰，已经成为一笔宝贵的历史财富。

如果说，春秋五霸伴随着血流遍地，战国百家争鸣则谱写了一曲令后人艳羡不已的百花齐放之艳歌。儒家之孔子、孟子、荀子；法家之商鞅、韩非、管子、子产；道家之老子、庄子；诡辩家之惠施、公孙龙、邓析；兵家之孙武、孙膑、吴起；墨家之墨子；阴阳家之邹衍——堪称群星璀璨，辉耀天地。那是一个鲜花与毒草竞放、思辨与谬论争艳、莺歌燕舞与鲜血迸流交织的时代，也是一个思想大解放、文化大繁荣、社会大整合的时代。孔子的《论语》风行天下，只言片语，涵盖大道，至今仍为国人案头之宝典；庄子的《逍遥游》《齐物论》，汪洋恣肆，若天水横流，至今仍为后人所景仰；老子的《道德经》，道可道非常道，名可名非常名，空灵若无一物，却又涵盖古今，其超脱高妙之境界，至今无人能及。而周文王姬昌被纣王拘禁期间演绎《周易》，虽然产生时代早于春秋战国，不属于百家争鸣范畴，却无疑也是一部划时代巨著。

孔子开创的儒家学派，无疑属于春秋时期的思想精华，后来经过汉武帝铁腕推广，“罢黜百家，独尊儒术”，成了中国封建社会钦定的官方意识形态，几千年以降，脉续至今隆盛，影响遍及世界，“孔子学院”全球开花。老子的《道德经》，在中国古代思潮的海洋里几经载浮载沉，到了东汉末年，一代天师张道陵在成都西部之鹤鸣山创立“五斗米道”，为道教的定型化之始，奉《道德经》为经典，将道教推向巅峰，老子也顺理成章一跃成为道教之鼻祖，被尊为“太上老君”。据记载，张道陵乃张良八世孙，7岁诵《道德经》，长为博学之士，相传他以虎为坐骑，云游天下，耕云播雨。

两汉之际，印度佛教通过西域，逐渐传入中国内地，并与儒学和道教渐渐融合。历史进入唐代，儒释道三教开始合一。释，即佛教创始人释迦牟尼的简称，后泛指佛教。所谓儒释道，亦即儒佛道。儒佛道三教讲论，虽然肇始于北周武帝宇文邕时期，然而直至唐代，开始以儒佛道三教名流论难为风尚，并渐由论难而趋于融汇与调和，渐渐臻于三教合一，互相交流，互为影响，最终导致佛教与道教的世俗化，以及儒学的通俗化。所谓世俗化，就佛道两界而言，就是从远离人间烟火的虚寂、玄冥世界，回归到充满人情味的尘俗世界；就儒学而言，就是推翻朱熹非人性的“存天理，灭人欲”之说，从程朱理学那种极端化“天理”，回归合乎自然合乎人情的“人欲”。到了明代，儒释道已经与尘俗世界高度融合，士大夫们对于佛与禅的解读与领悟，其世俗化倾向一如焚琴煮鹤，可堪玩味也。

问：何为佛？答：（1）父母即佛。《观无量寿佛经》开释说，人要得道，需修“三福”：孝养父母、奉事师长、慈心不杀。对于芸芸众生而言，父母乃天地至大，自然是佛。（2）心即佛。弘治年间鹿园居士万表先生以宁静淡泊自励，他在《玩鹿亭稿》中说，佛在自心，岂能他求？“外心以求佛，是废畎亩而望雨谷于天，终必饥亡而已。”（3）禅即刚。万历年间东阁大学士李廷机为政廉洁，然性情刻深偏愎，他将禅定义为“刚”、“割得断”，其底蕴就是为国为民勇于任事之俗世价值观，并且要拿得起，放得下，既不啰唆，也不得瑟。（4）世事即佛事。明代著名思想家李贽别号温陵居士，历任共城知县、国子监博士等，自撰楹联曰：“听政有余闲，不妨甓运陶斋，花栽潘县；做官无别物，只此一庭明月，两袖清风。”他说，所谓佛事，无非人事，“天下宁有人外之佛，佛外之人乎？”在他看来，即如阿弥陀佛，也不过是“寻常孝慈之人而已”。

转瞬之间，春秋逝去，战国来临。

战国时代，因各诸侯国之间连年战争被称为“战国”，西汉末年刘向编著《战国策》一书，“战国”二字才开始作为时代之冠名。战国开始的年代说法不一：其一，《史记·六国年表》说始于周元王元年（前475年）；其二，司马光《资治通鉴》说起于周威烈王二十三年（前403年）承认韩、赵、魏为诸侯；其三，吕祖谦《大事记》则说起于周敬王三十九年（前481年）；其四，林春溥《战国编年》和黄式三《周季遍略》都说起于周贞定王元年（前468年）。现在一般以司马迁《史记·六国年表》为准，从周元王元年（前475年）至秦始皇二十六年（前221年），称为“战国时代”。各种说法尽管起始点不同，终结点却是一个：秦始皇消灭六国、统一天下的公元前221年。

毋庸置疑，战国时代是中国古代分裂对抗程度最严重，且持续时间最长久的时期之一。“战国”一词，最早出自司马迁《史记·匈奴列传》：“冠带战国七，而三国边于匈奴。”战国时代的主角，似乎是7个国家逐鹿天下，然而那时候的诸侯国，却远远不止7个，先后有20多个诸侯国轮番登场，演绎英雄与狗熊的故事。对此，西汉著名文学家刘向在《战国策叙录》中的概括是：“万乘之国七，千乘之国五，敌侔争权，盖为战国。”所谓“万乘之国七”，是指齐、楚、燕、韩、赵、魏、秦，这7个最强盛的诸侯国，他们连年征战，互相攻伐，激烈绞杀，在军事、政治、外交等各个领域，展开了全方位的生死存亡之战，刀光剑影随着滚滚血流，阴谋诡计燃起熊熊火焰。

观察这一时期七国混战的历史现象，几欲令人眼花缭乱。我们站在今天的原野之上，自今视古，来俯视那个古老的年代，因为隔着太遥远的时空距离，其间横亘着太多的扑朔迷离，难免不知所措，不辨南北，像老虎吃天一样感到惶惑与茫然。对此，不妨运用综合提纯之法，总结一下战国时代最重要的历史文化遗产。战国时代最显著的两大特点，其一是合纵连横，七国争雄；其二是商鞅变法，秦国独大。“合纵连横”与“商鞅变法”，无疑是这个时代最引人注目的重大事件。

秦国在惠文王与昭襄王时期，尤其是昭襄王之时，不断作虎狼咆哮，对魏国、韩国、赵国、楚国用兵，意欲吞并。四国联合了齐国与燕国，联合抵抗、反攻。它们的联合，是南方之楚与北方之韩赵魏齐燕的纵的联合，史称“合纵”。秦国的对策，是胁迫东边的一国两国或更多的国，作由西到东的横的联合，史称“连横”。

那时候，伴随着春秋与战国的时代转换，一大批策士应运而生。所谓策士，是指那些奔走在各国之间，依靠三寸不烂之舌，忽悠天下游说诸侯的纵横之士。他们为了所依附的统治集团的利益，更为了自己的荣华富贵，八方游说，四处鼓吹，朝秦暮楚，见风使舵，成为那个时代里变色龙一般的势利竞逐之徒。然而，他们熟谙纵横之术，凭借伶俐口齿、机谋辩才，周旋于各国与各个政治集团之间，为诸侯们的攻城略地、谋国杀人、称王称霸，绞尽脑汁出奇谋，呕心沥血定妙策。公孙衍、张仪、苏秦、陈轸等口若悬河的忽悠大师，就是他们的典型代表。

尽管策士先生们妙语如珠，口吐莲花，似乎计谋若垂天之羽翼，可以笼罩天下万事万物。然而，七国争雄毕竟是一个国家综合实力的较量，比拼的是真金白银之多寡，与政治经济军事力量之雄厚。策士们那种云山雾罩的大忽悠，可以得逞于一时，不可能得逞于很久，更遑论得逞于一世了。西方的秦国依靠商鞅变法，迅速崛起，日益成为其他六国的威胁。六国在纵横家们的策动之下，大搞“合纵运动”，意欲联合抗秦，而秦国则利用六国之间的复杂矛盾，发动“连横战争”，采取远交近攻的计策，有针对性地逐个分化瓦解他们，这便形成了长达百年的合纵连横之战争奇观。

纵观秦国与六国集体上演的这出合纵连横征伐大戏，推动秦国走向强盛，并最后吞并六国一统天下的主要力量，无疑源自于由秦孝公强力支持、由著名改革家商鞅主导的重大政治改革举措——“商鞅变法”。

历史地看，列国争雄的战国时代是法家人物叱咤风云大显身手的一个历史时期。那时候，楚国用了吴起，魏国用了李悝，韩国用了申不害，秦国用了公孙鞅（即商鞅）。这些人，都是大名鼎鼎的法家人物。他们都希望通过推行严刑峻法，富国强兵，成就霸业。商鞅，无疑是一位鹤立鸡群的改革家。

商鞅（？—前338年），卫国（今河南安阳市）人，战国时期著名的政治家、改革家，法家学派的重要代表人物，又称卫鞅、公孙鞅，“少好刑名之学”，专研以法治国。早年漂泊魏国，成为宰相公叔痤的家臣。公叔痤病危，魏惠王亲往问病，并请教谁能安社稷？公叔痤举荐商鞅，说他“年虽少，有奇才，愿王举国而听之。”魏惠王默然。公叔痤又屏退左右叮嘱道：“王既不听用鞅，必杀之，勿令出境。”惠王允诺而去。国王一走，公叔痤内心忽然翻波，于是把商鞅招来，细说前后，令他赶紧逃跑避祸。商鞅淡定地说，魏王既不听先生之言任用我，怎么会听先生之言而杀我呢？惠王回朝，撇着嘴对诸臣说，公叔痤病势危矣，想让寡人把国政交给他的家臣公孙鞅，岂不是病糊涂啦？

公元前362年，秦国发生巨变，曾经下令废除殉葬制度的秦献公驾崩，其后21岁的秦孝公继位。这时，黯弱的秦国并不为各国重视，连权力早被架空的周天子都懒得搭理秦国，血气方刚的秦孝公对此无比愤慨：“诸侯卑秦，丑莫大焉。”于是他悍然颁布求贤令：“宾客群臣有能出奇计强秦者，吾且尊官，与之分土。”正在魏国徘徊的商鞅闻讯，快马加鞭，赶来应征。可是王宫深似海，轻易哪得入？他在秦国蹉跎两年之久，未能见到孝公，后来通过一位叫做景的太监，这才幸蒙召见。一见孝公，大谈“帝道”，听上去攀云追月，不过空话而已，孝公“时时睡，弗听”；二见孝公，改论“王道”，似乎上天可御电，下海可擒龙，孝公冷淡依然；三见孝公，言及“霸道”，孝公终于露出笑脸，感到“可与语矣”；四见孝公，“以强国之术说君”，孝公“不自知膝之前于席也”，两人促膝而谈，“语数日不厌”。孝公四见商鞅的形状，被太史公描绘得活灵活现，既表现了他的求贤若渴，也表现了他的耐心宽容与踏实务实。

公元前356年至公元前350年，商鞅扶摇直上，先后被任命为左庶长、大良造，成为显赫要员。那时候，秦国有四种庶长：大庶长、右庶长、左庶长、驷车庶长，既是爵位，又是官职。大庶长相当于丞相，右庶长为王族大臣首领，左庶长为非王族大臣首领，驷车庶长专门执掌王族事务。四种庶长之中，只有左庶长可由非王族大臣担任，其余都是王族专职。大良造又称大上造，为当时秦国最高官职，执掌国家的军政大权。

在秦孝公的鼎力支持下，商鞅两次颁布变法令，强力推行变法革新。制定严厉法令，实行以法治国；奖励军功，鼓励耕战；废井田制，设郡县制；登记户口制，实行连坐之法；废除世卿世禄制，实行军功爵制度。正当变法开展得如火如荼之际，太子秦公驷触犯新法，商鞅冷着脸说："法之不行，自上犯之。"太子乃储君，不能加刑，于是下令刑其傅公子虔，黥其师公孙贾，引起朝野轰动，于是"法大用，秦人治"。几年后，太傅公子虔再一次触犯新法，商鞅不顾太子苦苦求情，悍然下令施以割鼻之刑，从此与公子虔成为仇雠。变法十年，"秦民大悦，道不拾遗，山无盗贼，家给人足。民勇于公战，怯于私斗，乡邑大治"，国家日益强盛，在战国七雄中渐渐地鹤立鸡群起来。

公元前 340 年，商鞅奉秦孝公之命，率大军讨伐魏国，魏惠王令公子昂率军迎敌。商鞅与公子昂是老朋友，写信诈称相会结盟，乐饮罢兵。天真的公子昂不知有诈，应约前来，当场被擒，商鞅因此大破魏军，魏惠王被迫割地求和。到了这时候，魏惠王才恍然想起了当年公叔痤的话，恨恨地说："寡人恨不用公叔痤之言也。"虽然胜之不武，商鞅却因功受封于商邑（今陕西丹凤县），号为商君。

两年之后，秦国政局再一次剧烈动荡，秦孝公驾崩，秦惠文王即位，身居变法之巅的商鞅一下子跌入险境。秦国贵族赵良眼见商鞅积怨太深，前景不妙，极力劝说他早作打算，抛弃富贵荣华，到荒僻之地做一田家翁，"归十五都，灌园于鄙"，耕作于田园之中，汲露饮泉，悠然自得，颐养天年。可惜商鞅到了危险关头，依旧贪恋荣华富贵，不肯急流勇退。被商鞅割掉鼻子的太傅公子虔乘机报复，上书惠文王，诬告商鞅谋反，惠文王不问青红皂白，随即下令拘捕。商鞅连夜潜逃，逃至边关，欲宿客舍，但无证件，店家怕遭到"连坐"，不敢收留。逃往魏国，魏人怨恨他当初诈赚魏军，骂他是贼，不肯收留。一代改革大师，危急时刻被自己制定的严苛法令逼得走投无路，叫天天不应，唤地地不灵，最后被秦军逮捕，惨遭车裂。如此悲惨结局，令太史公司马迁连声感叹：“商君，其天资刻薄之人也。迹其欲干孝公以帝王术，挟持浮说，非其质矣……余尝读商君开塞耕战书，与其人行事相类。卒受恶名于秦，有以也夫！”

彪炳史册的商鞅变法，无疑取得了极大成功，使黯弱的秦国一跃成为七国之雄，然而，商鞅个人的命运，却很悲惨，最后跌落进自己编织的法网里，受到了世界上最惨烈的酷刑——车裂，也就是令人恐怖的五马分尸。

商鞅变法的极大成功与商鞅个人命运的极其悲惨，情与理如此相悖，势与事如此相违，崇高理想与残酷现实如此南辕北辙，实在令人深思。究其历史根源，大致有三：其一，商鞅依法治国，理念当然正确，但他所谓的法制在执行过程中，确实产生了严重偏差，有些法令过于严苛，过于峻烈，甚至达到了刻薄寡恩、暴虐残忍的程度。譬如，他下令实行连坐之法，株连无辜，弄得人人自危；他大肆增加肉刑，推行大辟、凿顶、抽肋、镬烹等酷刑，实行恐怖统治，所谓变法露出了青面獠牙的邪恶嘴脸，引起天下人的极端恐慌与愤恨。苛虐如斯，焉能不殃及自身？其二，商鞅不畏强权，不避危险，敢于刑上大夫，严惩触犯法律的太傅公子虔等人，为国法树威严，却为自己树立了死敌。他下令废除世卿世禄制度，创立军功爵新法，实行论功行赏，根据军功大小授予爵位，剥夺了贵族阶级的世袭特权，为国家清扫了一大批冗官贪吏，却为自己招来了极深的怨恨。其三，商鞅变法是一场自上而下的强力革命，全社会缺乏良好的社会基础，在统治集团内部，阻力还很强大，公子虔之流顽固派一直在兴风作浪。变法之成败，商鞅之安危，全部系于统治者秦孝公一人，其脆弱与危险，是不言而喻的。孝公在，商鞅安；孝公崩，商鞅诛——这种不幸结局，实在是不可避免的历史悲剧啊！

幸运的是，秦惠文王并非糊涂平庸之辈，他在车裂商鞅之后，并未统统废除商鞅倡导的新法，而是继续加以贯彻落实，与此同时，他审时度势，任用贤能，使秦国版图不断向外拓展。由此看来，惠文王车裂商鞅，一方面是为了取悦自己的老师公子虔之流，有公报私仇之嫌；另一方面，也是为了矫枉过正，抚平商鞅推行的苛酷峻法激起的巨大民愤，同时尽量争取顽固保守派的支持，至少不要成为改革的巨大阻力。

由此可见，秦国之崛起与商鞅之被诛，时也，势也，命也！

公元前 325 年，秦惠文王称王，这是秦国第一位正式的“王”。随后，韩、赵、燕、中山和宋等诸侯国，也纷纷效尤，先后称王。公元前 318 年，韩、赵、燕、楚、魏五国在纵横家公孙衍的策动之下，“合纵”围攻秦国，兵临函谷关下。秦军开关迎敌，联军战败。公孙衍绰号犀首，曾任秦国大良造五年之久，后被张仪排挤下台，愤而东去，鼓动各国一致反秦，开创“合纵”战术。这次函谷关之战，正是列国合纵行动的第一次演练，虽然战败，意义却很重大。此后，各国纷纷效尤，先后发动四次合纵战争，进攻秦国，秦相张仪开创“连横”战术，与列国激烈较量。公孙衍与张仪，因为“合纵”与“连横”，而闻名青史了。孟子曰：“公孙衍、张仪岂不诚大丈夫哉！一怒而诸侯惧，安居而天下息。”(《孟子·滕文公》)。

公元前 316 年，秦惠文王采纳大将司马错的建议，派他率军进攻巴蜀。巴、蜀是上古时期地处今四川省境内的两个国家，巴约有今四川东部沿长江南北之地，北至剑阁，西边沿嘉陵江流域阆中、南光等地与蜀交界。蜀国约有今四川中部岷江、沱江、涪江流域，南边东边与巴国接壤，北到今甘肃文县与秦交界，西至邛崃山一带。这里山川富饶，物产丰富，素有“天府之国”之美誉。司马错大兵入蜀，一举占领巴蜀之地，秦增设巴郡，使得秦国疆域“擅巴蜀之饶”，为以后发展准备了雄厚的物质基础。

正是在这个背景下，秦惠文王的儿子公子稷，即后来的秦昭襄王，亦即秦始皇的曾祖父，隆重降生了！

三

秦昭襄王把他的孙子子楚派遣到赵国做人质，不久就远远抛到脑后了，子楚的老爹安国君对他也漠不关心。后来秦国违背盟约，数次与赵国交战，作为人质，子楚当然受到了牵连，不仅得不到正当礼遇，还经常遭到赵人的憎恨与奚落。至于秦国诸臣，似乎早就忘记了这位客居赵国的秦公子，给他的各项费用少得可怜，弄得子楚生活异常窘迫，“车乘进用不饶，居处困，不得意”，一个人在邯郸过着饱阅白眼、备受冷落的清苦日子，完全成了一个流落异国他乡爹不疼娘不爱的寒酸公子。

秦国公子子楚在赵国如此落魄，像邯郸古桥之下的一滴冷水，像萧瑟秋风里的一片枯叶，这种可怜情形，却引起了一个人的关注。这个人，正是赵国天才商人吕不韦。

吕不韦（？—前235年），卫国濮阳（今河南濮阳）人，战国末期著名政治家、思想家，富可敌国的阳翟（今河南禹州市）巨商。他主编的《吕氏春秋》汇合了先秦各派学说，“兼儒墨，合名法”，在中国思想史上影响巨大，他也因此成为杂家思想的代表人物。然而，吕不韦闻名于世的，却是他创造的“奇货可居，谋取强秦”之古典传奇。

吕不韦的经商天才，可谓经天纬地。从一枚枯叶之瑟缩，他可以观察出商情之变化；从一羽蝶翅之扇动，他可以感悟出商机之飘忽。他游走江湖，低买高卖，财货源源不断，暴利滚滚而来，赢得了家财万贯，富可敌国。他搏击商海之韬略，一曰抓大放小。商海之内，巨鲸出没，神龙遨游，尽为捕获之暴利，至于那些鱼游虾戏，尽可观览，不必一网打尽，此之谓抓大放小也。二曰囤积居奇。所谓奇货可居，其实是一场商海豪赌，以出奇制胜谋取暴利。奇货之奇，不在于价值千金，而在于可遇不可求，犹如一场重大战役稍纵即逝的决胜之机。只有那些不惧风险的赌徒冒险家，才有可能抓住稍纵即逝的千载良机，化腐朽为神奇，创造出一番宏伟事业。

吕不韦来到邯郸经商，邂逅了一件可遇不可求的“奇货”——秦公子子楚。这位落魄的秦公子身上，蕴藏着不可估量的“商机”。他当即决定，要全力以赴经营这件千载难逢之“奇货”，以谋取大可弥天的利益。自古以来，商海弄潮，有三重境界：其一曰谋物，孜孜于货物买卖，万般辛苦，谋取小利；其二曰谋人，人脉即财源，抓住那些手握实权的官员，则财源茂盛达三江矣；其三曰谋国，商人谋国，必以利为，然而，作为商人，在那个重农轻商的时代里，即使富可敌国，不过商贾之流，谋国则难矣哉。

在吕不韦看来，眼前的子楚，“商机”无限，熠熠放光。在他身上进行一笔政治投资，助其登上秦王宝座，不就实现乾坤大挪移攫取秦国了吗？这不仅是风险巨大的政治投资，更是生死攸关的政治赌博。事情成功，好事全来，一旦失败，必然导致难以预测的血光之灾啊！他瞬间被自己这个惊天策划弄得有些心神不宁起来。于是，他来征求老父的意见。

“种田一年能获利多少？”

“获利十倍。”

“投资经营珠宝买卖呢？”

“获利百倍。”

“如果投资政治，立君主，定国家，又能获利多少？”

“这个……可就无法估量啦！”

吕不韦把进行政治投资，帮助子楚登上秦国王位的计划禀告父亲。老吕嘬着牙花子，斟酌了许久，许久……最后点头同意了。

第二天，吕不韦就去找子楚，实施这一惊天策划。他对子楚说，秦昭襄王老了，安国君为太子，太子宠爱华阳夫人，太子要立嗣，非华阳夫人子嗣莫属，华阳夫人无子，公子您有兄弟 20 多人，又不受太子重视，长期在赵国做人质，一旦昭襄王驾崩，安国君继位，您有希望争夺太子之位么？

子楚默然良久，只好摇头叹息，“为之奈何？”吕不韦为子楚指出了两条出路：一，出资让他疏通关系结交宾客，网络人脉；二，出资为他到秦国游说，疏通安国君和华阳夫人，让他们立他为嗣。子楚闻言，叩头拜谢：“必如君策，请得分秦国与君共之。”

至此，这笔政治交易的谈判，宣告结束。华阳夫人出生于楚国，为博得夫人好感，异人舍弃本名，改称子楚。吕不韦先拿出五百金送给子楚，作为日常生活和交结宾客之用，再拿出五百金采买珍奇玩物，自己带着西去秦国游说。经过百般努力，上下疏浚，左右捭阖，安国君最后答应了华阳夫人的请求，并与之刻符为信，约定立子楚为王位继承人，为他送去大批钱财，并请吕不韦加以辅佐。自此，子楚作为秦国太子之嗣，誉满诸侯。

事情如此顺利，大功初步告成，吕不韦的踌躇满志，犹如江海四溢，呼啸有声。得瑟弄清啸，饱暖思淫欲。他挑选了一个能歌善舞、姿容曼妙的邯郸女子为妾，日夜颠鸾倒凤，很快使之有了身孕。这位艳若桃花的赵国女子，在历史上并未留下自己的姓名，史称赵姬，赵国歌姬也。一天，子楚应邀来到吕府，与恩人吕不韦畅饮，酒酣耳热之际，吕不韦令赵姬佐酒献舞，只见赵姬笑靥如花，红唇滴露，酥胸荡波，舞步翩跹如飞天，莺啼燕啭似百灵，恍惚之间，子楚竟看得呆了，以至于吕不韦端着酒杯窃笑起来……子楚乘着酒意，当场索要此女，吕不韦闻言大怒，满脸溅朱，转念一想，既然已经为他耗尽家产，又何必怜惜一红颜女子耶？于是，转怒为喜，当场奉送，子楚喜出望外，连忙携着美女返家恩爱去了。赵姬生下一子，这就是嬴政。对于嬴政的出生，司马迁《史记·吕不韦列传》的记载是——吕不韦“欲以钓奇，乃遂献其姬。姬自匿有身，至大期时，生子政。子楚遂立姬为夫人。”

对于嬴政的生身之父究竟是谁，史学界多有争论。史学家马非百先生对司马迁的记述提出质疑，大名鼎鼎的郭沫若先生称太史公笔下的“吕不韦献姬”只是传说，不是历史。不过，以“传说”二字来否定太史公明确无误的记载，未免轻率。

我们综合分析一下吕不韦与嬴政的“各项指标”，其基本结论是：嬴政之生父，非吕不韦莫属。其一，太史公的记载，言之凿凿，毫不含糊，不说是铁案，若没有确凿证据，是难以推翻的。《史记》作为中国史学之冠，其无与伦比的历史真实性与文学性，至今独占鳌头。其二，就吕不韦与嬴政的本性而言，两人都是敢拿天下做赌注的超级赌徒。吕不韦作为一介商人，居然甘冒天下之大不韪，策划惊天阴谋，攫取大秦王国，可谓空前绝后矣；其子嬴政有过之而无不及，举大纛，灭六国，修驰道，筑长城，兴建骊山大墓，构筑天下第一宫殿阿房宫，哪一桩哪一件，不是赌徒加疯子的举动？只要看一眼秦皇兵马俑，就可以想见秦始皇吞山咽海之气魄与胸襟，哪里是凡人可以攀追的啊！其三，就两人的行为风格而论，都是铺张扬厉得无边无际，声势烜赫得举世震恐。吕不韦当上大秦相国之后，豢养食客三千，势压宾客盈门的魏之信陵君、楚之春申君、赵之平原君、齐之孟尝君；《吕氏春秋》书稿杀青，吕不韦下令高挂在咸阳城门，并在旁边挂一千赏金，遍请诸侯各国的游士宾客，声称若有人能增删一字，可立取千两赏金，其自负与得瑟，以至于此。而秦始皇做事向来喜欢漫天铺排，大轰大嗡，必欲千山轰响、万水弄波，实在是古今第一超级得瑟也！

嬴政出生那一年，是秦昭襄王四十八年（公元前 259 年）。这个日子，无论对于大秦王朝，还是对于中国历史，都是极为重要的。

第二年九月，秦国出兵围攻赵国，进而合围都城邯郸，赵国欲诛杀子楚，以为报复。吕不韦见情势危急，向防守官吏行贿六百金，帮助子楚逃出邯郸城，投奔围城秦军，辗转返回了秦国。赵国闻知子楚返秦，乃追杀赵姬与其子嬴政。无奈赵姬乃邯郸富豪之女，母子被娘家神秘掩藏，居然躲过了赵军的搜捕。

秦昭襄王五十六年（前 251 年），昭襄王薨逝，太子安国君继位，是为秦孝文王，立华阳夫人为王后，子楚为太子。这时候，秦赵关系已经缓和，赵国就把赵姬母子送归秦国。9 岁的嬴政，第一次踏上了列祖列宗的国土。他在出生地邯郸，度过了自己的童年岁月，父亲的仓皇逃亡，母亲的流离藏匿，都在他幼小的心灵里留下了深深的创伤，以至于过了许多年，到了他登上王位 19 年之后的公元前 228 年，他以赵国征服者的身份驾临邯郸城，却是心底仇恨的一次大爆发，“诸尝与王生赵时母家有仇怨，皆坑之”，把那些当年迫害他们母子的人，统统坑杀了！

秦孝文王在位时间极短，先照惯例服丧一年，第二年十月正式即位，即位三天就死掉了。对于他的死因，史无记载，传说他是饮用了子楚进献的美酒后猝死的。无论如何，他只如流星一闪，就熄灭在了浩渺无垠的太空里了。太子子楚随后继位，是为秦庄襄王，并立赵姬为后，嬴政随之成为太子。秦庄襄王一上台，便任用吕不韦为相国，封为文信侯，食邑洛阳 10 万户。三年之后，即公元前 246 年，秦庄襄王驾崩，13 岁的嬴政顺理成章登上了秦王宝座。

为了让嬴政施展其雄才大略，历史的步履，是如此的紧迫与急骤啊！秦孝文王登上王位只有三天，转瞬即逝；秦庄襄王在吕不韦与赵姬的阴影之下，蹉跎三载，了无建树，即告命绝。

四

西汉著名政论家贾谊在有名的《过秦论》中，对秦始皇的评论是——“奋六世之余烈，振长策而御宇内，吞二周而亡诸侯，履至尊而制六合，执棰拊以鞭笞天下，威震四海。”

贾谊所谓“六世之余烈”，自秦始皇的老爹秦庄襄王子楚上溯，秦孝文王、秦昭襄王、秦武王、秦惠文王、秦孝公，盖六世矣。这里的“六世”之说，显然只是个概数。其实，按照司马迁在《史记·秦本纪》中的描述，秦国的先人，最早可以追溯到传说中的颛顼大帝。说是颛顼帝有个嫡孙女名叫女修，有一天，女修正在草地上玩耍，忽然群燕飞过头顶，“玄鸟陨卵，女修吞之，生子大业”。这位大业先生，即是秦人先祖，娶了少典之女名曰女华，“女华生大费”。大费与大禹一起治水，虽然不像大禹那般功勋卓著，毕竟也是有功之臣，舜帝赏赐他一面“皂游”——带黑色飘带的旗帜。到了商朝，大费的子孙因为善于养马驯马，开始显贵，后来成为纣王死党，随着纣王灭亡，沦为奴隶。历史车轮轰隆隆驶入周朝，周成王年少时节，周公旦辅政，商纣王之子武庚乘机发动叛乱，秦人祖先也跟着一起瞎搅和。周公旦是历史上著名的政治家，很快就指挥大军平息了叛乱，叛贼尽被诛戮，那些参与叛乱的家族，都遭到秋后算账，一律被迁徙到荒凉偏远之地。跟着叛贼起哄企图趁火打劫的秦氏祖先，被发配到西方边陲之地，抵达了今日甘肃天水附近。

周朝是中国历史上继商朝之后又一个世袭封建王朝，绵延 791 年，可谓福祚绵长。分为西周（公元前 1046 年—前 771 年）与东周（公元前 770 年—前 256 年）两个时期。西周由周武王姬发创建，定都镐京和洛邑；东周由周平王姬宜臼建立，定都洛邑。其中东周时期又称“春秋战国”，分为“春秋”及“战国”两个时期。西周时期，王权鼎盛，天下一统；到了东周时期，周王室已经衰落，王脉衰微，列国混战，天下大乱。

秦人的踪迹，一直淹没在历史的褶皱里，一直到了周王朝的第五代国君周穆王时，他们的处境才有了一丝转机。周穆王即位时，已经 55 岁，晋代时战国古墓出土的“汲冢竹书”之《穆天子传》，把他描绘成半人半神的穆天子。他的一个驾车好手，就是秦人后裔造父。在一次平息叛乱过程中，造父为穆王驾车日行千里，“长驱归周以救乱”，穆王龙颜大悦，把赵城分封给他。造父一支由此以赵为姓，战国时代的赵国国君，就是造父的后裔。人们所说的“秦赵同宗”，由此而来也。秦人的血液里，荡漾着激情与战斗基因，在秦始皇统一六国的战争中，赵国军队强大的战斗力，一直是他的心腹大患。

另一支秦氏子孙的发迹，是在周孝王时代。秦氏后裔非子，因善于养马驯马，孝王命他到今陕西扶风一带，专门给周王室圈养马匹，非子尽心竭力，全力以赴，把王室马匹饲养的膘肥体壮，“马大蕃息”，孝王很是满意，封秦人为周的“附庸”，并准许非子在秦地修筑自己的城邑，并恢复嬴氏之祭祀。所谓“附庸”，就是只能依附于大诸侯，并没有资格与天子会面。对于秦人而言，这无疑是改变命运的第一步。没有这一步的跨越，哪里会有后来的称王称霸？因此，秦人之崛起，端赖非子先生当初之功绩也。

从此，在古代中国西部的荒凉地区，慢慢地崛起了一座缥缈的城池，那是秦人的堡垒；在古代中国云遮雾罩的江湖上，慢慢地浮出了一群剽悍威猛的族群，那是秦人的战士——公元前 771 年，周平王封秦襄公为诸侯，赏给岐山以西大片土地。岐山位于今陕西省西部、宝鸡市东北部，地处关中平原、陕北黄土高原过渡区。至此，秦人终于从奴隶变成了将军，正式建立了自己的国家——秦国，结束了附庸的卑微地位，取得了与中原诸侯平起平坐的资格。公元前 659 年，雄才大略的秦穆公登上政治舞台，他选贤任能，东征西讨，并国二十，疆域不断扩大，秦国得到了空前发展。秦穆公的腾身天下，以其矫捷之雄姿，昭告于世人的，是秦国雄霸天下的勃勃野心。这种弥漫沸腾于血液之中的勃勃野心，来自于他们非同寻常的苦难历程，以及凶悍勇猛的民族性格。他们长期聚居于中原与戎狄交界之地，血管里奔流着少数民族与中原民族之血液，精神中兼容了“胡性”与“汉性”之优长，既有征服西戎之狼性冲动，也有并吞中原之虎豹愿望。

而秦始皇嬴政，正是踏着先祖征服世界的凛凛足迹，裹挟着先祖吞并天下的虎豹愿望，登上了历史舞台——“奋六世之余烈，振长策而御宇内”。

嬴政13岁登基，那是公元前247年；21岁亲政，漫长的九年时光，是这位一代秦王蓄势待发、磨刀霍霍的煎熬时期。

在这期间，相国吕不韦独揽朝政，威福自专，嬴政尊之为仲父，尽管他的凌厉目光中，偶尔射出几丝不屑；赵姬虽然晋升太后，却成了寡妇，其淫声浪态依旧，与老相好吕不韦暗通款曲，宣淫不止，“始皇帝益壮，太后淫不止”。随着嬴政年龄增长，吕不韦开始意识到，他与太后这桩桃色游戏，蕴藏着巨大危险。当初子楚为王，因与他有分地之约，对他与赵姬私通一事，尚能睁一只眼闭一只眼，加之大王后宫佳丽万千，当然不缺一个风韵犹存的赵姬。到了嬴政时代，一切翻覆，赵姬乃嬴政生身之母，淫人生母，该当何罪？何况，作为人臣，奸淫国王之母，纵然五马分尸、碎尸万段，犹不解戳天之恨也。

每思及此，吕不韦就止不住冷汗横流，为了避祸，他绞尽脑汁，使出了一条“李代桃僵”之计：他要给性欲旺盛的赵太后寻找一个阳具硕大的面首，自己金蝉脱壳。这一阴狠毒计，犹如端起肮脏不堪的屎盆子，哗啦啦泼进了煌煌秦廷，制造了祸乱之源。不久，吕不韦就找到了一个名叫嫪毐的家伙，此人乃市井无赖，为人阴诈贼猾，吕不韦先将他招为府上舍人，然后举行了一次盛大舞会，故意让嫪毐当众显示其硕大的阳具，以吸引太后注意。对此，司马迁的记述，显得尤为狠辣——吕不韦“乃私求大阴人嫪毐以为舍人，时纵倡乐，使毐以其阴关桐轮而行，令太后闻之，以啖太后。太后闻，果欲私得之。”

不久，吕不韦诈称嫪毐是重刑犯，下令处以宫刑，又串通太后贿赂行刑官，并不施行阉割之术，只将嫪毐拔尽胡子、眉毛，打扮成太监模样，进献太后。这个市井无赖爬到太后的锦绣卧榻之上，两人日夜宣淫，弄得昏天黑地，“太后私与通，绝爱之”。不久，太后怀孕了，为了掩人耳目，谎称神灵指示应当隐居，与嫪毐一起移居雍城别宫。几年之内，太后与嫪毐先后生下了两个儿子。

吕不韦导演的这一出龌龊的宫廷秽闻，如果太后与嫪毐仅止于男女宣淫，可能只是小菜一碟；然而，嫪毐在博得太后欢心后，野心高度膨胀，冒险家的嘴脸凸现出来。他与太后暗中商定，等秦王一死，便令自己的小儿子继承王位，自己掌控天下。太后这个深深陷入肉欲与情爱中的女人，早已成了嫪毐泄欲之工具、掌中之玩偶，哪里还顾得灭顶之灾在渐渐逼近。嫪毐则依仗利用太后的恩宠，拼命捞取政治资本，被封为长信侯，先得到山阳（今太行山东南部）作为封地，后来又把河西（今陕西东南部）和太原（今山西中部）二郡置之麾下，并冠冕堂皇地建立了属于自己的国中之国——“毐国”。

就这样，嫪毐攀着太后的裙裾，扶摇直上，成了秦国的显赫权贵，一批批马屁精嗡嗡扑来，苍蝇一样麇聚在他的周围，当时的卫尉竭、内史肆、佐弋竭、中大夫令齐等20多名朝廷高官，纷纷投到嫪毐门下。卫尉乃秦置官员，为九卿之一，相当于禁卫军司令。如此重要的朝廷官员，竟然卖身投靠嫪毐，其恶劣影响之巨大，可推而想之。许多人像逐臭的苍蝇一般，打破头争当嫪毐的走卒，他的家奴短时间内达到了数千人之多。嫪毐放纵恶欲，驰骋野心，宫室舆服之豪华奢侈，堪比王宫，林野猎苑之广阔无垠，堪比秦王园林。在嫪毐这个混世魔王眼里，太后不过是个淫荡玩物，是他攫取天下的工具；秦王不过是个乳臭未干的野种，哪里是他嫪毐的对手？嫪毐开始通过太后之口，发号施令，通过太后之手，拨弄乾坤，在许多重大问题上，都可以见到他的阴影闪烁。嫪氏集团的影响力，已经遍及全国，其迅速暴涨的实力，丝毫不逊于相国吕不韦。

令吕不韦大跌眼镜的是，他的龌龊阴谋，也为自己增加了一个实力强劲的政治对手。由于嫪毐的意外崛起，在秦王朝内部，形成了三股实力强大的政治势力：一是以秦王嬴政为首的“王党”，二是以吕不韦为首的“相党”，三是以嫪毐为首的“后党”。尽管年轻的秦王尚未亲政，毕竟嬴政非等闲之辈，在他的周围，已经聚集了大批英才，文胆李斯、武胆尉缭高踞云端，堪称智囊，蒙骜、王翦、蒙恬、李信等战将，环列四周，嬴政像一条盘踞峭石隐忍度日的蝮蛇，不动声色，却时刻准备伺机置对手于死地。吕不韦为相多年，人脉广泛，《吕氏春秋》蜚声海内，门客众多，英才云集，但鉴于秦王渐渐长大，亲政之日愈来愈近，不敢轻举妄动，只有屏息静气，坐以待变；愚蠢的嫪毐忘乎所以，为所欲为，游嬉无度极尽享乐，卖官鬻爵中饱私囊，结党营私以逞篡国野心……

俗语云：上帝让谁灭亡，必先让其疯狂。嫪毐的疯狂举动，已经为自己掘好了坟墓。转眼之间，历史进入秦王政九年（公元前238年），秦王嬴政21岁了，亲政之日来临，按照惯例，秦国要为他举行声势浩大的加冕典礼。地点就在远离咸阳数百里的雍城。

雍城是春秋时期的秦国都城，位于今陕西凤翔县南，以雍水而得名；雍水源出于凤翔县西北的雍山，古代水流颇为浩荡。公元前677年，秦德公即位后定都此地，他的儿子秦穆公以这里为基地，扩疆千里，遂霸西戎，成为春秋五霸之一。西戎的称谓源出于周朝，周人自称华夏，把周围族群称为东夷、南蛮、西戎、北狄，西戎是周人对西部少数民族的统称。到了秦献公二年，即公元前383年，秦国都城迁往河西栎阳（遗址在今西安市阎良区内），雍城作为秦都长达294年，秦国历代宗庙也都建在这里。加冕典礼要祭祀祖庙，这也是加冕大礼到雍城举行的原因。

雍城作为秦国都城，当年一直是政治、军事、经济、文化中心，经过19位国君苦心经营，这里筑起了规模巨大的城垣，修建了壮丽宏伟的宫殿，成为当时全国最发达的都市之一。作为曾经的古都，秦国宗庙建筑群在嬴政当政时，依然规模巍峨宏大，宫门、中庭、祖庙、昭庙、穆庙、胜国之社等，鳞次栉比。

加冕这一天，秦王嬴政头戴王冠，身佩长剑，虔诚地向列祖列宗行礼致敬。从此刻开始，秦国之兴衰、百姓之安康，以及列祖列宗统一中国雄霸天下的大业，都系于嬴政一身了。一身系天下，利剑扫中国，这一重大的历史时刻，就从这一天开始了！

然而，一室不扫，何以扫天下？嫪毐作为秦王朝肌体上的“毒瘤”，已经毒汁四溅，危害甚烈了。这个狂徒的狼子野心，在秦王加冕礼之后的酒宴上，已经按捺不住。当时，长信侯嫪毐与中大夫颜泄饮酒赌博起争执，嫪毐暴跳如雷，恶狠狠掌掴颜泄，破口大骂道：“老子是国王假父，你狗胆包天，敢与老子抗争！”颜泄吓得要死，抱头鼠窜，遂向秦王告发了嫪毐与太后的阴谋。秦王厉声怒吼，立命大军火速出击。一场短兵相接的平叛战斗，随即打响。嫪毐情知有变，索性扯旗造反，用窃取的秦王玺印和太后玺印调动国都卫戍部队和附近地方军，进攻秦王嬴政的住地蕲年宫，早被奔腾而至的秦王大军打得人仰马翻，彻底覆灭。狂怒的嬴政严令赶尽杀绝，不得放走一个叛贼！作恶多端的嫪毐被秦王车裂处死，夷灭三族，他的一干党羽，卫尉竭、内史肆、佐弋竭、中大夫令齐等20余人，一律枭首示众，受其牵连的4000余家，全部夺爵流放房陵（今湖南房县）。尽管如此，似乎也无法宣泄嬴政胸间的狂涛怒浪，他无法原谅令他蒙受如此奇耻大辱的太后，命令将太后与嫪毐生的两个儿子装入麻袋，乱棍打死，并将太后隔离在雍城萯阳宫，不许离开半步。

这一番恶狠狠血淋淋的大屠杀，尽管有些暴戾，也是势所必然。嫪毐集团，恶行累累，罪有应得。对于嬴政虐杀两个同母异父弟弟，圈禁生母赵太后，时人多有微词，后人也多有批评。其实，秦王作为一国之君，时代英豪，遭受一个市井无赖嫪毐如此羞辱戏弄，太后其罪大矣，隔离圈禁，实在是咎由自取。不过当时，群臣认为君主断绝母子之情，有悖国统人伦，纷纷进谏，秦王厉声拒绝，公然宣称：为太后进谏者，格杀勿论！大夫陈忠亢声进谏，被剥去衣服，置于蒺藜上活活打死，并陈尸关下，以为警示。惨烈如此，进谏之臣依然前仆后继，一连杀掉27个，秦王磨牙吮血，犹不手软。第28个进谏者客卿茅焦冒死而上，声称天上有28星宿，自己要凑够28之数。秦王恼羞成怒，下令烹之。茅焦面无惧色，只问了秦王一个问题：“大王不是做梦都想一统天下吗？”

“当然。”

“如今天下人敬重秦国，不仅因为武力强大，更因为大王乃天纵之英雄。大王车裂假父，可谓不仁；囊杀幼弟，可称不义；囚母别馆，可谓不孝；诛杀劝谏忠臣，比之暴君夏桀商纣，又有何区别呢？大王如此不仁不义不忠不孝，将何以征服天下人心呢？”茅焦慷慨激烈，口角流沫，言罢呲啦一声扯开衣襟，“我的话完了，请大王下令烹杀我吧。”

秦王听罢，连忙下殿，扶起茅焦，连声致歉：“上天派先生来开启寡人茅塞，寡人安敢不恭敬从命乎？”于是，下令厚葬进谏诸臣于龙山上，并合筑“会忠墓”以为旌表，同时亲自前往圈禁之所，恭请母后移驾还宫。

五

嫪毐伏诛，太后被囚，吕不韦当初的“李代桃僵”之计，霍然暴露在光天化日之下，嬴政对这位仲父的愤恨，可想而知。

然而，无论嬴政了解多少真相，他除掉吕不韦、乾纲独断之大势，早已箭在弦上，不得不发了。但是，吕不韦当年辅佐先王登基，居功至伟；撰著《吕氏春秋》，学名播于海内；执掌国柄多年，培育死党众多。吕不韦的阴谋一暴露出来，秦王暴怒，他的徒子徒孙不敢怠慢，立刻展开危机公关，为他求情的宾客，络绎不绝，他们纷纷向秦王回顾吕相国的丰功伟绩，说他这些年为了大秦兢兢业业不容易，请求放他一条生路。嬴政也意识到，吕不韦不比嫪毐，他根基深厚，影响巨大，如果操之过急，恐怕引起内乱，必须谨慎处置。

于是，秦王隐忍不发，暗布棋局。直到诛灭嫪毐集团的第二年，即公元前237年，嬴政站稳脚跟之后，马上采取行动，宣布免去吕不韦相国之职，命令他回到洛阳封地，削职闲置。然而，吕不韦回到洛阳后，一刻也没有闲着，徒众亲朋环绕周围，列国使者纷至沓来，争相授之以相位，“诸侯宾客使者相望于道，请之。”他们企图借吕不韦这块巨石，击碎秦王剿灭六国、统一天下的美梦。这一情景，令秦王寝食难安。他一咬牙，决定斩草除根。于是以“恐其为乱”为由，致信吕不韦，迫令其举家迁徙——“君何功于秦？秦封君河南，食十万户。君何亲于秦？号称仲父。其与家属徙外蜀！”这封逼迁令，其实就是一道索命符。吕不韦自忖断无生路，只好饮鸩自杀。一代巨贾雄杰，就此丧命。

至此，吕不韦的“相党”与嫪毐的“后党”，彻底覆灭了，秦王嬴政名至实归，大权独揽，再没有任何力量，可以对王权构成威胁了。这一年，是秦王政十二年（公元前235年）。嬴政在肃清了自己行使君权的所有障碍之后，迅速将视线转向了剿灭六国统一天下之大业。

这时候，环绕在嬴政周围的，皆一时之豪杰。文胆李斯，才华弥天；武胆尉缭，锐气逼人；加上蒙恬、王翦、李信、蒙毅等战将，可谓英才云集，悍将成阵。而李斯与尉缭两人的传奇故事，更是跌宕起伏，引人遐思。

李斯（约前280年～前208年），楚国上蔡（今河南上蔡）人，秦代著名政治家、文学家、书法家。他早年即灵思飞旋，善于总结人生经验，在郡府做小吏时，即对老鼠之道颇有研究。他发现，茅厕里尖嘴猴腮的鼠辈，居肮脏，食恶臭，不断被人声犬吠所惊吓；而粮仓中那些脑满肠肥的硕鼠，居华屋，食积粟，养尊处优，何其美哉。李斯比较两种鼠辈命运之异同，喟然长叹："人之贤不肖譬如鼠矣，在所自处耳！"他把人生的所谓理想信念道德统统抛之脑后，只留下了一条赤裸裸的宣言：人与老鼠并无区别，就看你身处什么地位了！

于是，为了做一只远离茅厕入居华屋的老鼠，李斯风尘仆仆长途跋涉，从家乡楚国上蔡来到兰陵县（今山东苍山县附近兰陵镇），投身大儒荀卿门下，刻苦研习帝王之术。他的同窗同学，是战国时代著名思想家韩非。两人的同学生涯究竟如何，不得而知，而最后的人生结局，却是令许多人大跌眼镜的。

荀卿是赵国人，战国后期著名的儒学大师。然而，他的儒学与传统意义上的孔孟之道，有着很大区别。譬如，孔孟主张"知天命"，他主张自己把握自己的命运；孔孟说"人之初，性本善"，他说"人之初，性本恶"；孔孟倡导"法先王"，他主张"法后王"——如此等等，南辕北辙。他以这些礼法并重、德行兼备的哲学思想为基础，创立了一套神乎其神的"帝王之术"，一时间风靡天下。谁人不想做帝王呢？即使不能做帝王，做帝王的师傅乃至助手也行啊。这个令许多人神往的命题，使不少年轻学子趋之若骛，李斯、韩非，就是其中最著名的两位。

韩非是韩国王室公子，因为口吃不擅言语，但文采灿烂，哲思犀利，是一位带有唯物主义色彩的哲学家。他总结了商鞅、申不害和慎到的思想，把商鞅之"法"、申不害之"术"、慎到之"势"融为一体，兼容了儒、墨、道诸家特点，形成了以法为核心的法、术、势相结合的政治思想体系，被称为战国时代法家思想的集大成者。

申不害亦称申子，郑国京邑（今河南荥阳市）人，在韩国为相19年，为政为人，以“术”取胜。司马迁在《史记》中调侃他是“故郑之贱臣”，以权术忽悠韩昭侯，被任命为宰相，厉行改革，政绩显耀，“终申子之身，国治兵强，无侵韩者”。慎到是赵国邯郸人，早年迷恋黄老，以“贵势”著称于世。所谓“势”，有三层含义：其一是指物理学上的“势能”，其二是指有利的地位，其三是指权力。所著《慎子》一书，讲“势”，论“法”，兼述“术”，三者互相融合，各呈异彩。他的学术指向，至今存疑，有人说他是道家，有人说他是法家，有人说他道法结合，戏称之“道法家”。齐宣王时期，他长期在齐国稷下学宫讲学，是当时著名的学术领袖之一。所谓“稷下学宫”，是战国时期田齐的官办高等学府，广招天下博学之士前来传道授业、论辩讲学。始建于田齐桓公（田午）时期。稷下，是齐国国都城门之名称。在城门附近建立学宫，延请各国学者来此讲学、著书、辩论，被时人称为稷下先生。齐宣王时期，大规模扩置学宫，150年间，这里贤哲云集，学派纵横，百家争鸣，使齐国成为了天下的学术文化交流中心。

韩非在他的学说渐渐成熟阶段，博采众长，兼容商鞅、申不害、慎到三家之精髓，建立自己的“思想长城”，第一次提出了“法不阿贵”理念，主张“刑过不避大臣，赏善不遗匹夫”，可谓难能可贵。学成归国之后，他目睹韩国积贫积弱，日益衰落，多次上书韩王，希望实施改革，但始终得不到采纳，于是便退而发愤著书，写出了《孤愤》、《五蠹》、《说林》、《说难》等著作。

那时候，李斯已经以帝王之术做敲门砖，攀上了秦国丞相之高位。有一天，秦王偶然读了韩非的书，惊为天人，说：“我若得见此人，与之往来，死之不恨啊！”李斯一听，说那是韩国人韩非所著。秦王于是下令攻打韩国，却是为了索取韩非。韩王无奈，令韩非出使秦国。韩非到秦国后，作为当年的老同学，李斯不但不加以照护，却唯恐韩非取代自己，屡进谗言构陷，致使秦王冲动之下将韩非逮捕入狱，李斯令狱卒给韩非送去毒药，迫令自杀。对于韩非之死，尚有争议，有人还为李斯辩诬呢。其实，以李斯势利之本性，功利之追求，行为处事之无底线，见利忘义自不在话下，为保禄位而构陷故友，实在属于顺理成章之举也。

而李斯当年学成之后选择的人生道路，却是一条通往荣华富贵的仕宦之桥。他毅然西进，投奔秦国。临别之际，他向老师荀卿辞行，发表了一统滔滔宏论，他说，如今诸侯纷争，冒险家纵横捭阖，“今秦王欲吞天下，称帝而治，此布衣驰骛之时而游说者之秋也。处卑贱之位而计不为者，此禽兽视肉，人面而能强行者耳。”李斯把那些不求进取者称为“禽兽”，令荀卿大感惊异，于是继续倾听——“故诟莫大于卑贱，而悲莫甚于穷困。久处卑贱之位，困苦之地，非世而恶利，自托于无为，此非士之情也！”

李斯就带着这样一腔沸腾如潮的仕进之心，来到了秦国。那时候，正值秦庄襄王病亡，秦王嬴政继位，相国吕不韦总揽朝政。李斯经过百般钻营，钻进相府做了一名门客，伺机接近秦王，好容易逮着一个良机，他向秦王大肆兜售帝王之术，劝说他灭六国，成帝业，一下挠到了秦王的痒处，立刻提拔他为长史，不久拜为客卿。此后，他犹如孔雀开屏，大展才华，鞠躬尽瘁干工作，呕心沥血谋霸业，与军事家尉缭一起，成为秦王的左膀右臂，眼看已经鱼跃龙门，前景无比辉煌，可是，因为一条阴差阳错的郑国渠，李斯居然被秦王下令驱逐了。

郑国渠是一条横贯关中地区的大型水利工程，位于今陕西省泾阳县西北的泾河北岸，西引泾水东注洛水，全长达 300 余里，灌溉面积 4 万余顷，由韩国水利专家郑国于秦始皇元年（前 246 年）主持兴建，十年之后完工。

郑国渠的兴建，源于韩国人一条令人啼笑皆非的“疲秦之计”。当时，七雄混战渐渐分出了高低，秦国虎视眈眈，六国疲于奔命，临近秦国的韩国实力最弱，几近不堪一击，随时都可能被强秦吞并。走投无路的韩桓王眉头一皱，想出了一条神妙的“疲秦之计”：派遣著名水利专家郑国作为间谍进入秦国，游说秦王在泾水与洛水之间，穿凿一条大型灌溉渠道，以发展秦国农业为幌子，将秦国实力消耗枯竭。

那时候，秦国正急于发展水利，郑国的建议马上被采纳，并立即征集大量人力物力，任命郑国主持，兴建这一工程。在施工过程中，韩国的“疲秦之计”败露，秦王大怒，要杀郑国，郑国先生望着宛如虬龙的长堤，不卑不亢地说：“始臣为间，然渠成亦秦之利也。臣为韩延数岁之命，而为秦建万世之功。”（《汉书·沟洫志》）他说，俺老郑先前是韩国间谍不假，可一直在为你秦国谋利益，水渠落成，水流浩荡，灌溉沃野，施惠百姓，我不过为韩国延缓了几载寿命，却为秦国建立了万世之功。要杀要剐，大王您瞧着办吧！

秦王一听，言之有理，一如既往，仍然加以重用，经过十多年的努力，全渠完工，人称郑国渠。从此，浩浩清流滋润两岸原野，百姓纷纷庆祝，噼里啪啦的鞭炮声响彻云霄，“于是关中为沃野，无凶年，秦以富强，卒并诸侯，因名曰郑国渠。”

著名的水利专家郑国先生，因为兴建了一条碧波浩荡的郑国渠，继续得到了秦王重用，并随着渠水涌流而名扬千古了。然而，这一尴尬事件，却触发了秦王的疑心病。自古君王，因为权柄如蛇，缠绕其身，往往弄得自己疑神疑鬼，属下战战兢兢，何况嬴政本来就是一个疑心如枯井，深邃无声却淹没万千的家伙呢？他想，那些来到我大秦的六国客卿，不少人是郑国这样的间谍吧？那些宗室大臣也纷纷上奏说：“诸侯人来事秦者，大抵为其主游间于秦耳，请一切逐客。”于是，秦王悍然下令，尽逐客卿。李斯尽管政绩斐然，然而身为客卿，当然也在驱逐之列。

李斯像无数六国客卿一样，被士兵押解着，礼送出境。行至骊邑（今陕西临潼），他心底的万丈波澜呼啸而起，难以自止。自己好容易攀龙附凤跟定秦王，眼看建立不世之功的千载良机就在眼前，却因为一个可恶的郑国，就要化为灰烬了吗？不！他连夜奋笔疾书，写下了慷慨激昂的《谏逐客书》，雄辩地列举了客卿对秦国发展做出的巨大历史贡献，深刻地阐述了客卿在秦统一大业中的重要作用，尖锐地指出了逐客之举的严重失误。从这篇雄文的急促紧迫，我们不难感觉到李斯彼时彼刻的焦虑——“夫物不产于秦，可宝者多；士不产于秦，而愿忠者众。今逐客以资敌国，损民以够益仇，内自虚而外树怨于诸侯，求国无危，不可得也。”

秦王嬴政读罢李斯之书，顿时惊出一身冷汗，立刻派人追回李斯，官复原职，不久任为廷尉。廷尉是秦朝设置的官名，为九卿之一，执掌刑狱，是国家主管司法的最高官员。司马迁《史记·李斯列传》全文引述了李斯的《谏逐客书》，欣赏之情，溢于言表，最后的记载是——“除逐客之令，复李斯官。”

与李斯沸腾的仕进之心不同，秦王嬴政的武胆尉缭，刚来到秦国的时候，却是有些冷傲的。

尉缭是魏国大梁人（今河南开封），姓失传，名缭，中国古代著名军事思想家，其军事名著《尉缭子》，包括“天官”“兵谈”“制谈”“战略”“攻权”五篇，广受历代兵家推崇，与《孙子》《吴子》《六韬》《三略》《司马法》《李卫公问对》六部兵书，在宋代合称为《武经七书》。这样一位传奇人物，在历史上却十分低调，其生卒年不详，一生行迹，恍如神龙见首不见尾，只能搜寻得一鳞半爪。秦王政十年（前 237 年）入秦游说，被任命为国尉，这才在历史上留下了正式名称——尉缭。

尉缭身为魏国人，自知魏国在强秦面前，与赵国、韩国一样，注定要在历史上扮演陪伴太子读书角色。他强烈地意识到，天下诸国，以秦最强；海内一统，非秦莫属。他弥漫天地的武学经纬，尽可划出兵势曲线，引发出宇宙转换哔啵之音，却无法挽救自己的祖国。要不负平生所学，他必须入秦发展，方可腾身云霄间。可是，入秦之后，来到富丽堂皇的秦廷上，面对着生龙活虎的秦王，他却感到了浑身不舒服；但究竟哪里不舒服，他自己也说不清楚。也许，这就是传说中的第六感觉吧。要命的是，人们这个神秘莫测的第六感，往往准确无误！——反正，初次面对秦王，尉缭先生感觉不甚良好，似乎背上爬了一只蚂蚁，或者裆下蹦了一只跳蚤。

秦王与尉缭，似乎互相盯视了很久。秦王的霍霍目光，像剑刃一般，吱吱烧灼着尉缭的自尊；尉缭淡定自持的神色，也让秦王隐隐感觉了一丝丝邈远的恼火。对。这恼火很邈远，邈远到可以忽略不计。强人之间的互相盯视，其实也是一场短兵相接的战斗，噼啪之间，高下尽显矣！当秦王莞尔一笑，咨询对当前大势有何看法时，尉缭毫不含糊地献出了自己的谋略——“以秦之强，诸侯譬如郡县之君，臣但恐诸侯合纵，翕而出不意，此乃智伯、夫差、湣王之所以亡也。”

尉缭说，与强秦相比，列国诸侯不过郡县而已，实力薄弱，不足为虑，可是他们一旦联合起来，就令人恐惧了。他列举的三位君王，都留下了因麻痹大意、骄傲轻敌，导致国灭身亡的惨痛教训。吴王夫差与越王勾践互相攻伐的故事，家喻户晓，先是夫差大败勾践，迫其为奴；勾践卧薪尝胆，乘夫差出兵与晋国对垒之际，一并吞灭了吴国。齐湣王继承齐威王、齐宣王开创的基业，但不自量力，妄动刀兵，被燕国上将军乐毅统率的燕、赵、韩、魏、秦五国联军打得大败，国破被杀。春秋末期，颟顸的晋国独裁者智伯自恃实力强大，逼迫韩、赵、魏三国强行割地于晋，岂料三国暗通款曲，在智伯先生胁迫韩、魏两国围攻赵国、兵临赵国重镇晋阳城下之时，突然发动袭击，诛杀智伯，晋国土地随后被三家瓜分。这一事件，史称“三家分晋”，成了春秋与战国的分水岭，司马光的历史巨著《资治通鉴》，正是从这一年开始写起：“周威烈王二十三年，初命晋大夫魏斯、赵籍、韩虔为诸侯……”

当时秦国面临的“国际局势”，非常复杂，燕在北方，魏在南面，再与最南方的楚国联合，然后再与东方的齐国建立巩固的战略同盟，再把靠近秦国贫弱不堪的韩国连在一起，燕、魏、楚、齐、韩，五家联合，组成一个由北向南的统一战线，共同对抗强秦。在这种周围虎狼环伺，牵一发而动全身的大背景下，秦国要想速战速决，取得胜利，在那个冷兵器时代，无异于白日做梦。

面对这种局势，秦王深感困扰，犹如老虎吃天无处下口，于是求计于尉缭。尉缭说：“愿大王毋爱财物，赂其豪臣，以乱其谋，不过亡三十万金，则诸侯可尽。”这实际上是一条胡萝卜加大棒的阴险残毒之计策。尉缭所谓的“豪臣”，是指各国宰相及其身边的重要侍臣，用重金贿赂这些执掌权柄的家伙，可谓攻其心脏，断其臂膀，内可坏其君臣之情，外可断其诸侯之谊，既可以削弱各国诸侯，又可以破坏他们之间的合纵之策。同时，派出刺客一起行动，将那些顽固不化者秘密杀掉；再选派骁勇战将，统帅大军随行配合，如此，里应外合，内外夹攻，攻城拔寨，可以定天下也。这条破敌计策，既歹毒阴狠，又简便易行，难怪秦王一听，立刻跷起大拇指，下令依计而行。

于是，李斯遵旨狠抓落实，派遣谋士与刺客，携带金银与利剑，游说各国诸侯。凡是能够收买者，不惜一切代价结交，贪财者送上金银财宝，贪色者送上美女佳人；凡是不能收买者，则交给刺客处置，一律格杀勿论。名将劲旅尾随其后，武力剿灭屡见奇效。从秦王政元年至九年（前 246—前 238 年），秦国仅对魏国发动的内外夹击联合军事行动，就达六次之多，魏国从此奄奄一息，已成为秦国刀俎之下的鱼肉。而在灭亡劲敌赵国的过程中，尉缭这一阴狠战略大显神威。秦王数次举兵伐赵，双方互有胜负，最后的致命武器，正是被秦国收买的赵国宰相郭开。无耻贪婪的郭开利用赵王迁的昏庸无能，不遗余力效忠秦王，他先施离间计，阻止赵国老将廉颇复出，再使离间计，致使屡败秦军的赵国大将李牧被杀，最后胁迫赵王迁举城投降，这才有了后来嬴政耀武扬威进入邯郸城，坑杀自己少年仇敌的惨烈之举。

谋略如此强悍，战绩如此辉煌，秦王对尉缭的优厚待遇，可谓空前绝后。他下令，尉缭的衣服饮食，务必与国王相同，不得有误！嬴政如此礼贤下士，可谓诚心实意，然而，尉缭依然去意彷徨，无意久留。他说："秦王为人，蜂准，长目，挚鸟膺，豺声，少恩而虎狼心，居约意出人下，得志亦轻食人。"很显然，尉缭既有识人之智，也懂相面之术，在他看来，秦王这副嶙峋峥嵘嘴脸，蜂准傲如山梁，豺声渗人肌骨，有求于人时不惜屈尊纡贵，一旦得志就要吃人啊。五代时期的著名隐士陈抟老祖说："知其善而守之，锦上添花；知其恶而弗为，祸转为福。"尉缭早就看透了，我乃一介布衣，秦王见了我不惜屈尊纡贵，"诚使秦王得志于天下，天下皆为虏矣。不可与久游"。秦王注定是个掀天覆地之枭雄，绝非善类，就由他折腾吧，咱还是敬而远之为妙。

因此，无论秦王如何青眼有加，礼遇隆盛，尉缭依然不愿意"助纣为虐"，帮助他"虏天下"。他考虑的不是个人的功名利禄，而是天下的安危；他不愿意拿着天下人的命运，来换取自己的荣华富贵。这正是尉缭人生境界超尘拔俗之所在，也是他与李斯之流浮竞之徒的根本区别。李斯为了个人利益，可以不顾天下；而尉缭为了天下，可以舍弃个人的一切！——秦王的文胆李斯与武胆尉缭，无疑代表了人类灵魂深处黑暗与光明之两极。

终于有一天，惴惴不安的尉缭，不辞而别。他希望远离尘嚣，回归自然；谈不到功成身退，只是为了内心旌幡所驱使。秦王闻讯，立刻下令，不惜一切代价，务必追回尉缭先生！尚未逃出国境的尉缭，被快马追回，不免心怀畏惧，以为秦王会勃然变色，加罪于己呢。然而，出乎他意料的是，嬴政一见到他，热情依然，笑脸如菊，执礼愈恭，问候愈勤，并正式签署命令，任命他为国尉。国尉相当于太尉，执掌国家的军政大权，可谓位高权重。到了这时候，冷傲如尉缭者，也被秦王的诚挚之心打动，感到了春天般的温暖，开始全力以赴为他谋划统一大业了！

六

秦王政二十六年（公元前 221 年），秦王终于消灭六国，实现了天下一统。

> 秦王扫六合，虎视何雄哉！
> 挥剑决浮云，诸侯尽西来。
> 明断自天启，大略驾群才。
> 收兵铸金人，函谷正东开……

大诗人李白这首古风，似乎携裹着秦王的声威，奔腾咆哮，席卷天下，破空而来！

其实，这一重大的历史时刻，秦王嬴政是在战火硝烟中迎来的。消灭六国的统一战争，绝不像诗人笔下“挥剑决浮云”那般排山倒海，那么富有诗情画意。

秦灭六国，其实真正的强硬对手，只有两个：赵国与楚国。赵国善战，谓之硬；楚国辽阔，谓之强。秦国与这两个劲敌的较量，可谓强强对话，在中国古代战争史上，都掀起了巨大波澜。如果说，秦国与赵国之战，是先硬后黠，死磕不下，以智取制胜；那么，秦国与楚国之战，则是以轻敌肇祸，以稳健取胜。至于其余各国，韩、燕、魏、齐，就其军事实力而言，基本都属于不堪一击的羸弱之邦。

遥想当年秦赵之战，硝烟千里，终会袅袅散去，其间的胜败之理，却是万古常新。秦王先是以硬对硬，派遣大将王翦、桓龁、杨端和等人，先后四次率兵攻打赵国，赵国以著名将领李牧为帅迎击，双方互有胜负，僵持不下。后来秦国转为智取，以重金贿赂赵国宰相郭开，被收买的郭开从中捣鬼，赵国内部自乱，李牧被杀，国王投降，赵国灭亡。而秦国与楚国的连番恶战，秦王则经历了从轻敌躁进招致失败，到举全国之兵争取胜利的重大转变，尤其具有经典的启示意义。

那时候，35 岁的嬴政，似乎已被一连串胜利冲昏头脑，特别是实力强盛的赵国之覆灭，更令他喜形于色，他的志得意满不可一世之态，日益显现出来。在战争筹备阶段，年轻将领李信豪言以 20 万兵马击败楚国，老将王翦开口非要 60 万兵马不可。“将军老矣，回家养老去吧！”此言秦王虽未出口，鄙夷之态却在不经意间流露出来。王翦呵呵一笑，就此告老还乡。李信随后统率 20 万秦军，雄赳赳南下，通过辽阔的赵国之境，大举进攻楚国。天空里一片巨大的墨色云翳，随着秦兵的脚步移动。楚王负刍闻讯，即拜世祖将领项燕为统帅，率兵 20 万迎敌。李信大军一路疾行，势如破竹，破平舆（今河南平舆县北），下申城（今河南信阳），与副将蒙恬会师于城父（今河南襄城西），进攻郑城（今湖北黄冈新洲县）。项燕探知李信大军从申城汹涌而来，集中主力在淮河北岸巨阳一带迎敌，令副将屈定在鲁台山一带埋伏 7 处人马。

鲁台山位于湖北黄陂县城东侧，滠水左岸，海拔 45 米。滠水乃长江支流，发源于大别山南麓鄂、豫交界处三角山南坡，属季节性河流，有大小支流 11 条，黄陂境内流域面积约 650 平方公里。山不高而秀深，水纵横而险峻。秦军与楚军主力部队在鲁台山迎面相撞，展开激战，正当厮杀得天昏地暗之时，楚军统帅项燕一声怒吼，楚军 7 处伏兵一起杀出，秦军抵敌不住，遭遇溃败，楚军连追三天三夜，秦军死伤无数。

秦王闻听李信大败，怒火冲天，下令削去李信官爵和封地。他深悔未听王翦之言，导致如此惨败，于是心急火燎赶紧亲自赶到频阳（今陕西富平县东北）王翦家中，恳请这位闲居的老将重出江湖，他说：“寡人以不用将军计，李信果辱秦军。今闻荆兵日进而西，将军虽病，独忍弃寡人乎？”秦王这番肺腑之言，既有自我批评，也有哀怜乞求，叵耐老将军并不买账，再三推辞，说我老糊涂啦，大王还是选择别的贤才为帅吧。王翦无意间泄露了对秦王当初决策的嘲讽，秦王羞得连连摆手，说不要再提这个话茬啦。王翦见拿捏到位，便慨然应允，开出的条件，依然是兵马60万。秦王一口答应，即日拜为大将，倾全国之兵力，组成60万大军，统归老将军调遣。

大军临行，秦王亲自到灞上为之送行，王翦在这个庄严肃穆的场合，却做出了一个令所有人大吃一惊的举动，“王翦行，请美田园池甚众”，王老将军狮子大开口，公然向国王索取许多良田美宅。秦王愣怔片刻，哈哈大笑，一概满口答应。大军行至关外，王翦居然派使者驰回咸阳，又向秦王索要了园池数处。副将蒙武实在看不过眼，说，老将军的要求，不是太多了吗？王翦沉吟片时，款款说出一番话来，却是避祸之策——“夫秦王怚而不信人，今空秦国甲士而专委于我，我不多请田宅为子孙业以自坚，顾令秦王坐而疑我邪？”

王翦以为，秦王粗暴刚毅，猜忌多疑，把倾国之兵交到他一人手里，难免心生猜忌。大将在疆场浴血奋战，而君王在朝堂疑心重重，一旦生变，必致惨祸。昔日秦赵长平之战，赵国老将廉颇坚壁拒敌，赵孝成王误中秦国离间计，罢免廉颇，任命纸上谈兵的赵括为将，导致赵国惨败，40万大军被秦将白起坑杀。秦赵太原之战，赵国大将李牧与王翦对阵，赵王迁再中秦国离间计，郭开作祟，李牧毙命。鉴于以往血淋淋的惨痛教训，王翦此番出征，必须多多地索要田园财物，以堵塞秦王可能的猜忌之心啊。蒙武听罢，唯有一叹：哎！姜还是老的辣，此言不虚啊！

俗话说，老将出马，一个顶俩。信哉斯言。王翦大军压境，迅速攻占了楚国的陈（今河南淮阴县）以南至平舆（今河南平舆县北）广大地域。楚军全线告急，楚国危在旦夕。楚王负刍孤注一掷，令大将项燕统率举国兵力，与秦军决一死战。王翦见楚军来势凶猛，采取坚壁固守方针，避其锋芒。项燕运用激将之法，多次挑战，王翦却静若处子，始终不予理睬。两军相持日久，春雨潇潇也罢，秋风萧瑟也罢，反正如此长久的对峙，犹如巨石滚落山崖，将要压断统帅的神经。这种耐力比拼的神经战，古来并不鲜见，叵耐项燕不谙此道，做出了错误判断，他以为，秦军进攻乏力，将长期驻守新占领土。在他看来，两国分疆而治之雏形，已经隐隐浮现眼前矣。于是，他发布将令，撤军东归。事实证明，这个错误决定，危害巨大，铸成了难以挽回的历史悲剧。王翦一见楚军撤离，立刻起兵追击，他挑选军中勇壮之士组成敢死队，万马疾进，突袭楚军。楚军猝不及防，仓促应战，迅速崩溃。眼见全军覆没，项燕绝望自杀，楚王负刍被俘，楚国随之灭亡，秦国随后设置楚郡。王翦乘胜追击，率领部队南下，扫平了百越之地，设置了会稽郡。

六国归一，秦王首先下令议定尊号。名不正则言不顺么。他说："寡人以眇眇之身，兴兵诛暴乱，赖宗庙之灵，六王咸伏其辜，天下大定。今名号不更，无以称成功，传后世。其议帝号。"李斯等人绞尽脑汁，遍查古书，议曰："古有天皇，有地皇，有泰皇，泰皇最贵，臣等冒死上尊号，王为泰皇，命为制，令为诏，天子自称曰朕。"秦王批示："去泰，著皇，采上古帝位号，号曰皇帝。他如议。"

如此重大复杂的问题，难倒了满朝学富五车的饱学之士，嬴政却用一字之易，轻巧地拍板定案，如此举重若轻之神力，可谓千载难寻。秦王嬴政，摇身一变为秦始皇，他也由此成为了中国历史上第一位封建皇帝，号称"千古一帝"。他发布的始皇帝第一号命令，凸显了统治天下涵盖古今之浩瀚野心："朕为始皇帝，后世以计数，二世三世至于万世，传之无穷。"

要想江山永固，传之万世，就必须首先保证眼下国家的平安。六国初定，天下纷纭，帝国疆域如此辽阔，又是如此千孔百疮，秦始皇必须采取强有力的对策，以应对危机四伏的局面。他采取的第一项维稳举措，就是——尽收六国兵器，逼迁贵族富豪。

战国时代，七雄争霸，军备竞赛十分激烈，各国耗费大量民脂民膏铸造兵器，以应对连年不断的诛戮杀伐；如今江山一统，六国残留兵器依然成千累万，这些散落民间的冷兵器，如潜流涌动，成为各地重大安全隐患。自古兵器乃凶器，妄动刀兵，历来是祸乱之源。那时候的兵器，铁器很少，铜器众多。有人提议，将这些兵器悉数收缴，烈火融化，铸成巨型铜人，则凶气可消也。秦始皇于是下令，收天下兵器，“聚之咸阳，销以为钟鐻，金人十二，各重千石，置廷宫中。”命令下达，兵器源源运来，炉火冲天而起，十二个巨型金人迅速铸成，耸立于正在兴建中的阿房宫前殿宫门两侧，以昭示天下人刀枪入库，马放南山，永享太平。

对这件事，班固《汉书·五行志》的记载，颇为神秘。他说，天下初定那年，“有大人长五丈，足履六尺，皆夷狄服，凡十二人，见于临洮（今甘肃省岷县）。天戒若曰，勿大为夷狄之行，将受其祸。是岁秦始皇初并六国，反喜以为瑞，销天下兵器，作金人十二以象之。”

秦始皇瞥眼觑见十二个五丈高的巨人之魅影，先是恍惚以为灾祸临身，继之窃喜以为吉祥之兆也。虽然来历颇为神秘飘忽，这十二个威风凛凛的铜人，命运却很不幸。据史书记载，西汉时期，铜人尚存于长乐宫门；东汉末年，董卓击碎十个铜人用来铸钱，其余两个迁至清门里；三国后期，魏明帝打算把残存的两个铜人迁至洛阳，因太重无法运载，只好安置邺城；十六国时期，还算有所作为的前秦皇帝苻坚，却干了一件混账事，他将铜人弄到长安销毁，凝聚了一代精华的铜人，就这样悲惨地毁掉了。

兵器销毁，动乱之源并未根除。那些六国贵族富豪，时刻心怀怨望，冀望于天降灾难，或者爆发动乱，秦朝速亡。为彻底断绝他们的痴心妄想，秦始皇断然下令，将这些人从故国连根拔起，强行迁至咸阳，有不从者，一律格杀勿论。这道逼迁令，不但剥夺了这些六国余孽的财产，更重要的是斩断了他们赖以生存的社会基础，拔除了嵌在新政权肌肤上的无数颗凛凛钢钉。据记载，当时被逼令迁徙的各国贵族富豪，达 12 万户之多。

如果说，销毁兵器、逼迁富豪，只是秦始皇统一六国后采取的临时性维稳措施，那么，确立国家政治体制，建立高效的行政组织，则是他面临的重大历史课题。如今天下初定，他必须建立自己至高无上的独裁统治。君权独断，是韩非帝王之学的精髓，这也是秦始皇一读韩非之书便感知音在焉的根本原因。他要独断朝纲，必须有体制上的保证。在这个大政方针指导下，秦王朝迅速组建了一个以三公九卿为框架的中央集权官僚机构，并在全国实行郡县制，“分天下为三十六郡，郡置守、尉、监。更名民曰黔首。”

太史公寥寥十几个字，记载了中国历史上一个划时代的重大事件。秦之前的中国历代封建王朝，譬如夏、商、周，都实行裂土分封制，导致国家诸侯林立，虎狼环伺，纷争不断，统治者按下葫芦浮起瓢，常常弄得手足无措。王室力量强盛之时，尚能勉强控制局势；到了王朝没落时期，王权衰微，力难缚虎，诸侯尾大不掉之势愈演愈烈，最后总是以天下大乱收场。而郡县制的推行，朝廷垂直控制全国各郡县，如此一来，就把国家的一切权力，集中到了皇帝一人手中。自秦以降，二十多个世纪以来，尽管王朝不断更迭，帝王走马灯一般轮换，但郡县制封建政治体制，却一直沿袭不衰。因此，历史学家们在总结中国封建政治体制之变迁时，往往最后都会发现一个事实：中国历代，均行秦政。

秦王朝最初设定三十六郡，后来随着疆域的不断扩大，又增设五郡，共四十一郡：内史郡（首都咸阳）、上郡（陕西榆林南鱼河堡）、北地郡（甘肃西峰）、陇西郡（甘肃临洮）、汉中郡（陕西汉中）、蜀郡（四川成都）、巴郡（重庆）、河东郡（山西夏县）、上党郡（山西长治）、太原郡（山西太原）、雁门郡（山西右玉）、九原郡（内蒙古包头）、云中郡（内蒙古托克托）、代郡（河北蔚县）、黔中郡（湖南沅陵）、象郡（广西崇左）、上谷郡（河北怀来）、渔阳郡（北京密云）、右北平郡（内蒙古宁城西南）、辽东郡（辽宁辽阳）、辽西郡（辽宁义县）、巨鹿郡（河北平乡）、邯郸郡（河北邯郸）、东郡（河南濮阳西南）、琅琊郡（山东胶南西南琅琊乡）、泗水郡（安徽淮北）、九江郡（安徽寿县）、闽中郡（福建福州）、南海郡（广东广州）、齐郡（山东淄博东临淄镇）、薛郡（山东曲阜）、杨郡（河南商丘）、三川郡（河南洛阳东）、颍川郡（河南禹州）、南阳郡（河南南阳）、南郡（湖北江陵）、会稽郡（江苏苏州）、鄣郡（浙江安吉）、长沙郡（湖南长沙）、桂林郡（广西凌云）、广阳郡（北京）。

秦始皇所处的时代，从春秋，到战国，犹如一辆吱吱咛咛的破败木轮车，在颟顸懦弱的周朝天子这头衰朽老牛的拉拽下，侧侧歪歪向前艰难地移动，颠簸在嶙峋坎坷崎岖的幽径上。秦始皇嬴政奋六世之余烈，以武力统一天下，废除分封制，实行郡县制，统一法律，统一货币，统一度量衡，书同文，车同轨，使国家由乱到治，逐步走向了大一统。

然而，尽管百川乱流，动荡连绵，灾祸成山，春秋战国毕竟是一个“百花齐放百家争鸣”的历史时期，是中国历史上绝无仅有、空前绝后的一个辉煌时代。天下大动荡，力量大整合，思想大解放，是那个时代最显著的特点。孔子，孟子，老子，庄子，墨子，孙子，武子，管子，韩非子，尉缭子……今天，人们似乎已经忘记了那时候的血腥与动乱，只是羡慕他们所寄身的人欲沸腾之时代，怀念他们飞扬跋扈之精神，嫉妒他们畅所欲言之痛快淋漓。

无论今后是否会出现这样一个时代，在秦始皇统一中国之后，那个时代就很快地偃旗息鼓，销声匿迹了；其标志性事件，就是秦始皇在中国历史上的丑闻——“焚书坑儒”。

七

其实，所谓“焚书坑儒”，是两个独立事件。

秦始皇统一六国后，仿照齐鲁旧制，设立了博士之职。这些人都是当时各个学派的知名人士，虽然没有实权，却可以议论朝政、保藏图书、教授诗书。博士先生们是当时左右天下舆论走向的一个主要群体，相当于今天网络世界里影响巨大的一个个微博大 V。然而，秦始皇把他们摆在如此高的位子上，不过是为了统一思想，控制舆论，哪里是为了让他们整天得瑟显摆，左右风云？

秦始皇三十四年（前 213 年），嬴政 46 岁大寿，咸阳宫里流光溢彩，宾客云集，隆重热烈的祝寿宴会，正在这里举行。70 多名博士应邀到场，吟诗作赋，争相为皇帝祝寿。仆射周青臣马屁拍得连天响，“他时秦地不过千里，赖陛下神灵明圣，平定海内，放逐蛮夷，日月所照，莫不宾服。”始皇闻言大悦。博士淳于越忍无可忍，拍案而起，直斥周青臣面谀，这位儒家弟子淳于越早就对国家废分封设郡县心怀不满，认为那不符合老祖宗的教诲，他凛然说道，“事不师古而能长久者，非所闻也。”丞相李斯霍然起身，亢声说道：“五帝不相复，三代不相袭，各以治，非其相反，时变异也。”

其实，淳于越与李斯之争，老淳于哼的是儒家“厚古薄今”之曲，小李唱的是法家“酷法治国”之调，可谓截然相反，尖锐对立。李斯却越说越激动，开始无限夸大，上纲上线，“今诸生不师今而学古，以非当世，祸乱黔首。”至此，李斯开始把问题提升到诽谤皇帝、妖言惑众、祸乱天下的高度。此刻，秦始皇怒容满面，满堂鸦雀无声，淳于越急扯白脸分辩，已经无济于事，李斯端出了他的焚书之策——“臣请史官非《秦记》皆烧之，非博士官所职，天下敢有藏《诗》、《书》、百家语者，悉诣守、尉杂烧之。有敢偶语《诗》《书》者弃世。以古非今者族。吏见知不举者与同罪。令下三十日不烧，黥为城旦。所不去者，医药卜筮种树之书。”

对于李斯的议奏，秦始皇只说了一个字：“可。”

这场焚书之祸，究竟多少人因为藏书受到了严刑峻法的严厉制裁，不得而知；究竟多少珍贵的历史古籍被焚毁，实在无法统计。以至于太史公司马迁为撰写史记搜集资料时，根本找不到六国史书，不住地连声哀叹：“惜哉！惜哉！独有《秦记》，又不载日月，其文略不具。”（《史记·六国年表序》）。

然而，熊熊的烈焰，严酷的法令，并没有吓住天下读书人，更难以湮灭生生不息的中国文化。不少人挖空心思采取各种手段，进行着一场焚书与藏书的较量。

东汉文字学家许慎在《说文解字》里说，汉代有六种文字书体，其中一种被称为“古文”。啥叫古文呢？他说，“古文”就是“壁中书”。西汉鲁恭王刘余是汉景帝之子，史书说他口吃不爱讲话，却好治宫室苑囿狗马，他在晚年大兴土木，扩建宫殿，不惜拆毁孔子旧宅，这个毁坏圣贤故居的举动，居然发掘出《礼记》《尚书》《春秋》《论语》《孝经》等古籍，这些书上所用的书体，被称为“古文”。据记载，这些古籍，是孔子后裔孔鲋所藏匿的。当时，官府追索焚烧书籍十分严苛，孔鲋危急时刻将书籍藏入墙壁，当在情理之中也。

还有一个名闻古今的藏书家，名曰伏生。当年焚书之时，他冒着生命危险，把《尚书》偷偷藏在墙壁夹层内。西汉初年，他挖开墙壁，发现藏书已经枯朽，触之欲碎，所幸尚有29篇保存完好。汉文帝登基后，传旨召见伏生，此时老先生已年逾九旬，行动不便，文帝指派时任太常掌故的晁错，前往伏老先生家里，当面聆教。老先生口齿含混，他的话只有女儿羲娥能听懂，如此一来，只好由老先生口述，羲娥翻译，晁错记录整理，经此一番折腾，终于将伏生胸藏之《尚书》与现存资料“合璧”——这就是流传至今的宝贵典籍《尚书》。

青史有情，文脉不朽，由此可见也！

焚书的烈焰刚刚熄灭，秦始皇的又一桩暴政——坑儒，又凸显于青史之上。

秦始皇既雄才大略，又苛虐残暴；作为一介血肉之躯，却又胆小如鼠，贪生怕死。他不惜一切代价追求长生，疯狂求取不死之仙药，被那些江湖骗子们忽悠得团团乱转。他身边的江湖术士，以卢生、侯生、徐福等人最为著名，为害也最烈。

开始，卢生编造神话忽悠秦始皇说，臣等为陛下寻求灵芝仙药，久寻不至，是因为有恶鬼作祟啊。历来神仙之主隐身不出，就是为了规避恶鬼，“恶鬼辟，真人至”。所谓真人，入水不湿，近火不热，腾云驾雾，与天地同寿，与日月同光。陛下如果隐踪匿迹，与世隔绝，“然后不死之药殆可得也”。卢生这番信口开河的鬼话，秦始皇却深信不疑，他抛开皇帝尊称“朕”，自称“真人”，并在咸阳周围200里之内，修建宫殿270座，以甬道相连，“帷帐钟鼓美人充之”。这一番神秘景象，蔚为壮观，秦始皇秘密往来驰逐于宫室之间，弄得天下人谁都不晓得皇帝身在何方。

有一天，他心血来潮，驾幸梁山宫，矗立山梁上，感到了天风渺渺，吹起万道流波；天雷滚滚，震撼古今山河。忽然，他瞥见丞相李斯的车驾浩浩荡荡从山下驰过，丞相如此招摇，令他大为不满。李斯闻讯，大惊失色，此后，车驾迅速缩水。秦始皇见此情形，勃然震怒：“此中人泄吾语。”下令严厉追查究竟是身边哪个家伙泄露行踪。秦始皇于是下了一道刻毒的命令，把当时环绕在自己身边的随从们，一律逮捕，统统杀掉了！

如此惨案，虽然秘密，却把围绕在皇帝身边装神弄鬼的卢生与侯生吓破了胆。两人的恐惧蹿起八丈高，他们嘀咕说，秦皇天性刚愎自用，酷虐无道，“上不闻过而日骄，下慑伏谩欺以取容”，如此贪婪弄权的暴君，咱不必再为他求取仙药啦！于是，两人一溜烟跑了。秦始皇闻讯，震怒异常，“今乃诽我，以重吾不德也”，于是命令御史严厉追索天下儒生。那些被皇帝焚书烈火弄得心惊肉跳的儒生们，极端震恐，酷刑之下，牵连诬告，互相撕咬，一下子查出了460余人。秦始皇下令，“皆坑之咸阳，使天下知之，以惩后。”

在此，有必要对所谓“儒生”，做一下简单辨析。古代儒生一词，含义很宽泛，并非专指那些崇信儒家学说的文人，而是指所有通经之士，也指一般读书人。王充《论衡·超奇》曰：“能说一经者为儒生。”所谓“能说一经者”，自然包括那些江湖术士。

儒生们惨烈的哭号之声，令一个人的心底，惶惑不已，寝食不安。这个人，就是秦始皇的长子扶苏。公子扶苏天生具有悲天悯人之情怀。据传说，扶苏之母郑妃是郑国人，因为喜欢吟唱当地流行情歌《山有扶苏》，嬴政便将两人之子命名为“扶苏”。“扶苏”一词，原是古人形容树木枝叶茂盛之语。秦始皇以此给长子取名，显见对此子寄托着无限期望。

秦始皇一生未立皇后，他的后宫嫔妃成千上万，却没有一个在历史上留下姓名。有人认为，这可能和其母赵太后与嫪毐淫乱造成的严重心灵创伤有关。这位郑妃的传说，十分美好，从中透出她与嬴政之琴瑟和鸣，很是温婉。扶苏生得聪颖伶俐，情怀悲悯，却是千真万确。他眼见父皇焚书坑儒弄得天怒人怨，进谏说：“天下初定，远方黔首未集，诸生皆诵法孔子，今上皆重法绳之，臣恐天下不安。唯上察之。”

扶苏的这番话，可谓入情入理，审时度势，却惹得秦始皇大怒，命令他马上去上郡（今陕西榆林市南）蒙恬的军营监军，帮助蒙恬督军修筑长城。对于扶苏的上郡之行，按照司马迁的说法，无异于发配；也有人说，秦皇认为扶苏性格软弱，到蒙恬那里一是锻炼成长，犹如今天的第三梯队干部“蹲苗”；二是学习带兵，以军旅生涯强悍自己的个性。扶苏得令，马上束装就道，前往上郡蒙恬军营去了。他哪里想得到，此次与父皇一别，却成了一生的永诀。父皇后来巡视东方，病危之际住进沙丘宫，就此晏驾；而此后他与大将蒙恬的命运，更加悲惨。

八

公子扶苏抵达蒙恬军中的时候，被誉为“中华第一勇士”的秦国大将蒙恬，正满头大汗地率领麾下人马，在崇山峻岭之间艰难地修筑长城。

蒙恬是山东蒙阴人，出身于名将世家，其祖父蒙骜是秦昭襄王时代著名将领，官至上卿；其父蒙武曾作为老将王翦的副将，一起率兵攻灭楚国。秦统一六国后，蒙恬奉命率领30万大军北击匈奴，先后收复了河南（今内蒙古乌特拉中后旗西南）、阴山（今内蒙古狼山）、北假（今内蒙古河套以北、阴山以南）等地，解除了匈奴对秦北部边疆的威胁，在那里设置了九原郡（治所在今包头市西），并开始大规模修筑长城。《史记·蒙恬列传》记载：“秦已并天下，乃使蒙恬将三十万众北逐戎狄，收河南。筑长城，因地形，用制险塞，起临洮，至辽东，延袤万余里。于是渡河，据阳山，逶迤而北。暴师于外十余年。居上郡。是时蒙恬威震匈奴。始皇甚尊宠蒙氏，信任贤之。”

蒙恬的这支30万人的精锐之师，一直在北方的荒漠大野上奋战了十余年。筑长城，历经千难万险，留下雄关万堞；修驰道，逢山开路，劈山填谷，留下了著名的“九原直道”，成为都城咸阳直通九原郡的“高速公路”。

据记载，为了修筑长城，秦始皇使用了近百万劳动力，占当时全国人口的二十分之一。蒙恬麾下的30万兵卒，当然是修筑长城的主力军。那时没有任何机械设备，全部工程都由人力完成，崇山峻岭之间、悬崖峭壁之上，云梯千条，巨石万钧，开凿、运输、垒砌，哪一个环节，无不惊心动魄，其艰难困苦之状，难以想象。

秦始皇修筑长城，兴建驰道，这两项举国工程，其出发点都是为了国家的长治久安。蒙恬大军扫平北疆之后，因为路途遥远，局势难以控制，于是秦始皇决定修筑一条由都城咸阳直通九原郡的大道，这就是“九原直道”。筑路大军，依然以蒙恬的兵卒为主。“始皇欲游天下，道九原，直抵甘泉。乃使蒙恬通道，自九原抵甘泉，堑山堙谷，千八百里。”秦始皇三十五年（公元前212年），九原大道开始动工建设，到公元前210年通行，仅用了两年半时间，这条长达900公里的公路便基本完成。

虽然，在中国历史上，秦始皇并不是第一个修筑长城的人，然而，他无疑是这个令世界惊骇莫名的伟大奇迹的集大成者。他在当时极为艰难的条件下，修筑万里长城，既是为了防御外敌入寇，更是为了炫耀他那不可一世的帝国威风。

阿房宫与骊山陵，是秦始皇为自己生前与死后建造的栖身之地。生住阿房宫，死葬骊山陵，这无疑是他的强烈愿望。阿房宫之兴建，可谓铺排张扬如云翳横空，靡费钱财如大江横流。据记载，阿房宫正殿东西宽500步（700米），南北长50丈（115米），殿上同时可坐万人，殿下可容十万人，下面可竖五丈大旗。殿门以磁石做成，以防刺客暗携兵器入内。殿前排列没收民间武器铸成的十二铜人，各重24万斤。这些铜人坐高三丈，皆身胡服，背上筑有李斯、蒙恬等人手书铭文。四面阁道连环，驷马高车尽可驱驰，阁道从殿下直通钟南山上，山巅之上建有一座庄严壮丽的高阙，作为这座宫殿的门户。《汉书·贾山传》云：“殿高数十刃，东西五里，南北千步，从车罗骑，四马骛驰，旌旗不挠。为宫室之丽至于此，使其后世曾不得聚庐而托处焉。”《三辅旧事》云：“庭中可受十万人，车行酒，骑行炙，千人唱，万人和……”

晚唐大诗人杜牧《阿房宫赋》，可谓绝唱——

六王毕，四海一。蜀山兀，阿房出。覆压三百余里，隔离天日。骊山北构而西折，直走咸阳。二川溶溶，流入宫墙。五步一楼，十步一阁；廊腰缦回，檐牙高啄；各抱地势，钩心斗角。盘盘焉，囷囷焉，蜂房水涡，矗不知其几千万落。长桥卧波，未云何龙？复道行空，不霁何虹？高低冥迷，不知东西。歌台暖响，春光融融；舞殿冷袖，风雨凄凄。一日之内，一宫之间，而气候不齐。

令人惊奇的是，如此辛苦繁重的政务，居然没有把秦始皇压趴下，或者弄得灰头土脸，满面憔悴；恰恰相反，他还堪称一个古代超级驴友，酷爱巡游天下，所到之处，树碑勒石，自吹自擂，宣扬功德。全国未统一之前，他就随着兼并战争的步伐，先后驾临洛阳、邯郸，以及楚国都城郢、陈等地。统一后的第二年，他就开始了全国性的大巡游，先后五次巡视全国，跋涉名山大川，领略湖光山色，足迹踏遍全国。他的第一次巡游，是前往西北边防的陇西与北地二郡，越过鸡头山（今六盘山中段），由回中（今甘肃华亭南），迤逦返回咸阳。这也是他一生中唯一的一次西行，其余巡游，都是向着东方前进。

其实，秦始皇作为高踞云端裁决万事的皇帝，其独裁暴戾、苛酷忙乱，已是必然；在这种情况下，他居然多次巡游全国，既是嗜好所至，也是时局所迫。那时候，天下初定，百废待兴，局势复杂，敌对分子蠢蠢欲动，稀奇古怪的事情时有发生。有一年，东郡（今河南淮阳一带）忽然天降陨石，石上歪歪扭扭刻着一行字："始皇帝崩而地分。"秦始皇闻讯大怒，勒令严厉追查，严惩不贷，最后竟然一无所获，他怒斥御史无能，并下令把居住在陨石附近的百姓统统杀掉，把那块罪大恶极的陨石用乱锤捣为齑粉。

如果说，巡游全国，风光旖旎，趣事罗列，还算得湖光山影之微澜；那么，博浪沙遇刺一事，虽然虚惊一场，却是上天对他发出的强烈警示。公元前218年，秦始皇东巡来到博浪沙（今河南原阳县东南），遭遇刺客椎击。这位无名刺客，就是后来大名鼎鼎的汉留侯张良招募来的。《史记·留侯世家》记载，张良曾经到淮阳学礼，得到一名大力士，张良为大力士制造了一根重达120斤的大铁椎，日夜操练，"秦皇帝东游，良与客狙击秦皇帝博浪沙中，误中副车。

秦皇帝大怒，大索天下，求贼甚急，为张良故也。良乃更名姓，亡匿下邳。”

这次博浪沙遇刺案，无疑是张良的预谋。虽然预谋细节已不可考，但基本情节还是很清晰的，从招募大力士（刺客），到铸造凶器（铁椎）、刺杀地点，包括行凶之后的逃跑线路，肯定都做了详细推演。

尽管由于刺客临机慌乱，误中副车，秦始皇遭遇了一场虚惊，然而，这次遇刺事件，极有可能是神灵于冥冥之中给他的一个警示，提醒他身为一国之皇帝，外出巡游要注意安全。但是，以秦始皇之无所畏惧的强悍个性，他并没把神灵的警示当做一回事，此后依旧两次巡游全国。

公元前 215 年，秦始皇第四次巡游天下，东临碣石，以观沧海，并在碣石立碑刻石，颂扬皇帝之巍巍功德。五年之后，即公元前 211 年，秦始皇第五次巡游天下，他做梦也没有料到，这一回注定是他的最后一次巡游了。皇帝的豪华銮驾，向着东南方向迤逦前行，望九嶷山遥祭虞舜，临会稽刻石颂圣，到琅琊奋战巨鱼——就在这里，滔滔渤海边，威风凛凛的秦始皇骤然一病不起，至于病因如何，史无明载，不过，肯定与长久奔波，旅途劳顿有关。他气喘吁吁，强撑病体，以微弱的声音下令速速返回咸阳。可是，当銮驾日夜兼程急匆匆来到河北广宗县的沙丘荒原上，秦始皇已经病入膏肓，奄奄一息了。在荒凉的沙丘上延挨了数日，这位名震古今的人间枭雄、千古一帝，终于带着满腔豪情，与满腹的不甘心不放心，在沙丘宫里驾崩了。

此时此刻，奸贼赵高那双鬼魅一般的三角眼，盯视着秦始皇渐行渐远的魂魄，深渊一般的心里，正在酝酿沙丘宫政变之毒计；李斯的双手颤抖着，止不住地热泪盈眶，渐渐泪流满面；而年仅 20 岁的公子胡亥，早已经按捺不住心里的恐惧，嚎啕大哭起来……

九

其实，病危之际，对自己的后事如何安排，秦始皇是做了交代的。

因为秦始皇平日里厌恶谈论死亡的话题，即使到了他病入膏肓的危急时刻，身边诸臣哪个也不敢向他建议起草遗诏，指定接班人。倒是他自己明白天命难违，大势已去，开始安排后事。他喘息稍定，便让中车府令赵高趋近枕边，一字一顿，吃力地口授了一封给长子扶苏的信：“朕病危矣。且将兵权交予蒙恬，你速回咸阳，为朕料理后事吧。”然后加盖皇帝玉玺，加封，交给赵高，令他火速寄给扶苏。这封信，显然就是秦始皇帝的遗诏。然而，死神来得太突然太暴烈了，只见他口授完毕，七魂已经悠悠出窍，未等遗诏寄出，秦始皇就已经驾鹤西行了。皇帝遗诏与印玺，全部落在赵高手里。对此，《史记·秦始皇本纪》的记载是：

上病益甚，乃为玺书赐公子扶苏曰：“与丧会咸阳而葬。”书已封，在中车府令赵高符玺事所，未授使者。七月丙寅，始皇崩于沙丘平台。

皇帝驾崩，天崩地坼，流沙呜咽；皇帝身边近臣，李斯脑海里翻腾着皇上昔日的英雄形象，朦胧的眼睛里噙满泪水，似乎不相信眼前的情景；胡亥抽泣着，眼珠子转磨一样望着这两个大秦柱石之臣，可怜吧唧地乞求得到他们的佑护……

这时，赵高扣留皇帝遗诏，策动宫廷政变的歹毒计谋，已经如利剑出鞘了。赵高明白，此刻皇帝的长子扶苏，正在上郡蒙恬的军营里。天下人都知道，秦始皇对长子扶苏一直寄予厚望，传位给他的意图昭然若揭。一旦皇帝遗诏送达上郡，扶苏继位，威震天下的名将蒙恬必得重用，自己必将彻底完蛋。许多年之前，赵高与蒙恬之间，曾经因为一桩公案结怨。那年他违法犯罪，秦始皇指令蒙恬胞弟蒙毅审理此案，蒙毅依法判处赵高死刑，只是因为秦始皇的偏袒，赵高才躲过一劫，他与蒙氏兄弟就此结下仇怨。如今皇帝沙丘驾崩，扶苏继位已是众望所归，若不乘机发动政变，自己覆灭的可怕命运，就在眼前。

秦始皇此次出巡，赵高作为贴身大太监，掌管着皇帝的玉玺和文书，位置极为重要。秦始皇沙丘宫驾崩之后，消息被严密封锁，只有赵高和胡亥、丞相李斯等极少数人知道。到了这个生死存亡的危急关头，平日里慷慨激昂能言善辩的李斯，惶恐得无所措手足，公子胡亥更是吓得脸色煞白。赵高将政变阴谋付诸实施，首先来策动傻呆呆木痴痴的胡亥，胡亥初闻如此大逆不道之谋，不免心惊肉跳，他哪敢违抗父皇之命，抢夺兄长之储位？更惧怕蒙恬的几十万大军杀将过来，自己死无葬身之地。然而，他架不住赵高以生死存亡相逼，何况政变的结果，自己还可以继位称帝，面对天上掉下来的这个超级大馅饼，他当然不会坚决反对，最后成为政变主角，也是势所必然。

胡亥一旦成为同谋，沙丘宫里的力量对比，立刻发生逆转，赵高踌躇满志，来蛊惑丞相李斯一起入伙，李斯一听赵高的诡计，立刻义正辞严地加以斥责，说你怎敢说出如此大逆不道的话来？赵高对李斯的说辞，嗤之以鼻，立刻鼓动蛇蝎之舌，晓之以理，动之以情，软硬兼施，威逼利诱，面对头颅落地的威胁与荣华富贵的诱惑，李斯心旌开始忐忑、摇摆，意志开始动摇、溃败，最后竟与奸贼赵高同流合污，一起发动了贻害千古的沙丘宫政变。事已至此，大局已定；至于政变的细节，不必在此一一细述，我们只需记住此后几个惊心动魄的历史镜头就可以了。

镜头一：脆弱扶苏“被自杀”，威武蒙恬终绝命。赵高、李斯、胡亥政变集团撕毁秦始皇遗诏，伪造诏书，逼令扶苏自杀。年届 32 岁的扶苏听罢父皇“遗诏”，如闻晴天霹雳，迷迷糊糊就要服从，“入内舍，欲自杀”。蒙恬见此情景，连忙阻拦；说如今情况不明，怎能排除其中有诈呢？他要扶苏立即派人向皇上请命。在当时的情况下，以蒙恬天下无敌的威武之师，以扶苏无可取代的崇高威望，只要大旗一举，天下究竟谁属，实在难以预料。可是，荏弱的扶苏经不住使者的再三催促，拔剑自刎而死。此后，赵高斩杀蒙毅，逼迫蒙恬饮鸩自杀。蒙氏兄弟，自此命绝。

镜头二：势利李斯就“五刑”，被夷三族实可哀。秦二世二年（前 208 年），丞相赵高奉二世皇帝之命逮捕右丞相李斯、左丞相冯去疾、大将军冯劫，三位先帝重臣，落到赵高手里，已是必死无疑。冯去疾、冯劫父子认为，这是对他们人格的极大侮辱，大声疾呼：“将相不可辱！”愤然自杀。李斯为了苟活，反复上书乞怜，司马迁《史记·李斯列传》描述说，“斯所以不死者，自负其辩，有功，实无反心，幸得上书自陈，秦二世之悟而赦之。”到了如此地步，还做如此幻想，堪称卑怯彻骨也；他得到的，只是赵高的酷刑，“赵高治斯，榜掠千余，不胜痛，自诬服。”秦二世最后御笔朱批：“具斯五刑，论腰斩咸阳市。”

所谓五刑，按秦律，凡是判处灭三族的人，都要先在面上刺字，割去鼻子，砍去左右指，然后用竹鞭打死，再斩首，在刑场上用鼎煮其骨肉；如果诽谤罪、詈骂罪，还要先割去舌头。这些，统称五刑。

不知李斯最后惨死，是否尝遍五刑？当他被提出死牢，押赴刑场之际，看到自己的小儿子也一同被押赴刑场，不禁老泪纵横，说：“吾欲与若复牵黄犬俱出上蔡东门逐狡兔，其可得乎？”死到临头，他才想到要像草民百姓那样，与儿子一起牵着黄狗追逐野兔，岂不是太晚了吗？

李斯被杀，还被夷灭三族，他的父母、妻妾、子女尽被屠戮。

镜头三：赵高指鹿为马，胡亥哀哉赴黄泉。赵高指鹿为马逼凌秦二世的故事，千载以下，犹感荒谬残酷。秦二世三年（207 年），赵高尽诛满朝文武之后，滴血的屠刀，指向愚昧苛酷的秦二世胡亥。二世被夺命刀剑所逼，要求面见丞相赵高，不行；要求做一郡之王，不行；要求当一个万户侯，不行；要求当一个普通百姓，也不行……最后，只有自杀身亡，年仅 24 岁。不久之后，作恶多端的赵高，就被秦始皇之弟子婴设计诛杀了。

秦始皇开创的亘古未有之大业，从此急转直下，一溃千里；中国历史上第一个封建王朝，从此化作了镜中之月，水中之花。

二十多年前，著者曾经写了一组《史记随想录》，其中一篇的题目是《论李斯的捣鬼》，附在文末，以作为本篇的结束——

李斯是秦代著名的政治家，为相多年，政绩突出，深得秦始皇的恩宠。是他的一篇《谏逐客书》，为秦朝留下了“众客”，也就是人才，为秦的统一天下储备了一批“干部”；是他的多方筹备，使秦统一了度量衡与文字……为秦王朝的发展做出了历史性的贡献。这一切，使这位有名的“法家人物”备受推崇。

然而，翻开《史记》，李斯的言行却是不完美的，甚至是很有些问题的。他的早年同窗韩非子来秦，本欲一展雄才，为秦朝做些有益的工作；但李斯深恐韩非的才华超过自己，威胁到自己的相位，便千方百计，搞阴谋，要诡计，逼韩非自杀；始皇帝置酒咸阳宫，博士七十人前往，因政制问题发生激烈辩论，李斯便上言“天下敢有藏《诗》《书》、百家语者，悉诣守、尉杂烧之，有敢偶语《诗》《书》者弃世”，导致了历史上极其惨烈的焚书坑儒事件；秦始皇帝崩于沙丘平台之后，李斯与赵高相互磋商（可谓勾结么？）之后，“乃秘之，不发丧”，导致赵高与二世胡亥专权，公子扶苏赐死，秦王朝自此走向崩溃。

由此种种历史事实观之，李斯的“捣鬼”，一害了中国古代典籍，使大量珍贵文物归于火神；二害了中国古代的知识分子，使许多儒生命丧黄泉；第三呢，便是害了他李斯自己。二世胡亥专权之后，利令智昏，生灵涂炭，带血的屠刀屡屡挥向自己的兄弟姊妹，加之赵高的阴毒残暴，李斯最后落得个“卒囚，就五刑”的下场。在那年冬天，一代英才李斯先生，一命归阴。遥想李斯当年从“卒囚”到丧命期间，一人独卧囚室，幻想前景，回想后事，不知做何感想?

客观地说，李斯是不乏才能的，文章写得极好，文采灿烂，如日月然。他创立的篆书，至今仍有很大的影响；他的一些政治举措，也是富有远见卓识的。但是，由于他缺乏一种人的正直，缺少一种做人的正直品格，并且自私自利，嫉贤妒能，这才导致他犯下了不可原宥的错误，最后受到历史的惩罚。虽然他李斯第一回“捣鬼”，害了韩非子；第二回“捣鬼”，害了中国文化，——似乎他自己得到了很多利益，巩固了自己的地位；但第三回的“捣鬼”，却为自己埋下了杀身之祸，终于丧生于赵高的屠刀之下。历史的逻辑，就是这样铁一样无情而冷漠。到头来，他李斯是“搬起石头砸了自己的脚”！

灯下捧读太史公之书，心中追思李斯先生的悲剧。文才可弥天，权势可熏天，但一旦“捣鬼”害人，便失去了人生之正道，最后害了自己。

历史的明镜，可谓让人心神动荡矣！鲁迅先生说：“捣鬼有术，也有效，但有限。”是的，多少古今中外的事实，验证了这一论断。无论是那些在“文革”中靠捣鬼起家的人，还起那些在生活工作中靠耍阴谋搞权术的人，虽能得逞于一时，但终究都是“能量”有限，只不过像一颗流星，倏忽一下便没了踪影。思古鉴今，吾辈能不慎乎！

（2012 年 10 月 8 月）

曹操：华容道上暮色苍茫

一

东汉建安五年（公元200年）二月，曹操与袁绍，各怀大志的汉末两大军阀，在官渡（今河南中牟县东北）摆开战场，一决雌雄。而这场战争的结局，却令古今中外许多许多人大跌眼镜：曹操运筹帷幄，以少胜多，以弱胜强，以区区不足三万兵卒，击溃了袁绍的十万大军，一举奠定了统一北方的基础，成为中国军事史上的经典战例。

官渡古战场位于河南中牟县城东北2.5公里处的官渡桥村一带，因傍官渡水而得名。据《中牟县志》记载，这里从前有座"官渡城"，城里有座"官渡台"，又称"曹公台"，附近还有"水溃村"、"袁绍岗"等遗迹。经过1800余年的历史烟雨，这里被黄河水淹没了70多次，这些历史遗迹早已荡然无存，但那场震动天下撬动中国历史发展进程的战争的喊杀之声，依然声闻九霄。

官渡之战，作为三国形成初期的一场决定性战役，鲜明而集中地凸显了当时中国社会历史变迁之足迹，划出了一抹由乱到治、由分到合的驿动轨迹；犹如一艘航空母舰从海洋上昂昂驶过，犁开浩瀚的水面，留下了一笔深深的沟痕。在这场战争中，曹操与袁绍，挥舞着手里的刀枪剑戟，驰骋疆场，笑傲江湖，在历史上留下了各自的风采。只不过，历史的画面色彩诡异：曹操之雄起，犹如蛟龙腾海；袁绍之萎败，仿佛霜摧枯叶。

在这场大战的谋划阶段，就双方力量对比来看，那几乎是一场不战而胜负早已注定的战争。虽然当时曹操刚刚扫平了张绣、张杨等军阀，消灭了盘踞徐州的吕布，击溃了割据淮南的袁术，挟连胜之威，兵锋所向披靡；然而，相对于兵强马壮势焰熏天的袁绍而言，还是羸弱了许多。那时，袁绍刚刚剿灭了北方势力最强大的军阀公孙瓒，“南据河，北阻燕、代，兼夷狄之众，拥四州之地，带甲数十万”，可谓虎视天下不可一世也。不少人预测，袁绍肯定会一举击溃曹操，从而南下收取荆襄，鲸吞吴越，一统天下。曹操与之对阵，可谓以卵击石、螳臂挡车也！

对于自身实力之弱势，曹操自然心知肚明。然而，理有必然，势有逆反；世无常理，海有流变。谁能断定，丘陵与高山之间，不会瞬间转换？对曹操而言，官渡之战志在必得，容不得半丝马虎。在战争筹划阶段，他与众将沙盘推演，详尽论证，寻找必胜之策，同时还悄悄派出兵卒实战演练，进行了小规模的战斗实验。经过如此精心描画、精确计算，制胜之蓝图，开始隐隐浮现出来。而在袁绍那里，却是满营傲慢散漫之气，袁绍踌躇满志，陶醉于一统江湖的狂想之中，却没有进行必要的谋划与筹备，主帅恃强自傲，将领颟顸懵懂，加之谋士各怀心思，其前景之不妙，初露端倪也。

其实，在战争运筹时节，曹营里喧嚣着一片反对之声，众曰力量悬殊，此战必败无疑。在众人的喧腾声里，却有两个人力排众议，断言“绍必败，操必胜”。这两个人，乃曹操手里的两张王牌，一个是曹营之“萧何”荀彧，一个是曹营之“张良”郭嘉。萧何与张良，当年汉高祖刘邦的这两个重要谋臣，可谓大名垂宇宙，萧何明于治而善守业，张良精于谋而好出奇。世事变迁，前贤逝去，荀彧与郭嘉涌出，不说青出于蓝而胜于蓝，至少不逊于萧何与张良也。“公业称豪，骏声升腾。权诡时逼，挥金僚朋”（《后汉书·荀彧传》），乃一时之俊杰。面对众人一片必败之音，荀彧侃侃而谈：“古之成败者，诚有其才，虽弱必强，苟非其人，虽强易弱。”大事因人而成，亦因人而败，成败之机，在于有没有一个雄霸天下之统帅也。就曹操与袁绍而论，若放在统治天下这个高度来衡量，则高下毕现也。为了证明这一论点，荀彧进而提出了曹操“四胜之论”——“绍外貌宽而内忌，任人而疑其心，公明达不拘，唯才所宜，此度胜也。绍迟重少决，失在后机，公能断大事，应变无方，此谋胜也。绍御军宽缓，法令不立，士卒虽众，其实难用，公法令既明，赏罚必行，士卒虽寡，皆争致死，此武胜也。绍凭世资，从容饰智，以收名誉，故士之寡能好问者多归之，公以至仁待人，推诚心不为虚美，行己谨俭，而与有功者无所吝惜，故天下忠正效实之士咸原为用，此德胜也。”

荀彧以“度、谋、武、德”四项基本原则，来划分曹操与袁绍之高下，可谓切中肯綮、击中要害。操具四美，可谓无敌；绍乏四美，何谈胜利？荀彧当初在袁绍麾下供职，袁绍待之如上宾，“度绍终不能定大业”，后来弃之而去，进入曹营，两人并无恩怨，只因老袁不具备笼盖天下之胸襟也。荀彧对他的认知，可谓入骨三分。郭嘉当年经荀彧推荐，来到袁绍手下谋生，后来也以同样的原因投奔了曹营。曹操见之大喜过望：“使孤成大业者，必此人也”（《三国志·郭嘉传》）。两位时代英才的弃暗投明之举，就此成了未来天下走向之风向标。当下，郭嘉在荀彧四项原则的基础上，做了详尽论证，补充了“道、义、治、仁、明、文”六项，进而提出了官渡之战著名的“十败十胜之论”，就此成为了官渡之战的经典之论；而战争的进程与结局，也充分印证了其论点的英明与高妙！

应当说，荀彧与郭嘉的持论，虽然难免溢美之词，还是客观地总结了曹操与袁绍之间为人、为政、治军之优劣。难怪曹操听后，要抚掌大笑了，他自谦说：“如卿所言，孤何德以堪之也！”这话听起来很谦虚，自傲得瑟之意，却溢于言表。然而，尽管有些得瑟，大战之前，老曹依然头脑万分清醒，冷静谋大局，从容布铁阵，却是不容置疑的。

令人叹息的是，荀彧先生此时颂扬曹操“以至仁待人，推诚心不为虚美”，实在有些过誉，也有些言之过早啦。12年之后，即建安十七年（212年），曹操一统江湖久矣，野心大大地膨胀，欲晋爵国公、加封九锡，为晋位魏王、汉魏易帜做准备，荀彧对此明确反对，说丞相您当初本是兴义兵以匡扶天下，应该“秉忠贞之诚，守退让之实”，还是不要如此为宜。曹操闻言大怒，荀彧不久被派往前线劳军，此后给了他一连串荣誉称号，但却不让他回来，荀彧因病滞留寿春（今安徽寿县），抑郁而终。有人说，曹操以送糕点为名，给荀彧送来一个空纸盒，暗示他自杀。无论如何，荀彧最后是死于曹操的嫌弃与逼迫，是没有疑问的。他死之后，曹操又上演了一出悲悼剧，捶胸顿足，痛哭流涕，追谥为敬侯，追赠为太尉。唉，人已登仙而去，要这些浮名劳什子何用啊？

郭嘉虽然比荀彧年轻 7 岁，却早逝 5 年。建安十二年（207 年），曹操率兵征讨乌桓，军师祭酒郭嘉随行出征。乌桓亦作乌丸，中国古代民族之一，其族属和语言系属有突厥、蒙古、通古斯诸说，未有定论，三国时期驻牧地在辽河下游、山西河北北部及内蒙古河套地区。这次东征，征程艰苦，气候恶劣，将士冻馁交加，饥寒交迫，38 岁的郭嘉罹患疾病，不幸英年早逝。他的死，给曹操留下了极深的悲伤与怀念，以至于在赤壁大败之后，曹操祭拜郭嘉之墓，泪流不止："惜哉奉孝！痛哉奉孝！哀哉奉孝！"他流着泪对身边的大将谋臣说："若奉孝在，一定不会使我败得这样惨啊！"众人面面相觑，无言以对。应当说，曹操此时此刻的痛哭流涕，是真性情的表露。

二

在荀彧与郭嘉两位重要谋臣的鼎力支持下，曹操踌躇满志，豪情满怀，欲举移山填海之力，一举粉碎袁绍集团。官渡大战，一触即发。

尽管如此，曹操依然谨慎。战略愈宏伟，战术愈谨慎；处事愈敬畏，举止愈如仪。兵道与人道，不可不详察也。为侦查窥伺袁绍动静，曹操发动了一次"飓风行动"，他亲率一支兵马南下，深入到袁绍的老巢冀州东南一带，探山试水，敲山震虎，同时派遣一支精兵东进攻入青州，即今山东一带，袭扰村镇，劫掠乡民。两支秘密部队人喊马嘶，刀枪齐鸣，在袁绍的辖区惊起了一阵阵狼烟烽火，惊得百虫奔窜，万象轰嗡，百姓哀嚎；而在袁绍那里，却没有激起多大反响，犹如一块巨石扑通一声扔进大海，只掀起了几朵绚丽的浪花而已。此后，风息浪止，风平浪静，一切照常。这次"飓风行动"，更加坚定了曹操必胜的信心。从战略层面上来看，袁绍无疑是藐视曹操的；至于战术层面，那就无从谈起了。袁绍自以为自己势如高山，笼盖四野，拿下老曹，易如反掌，不过手到擒来也！面对如此傲慢懈怠之大敌，曹操不免心头窃喜，感到了天赐良机之欢欣鼓舞。曹操在略微得瑟的瞬间，却恍然想到了另一个心腹大患——刘备。

当时，四处流浪的刘备刚刚在徐州站稳脚跟，虎视四方，野心开始勃勃飞扬。对这位因为实力薄弱而到处流浪，却依然志存高远的时代枭雄，曹操从来不敢小觑。他决定利用官渡大战开始之前的间隙，迅速出兵，剿灭在徐州折腾的刘备。这场击溃刘备的“套中套”速决战，可谓官渡之战的“前戏”，其中的一波三折，彰显了曹操与刘备这对天生对手与冤家波翻云诡的微妙关系，实在是令人回味无穷。

刘备（161年—223年），字玄德，《三国志·先主传》论载，刘备乃汉中山靖王刘胜之后，其祖刘雄、父刘弘，“世仕州郡”，可谓官宦之家。虽然号称天潢贵胄，他却生于贫困，长于艰辛，老爹早亡，他与母亲相依为命，靠编织草席草鞋为生。那一支支袅袅青草，飘摇着他的大志；那一只只纹饰斑斓的草席草鞋，寄托了他的五彩梦想。早年的刘备不爱读书，“喜狗马、音乐、美衣服……少宫语，善下人，喜怒不形于色。”成年之后，他江湖游走，以卓越的品质、谦逊的风格，招揽了一批至死不渝的忠贞之士，他与关羽张飞三人约为兄弟，结为刎颈之交，其桃园结义之美名，传颂古今，其美妙绚烂之波澜，荡漾了千里万里、千年万载。

有人调侃说，刘备之忠厚乃玄德之玄，有着浓重的虚玄色彩。其实，刘备的忠贞厚道，既是风格，也是武器。若论为人处世，呼朋唤友，那是风格；若说凝聚民心，驱驰民意，那则是武器。风格与武器，有时候可以互相转化也。然而，作为武器，既可以自卫，也可以杀人啊。就刘备而言，从他立志争夺天下的那一天开始，所谓忠贞厚道，已经从本原上开始异化，已经彻底江湖化、权谋化、政治化。作为一个在乱世里不断闪转腾挪、诛戮杀伐、觊觎最高统治地位的风云人物，这些都是必须的。若论政治人物之德性，似乎狡诈残忍阴险无情是他们的本色，若说忠诚，良善，宽厚，肯定是稀有特质。刘备的忠贞厚道，肯定有着浓重的矫饰与虚伪成分，也就是作秀，演戏，装逼，以其忠厚之貌相，掩饰诡诈之作为；不过，在这个尔虞我诈的世界上，刘备的忠厚举止，无论如何还算难能可贵。他要统御自己麾下的万千部属，当然要讲政治，讲权谋，动刀枪，动杀伐，唯有如此，才能够从无到有，从弱到强，一步步进入争夺天下之行列，进而割据天府膏腴之地，创建蜀国，登上蜀汉昭烈皇帝之宝座。

其实，刘备的真性情，并非传说中的那么忠贞厚道。东汉末年，天地玄黄，黄巾军大起义的风暴席卷全国，刘备啸聚众兄弟，乘乱摸鱼，撕剥黄巾，因功封为安喜县尉，总算捞到了一官半职。可是，不久后朝廷下令，要对因功封官的人进行清洗淘汰，郡里的督邮大人前来安喜县，准备遣散刘备。他惶恐至极，跑到督邮住的驿站求见，傲慢的督邮大人不予理睬，他怒从心头起，恶向胆边生，与关张二弟将面目可憎的督邮捆绑起来，恶狠狠抽打了两百鞭。罗贯中《三国演义》把刘备这一壮举安在张飞头上，实在是李代桃僵，张飞不过在旁边摇旗呐喊而已，或者间或抡了几鞭子哦。若说这个事情有争议，那刘备在白门楼煽动曹操诛杀吕布，却是板上钉钉之事。当时曹操水淹下邳城，困守下邳的吕布被擒获，这个软骨头屈膝投降，曹操也有意接纳，刘备却从容说道："将军您忘记了董卓、丁建阳之事乎？"董卓与丁建阳，都曾经荣任吕布的义父，也就是干爹，最后却都死于吕布之手。曹操一听，脊背发凉，脸色一沉，立命押下去，斩了！吕布临死前大骂刘备大耳贼王八蛋，不过扯淡耶。刘备借刀杀人，血霆人性，似乎也在情理之中，他怎么会容忍曹操接纳吕布，如虎添翼呢。至于刘备后来在长坂坡被曹操追击，丢盔卸甲，赵子龙单骑救主，乱军中救出阿斗，刘备却把儿子啪叽摔在地上，说为了你这个小畜生，差点误了老子爱将性命！因为此举过于作秀，过于虚伪，历来受到人们讥笑，形成了一条流传极广的歇后语：刘备摔孩子——收买人心。

无论如何，作为一个政治人物，挖空心思笼络人心，总比不择手段摧折人心好得多。刘备经过多年的不懈努力，终于赢得江湖上美名传扬，事业由此出现转机。那一年，曹操的老爹曹嵩在徐州境内遇害，徐州太守陶谦因此与曹操结怨，虽然曹嵩遇害的真正原因众说纷纭，至今还是谜案，曹操却不管三七二十一，对徐州大开杀戒，数度举兵讨伐，残酷屠戮无辜，弄得血流成河，生灵涂炭。年过六旬的陶谦元气大伤，忧郁成病，哀哀欲绝，临终之际，叮嘱属下说："非刘备不能安此州也。"——这就是《三国演义》陶谦"义让徐州"的来历。

刘备进驻徐州，这才有了一块大地盘。可是，好景不长。刘备就因为自己的为人厚道，栽了个大跟头。吕布在与曹操争夺兖州失败后，跑到徐州来投靠刘备。刘备尽管不大情愿，还是接纳了他，铸成了大错。

吕布，字奉先，骁勇善战，冠绝三军，是当时举世无双的帅哥，你看他——“头戴三叉束发紫金冠，体挂西川红锦百花袍，身披兽面吞头连环铠，腰系勒甲玲珑狮蛮带；弓箭随身，手持画戟，坐下嘶风赤兔马：果然是人中吕布，马中赤兔！”然而，号称有“擎天驾海之才”的吕布，却在那个天下动乱英雄辈出的时代，演绎了一出人生悲剧，被人骂为“三姓家奴”：他先是当了荆州刺史丁建阳的义子，后来又认大奸臣董卓当了干爹，最后，在乞怜声中被曹操所杀。对于吕布的悲剧，他的同乡、虎贲中郎将李肃的总结是：“勇而无谋，见利忘义”。吕布因何做了丁建阳的义子，史无明载，不过，这与丁官为荆州刺史及由此带来的利益肯定有着因果关系；而他勇当董卓的干儿子，确实是为“利”拉了过去——执掌朝政的董卓一见吕布，惊为天人，感叹说：“吾若得此人，何虑天下哉！”虎贲中郎将李肃自告奋勇，前去劝降，他的礼物是：黄金一千两，明珠数十颗，玉带一条，外加嘶风赤兔马一匹。于是，吕布便“择木而栖，择主而事”，一刀砍下义父丁建阳的脑袋，跑去做了董卓的干儿子。“卓以布为骑都尉，誓为父子，甚爱信之。稍迁至中郎将，封都亭侯。”（《后汉书·吕布传》）。叫人惊叹的是，在“利”字面前，吕布的选择，是如此斩钉截铁，干脆利索，挥刀杀人时脸不变色心不跳，甚至连眼都不眨一下。须知，他杀的不是别人，是曾经于他有恩的义父啊！

对眼前这个摇尾乞怜反复无常见利忘义的家伙，刘备面临着三种选择：第一，诱其进城而杀之，一举铲除后患。此乃诡道也。第二，痛骂驱逐之，少废话！此乃常道也。第三，勉强接纳之，为自己留下不安定因素。此乃人道也。刘备不选诡道，不走常道，偏偏选择了人道，接纳了吕布及其随从，并做了妥善安置。对刘备的顾念之情，吕布却毫不在意，反而乘着刘备率兵抵御袁术徐州空虚的时机，发动兵变，端了刘备的老窝，兀自在徐州称王称霸起来，这才有了后来的曹操兴兵围徐州，吕布仓皇奔窜下邳城，曹兵放水淹下邳，吕布殒命白门楼。世事如此之变幻，犹如一出出悲喜啼笑连续剧，如云如烟如走马耶！

然而，刘备被吕布端掉老窝之后，却没有勇气破釜沉舟回兵徐州攻打吕布，犹豫惶惑间，钻进了曹操的军营，自此，成了老曹的座上之客，笼中之鸟，当然，也是不折不扣的砧上之鱼啊。当吕布殒命白门楼的时候，刘备正是曹操的座上客，他对吕布落井下石必欲除之而后快的真正原因，至此水落石出。虽然刘备知道，曹操乃世之奸雄，终究不会相容，但人在危难时，只能慌不择主；曹操当然也明白，刘备不是做奴才的料，将来必然是争夺天下的危险对手，但大业未竟之时，他不想“杀一人而失天下人之心”，因此不听谋士程昱的劝告，不肯杀刘备，而且待之甚厚。刘备天天装得朴拙如农夫，浇菜，犁田，关羽张飞等人对此很不理解，刘备诡秘一笑，说此非二弟所知也。

有一天，刘备正在菜园里浇水，曹操在后园小亭上设便宴相请：盘置青梅，一樽煮酒，二人对坐，开怀畅饮。酒至半酣，天空里忽然阴云漠漠，骤雨将至。遥远的天际，一阵龙卷风刮得正猛。曹操转头遥望须臾，冷然问道：“使君知龙之变化否？”刘备语焉不详，曹操乃大发感慨：“龙能大能小，能升能隐，大则兴云吐雾，小则隐介藏形，升则飞腾于宇宙之间，隐则潜伏于波涛之内。方今春深，龙乘时变化，犹人得志而纵横四海也。龙之为物，可比世之英雄。”

以龙来比喻世之英雄，刘备自然赞成，曹操请他指点当今英雄究竟是哪个？刘备掰着手指头，念念有词，先后推举袁术、袁绍、刘表、刘璋、孙策之辈，曹操一一点评道：袁术乃“冢中枯骨”，早晚必被所擒；袁绍色厉胆薄，好谋无断，干大事而惜身，见小利而忘命；刘表虚名无实，刘璋乃守户之犬，孙策只不过沾了他老爹孙坚的光而已……

一番评点，令刘备无话可说，于是转而推举张绣、张鲁、韩遂等人为英雄，曹操听罢，鼓掌大笑说：“此等碌碌小人，何足挂齿！”最后，他下结论说：“夫英雄者，胸怀大志，腹有良谋，有包藏宇宙之机，吞吐天下之志也。”如此盖世之英雄，谁堪当之呀？曹操以手指刘备，然后再指自己，慨然而言：“今天下英雄，惟使君与操耳！”只这一句话，就把刘备唬得魂飞魄散，筷子失手掉落地上。当时正值天雨将至，雷声大作，刘备从容拾起掉落的筷子，说道：“一震之威，乃至于此。”这个“青梅煮酒论英雄”的故事，《三国演义》著者罗贯中先生描绘得活灵活现，并赋诗赞曰：“勉从虎穴暂栖身，说破英雄惊煞人，巧借闻雷来掩饰，随机应变信如神。”

令刘备毛骨悚然的是，对他这个“有包藏宇宙之机，吞吐天地之志”的人，曹操决不会不动杀机，只是时机未到而已。他后悔自己当初孟浪，自投罗网，不光误了自身，也误了一干兄弟。身处悬崖之畔，头悬利刃之下，那种脊背拔凉、灵魂出窍的惊悚，时刻战栗着他的灵魂。他必须寻找时机，逃离虎口。正在刘备恍惚迷离之时，时机还真的来了。这个千载良机，竟是拜那个淮南皇帝袁术所赐。

袁术，字公路，袁绍异母兄弟，范晔《后汉书》说他“少以侠气闻，数与诸公子飞鹰走狗，后颇折节。举孝廉，累迁至河南尹、虎贲中郎将。”这个目空一切的家伙拥兵割据淮南，做梦都想当皇帝，思之成狂，在汉末诸雄中第一个“揭竿而起”，自封皇帝。他扬言，“吾袁姓出于陈，陈乃大舜之后”，于是不顾谋士反对，“建号仲氏，立台省等官，乘龙凤辇，祀南北郊”，耀武扬威做起了皇帝。罗贯中诗云：汉末刀兵起四方，无端袁术太猖狂。袁术登基，四方震动，讨之伐之者，汹汹而来。袁术奋其“皇威”，亲临战场——“门旗开处，只见一队军马，打龙凤日月旗幡，四斗五方旗帜，金瓜银斧，黄钺白旄，黄罗销金伞盖之下，袁术身披金甲，腕悬两刀，立于阵前。”尽管如此威风，却很快被声讨之声淹没了，等到再也支撑不下去的时候，他便写信给哥哥袁绍，说要让帝号于老哥，并收拾金银细软，带领着残部人马投奔袁绍。袁绍与袁术虽为兄弟，多年来却一如仇敌，兵戎相见，势同水火。如今袁绍眼见老弟事败，不免生了恻隐之心，令长子袁谭前往接应。可是，袁谭身在青州（今山东一带），袁术在淮南（今安徽一带），其间隔着曹操的地盘兖州与徐州，袁术要与袁谭汇合，必须偷渡过境。曹操侦知此事，决定拦击，可是派谁去呢？他颇费纠结。虽然曹营兵多将广，叵耐战事众多，诸将纷纷外出执行任务，他身边缺少可用的大将，几经犹豫，最后决定派朱灵、路昭二将率兵前往，刘备作为监军随行。既让刘备为自己出击卖命，又不赋予他统兵实权，这个决定，可谓精妙也。刘备得此命令，却如获至宝，率领关张二弟和麾下兵马急急上路，他那种手忙脚乱的举动，令关羽张飞大惑不解，刘备喘息稍定，方才说道："吾乃笼中鸟、网中鱼。此一行如鱼入大海、鸟上青霄，不受笼网之羁绊也！"

刘备刚走，曹操就后悔了，急忙派兵来追，但为时已晚。刘备已经鹰入长空，龙游大海了。曹操与刘备从此开始的龙虎斗，不断地精彩上演。他们一生相识、相知、相斗。两人彼此了解、欣赏，可谓知音同调；又彼此相恨、相争，堪称棋逢对手。刘备客居曹营，非所愿也，只是无奈，勉从虎穴暂栖身而已；曹操不杀刘备，非不想也，只是另有所图。当时，曹操势力初兴，天下动荡，大局未定，他需要天下英才来归，"夫除一人之患，而阻四海之望：安危之机，不可不察。"这正是曹操目光远大之所在。从这个意义上说，刘备之"漏网"，不是"网"破了，而是曹操"网开一面"所致。曹操失去了剪除隐患的机会（历史证明，这个"失"不算小），却得到了天下英才尽来归，文臣武将咸集许都，人才济济共图大业的兴盛之局面。这才是他取得胜利、剪除诸强、统一北方的基础。他之得，比失要多得多，难道不是么？

刘备冲出曹营，立刻进军徐州，以迅雷不及掩耳之势，斩杀了曹操任命的徐州牧车胄，经过一个血腥轮回，徐州又回到了刘备手中。曹操哪肯罢休，指令刘岱、王忠前往征讨，刘备根本不屑一顾，说：像你们这样的来一百个，又能奈我何？曹操闻报，怒发冲冠，又徒唤奈何，后悔得连肠子都青了。

最倒霉的，是那个淮南皇帝袁术。这位袁皇帝平日最看不起刘备，称之为"织席编履小辈"，落魄之时偏偏遇到他，被关羽张飞追杀得一蹶不振，部下溃散，他自己只带了一千余名老弱残兵，来到一个叫江亭的小地方，苟延残喘。那时正是盛暑，天气酷热，军中粮食尽绝，多有饿死者。到了此刻，袁术依然摆皇帝的臭架子，嫌饭食粗糙，不能下咽，令厨师取蜜水止渴，厨师丧气地说，只有血水，哪有蜜水？袁皇帝听罢，愣怔片刻，大叫一声，倒于地下，吐血而死，就此结束了狂妄而可怜的一生。至此，刘备胜利地超额完成了曹操交给他的拦截袁术的使命。

到了建安五年（200 年）正月，曹操与袁绍两支劲旅在黄河两岸剑拔弩张，官渡大战即将打响之前夜，曹操想起此前自己放虎归山的沉痛教训，又担忧他乘机袭扰自己，果断决定先痛宰刘备。诸将对此很不理解，纷纷质疑，他说，“刘备，人杰也，将生忧寡人”，这个家伙逮着机会，就会给寡人制造麻烦，现在不解决，必为后患。有人担心袁绍可能乘隙而入抄后路，他胸有成竹地说：“袁绍虽有大志，而见事迟，必不动也”。袁绍像一头行动迟缓的北极熊，器度仄狭，识见凡庸，行动迟缓，不必忧虑也。

于是，曹操命令部署在官渡的军队大肆鼓噪，修营寨，树帅旗，运粮草，以假象迷惑袁绍，自己悄悄率领一支劲旅，星夜奔袭徐州。曹操兵马雷动，袁绍犹自做梦，刘备正在酣眠，世界一片静悄悄啊。刘备认为曹操面对强敌，已经忙得焦头烂额，自顾不暇，想到不可一世的老曹这回要一败涂地，刘备不禁咧开嘴冷笑了。忽然，探马来报，说曹操已经兵临城下，刘备嘿呀一声，根本不信，自己亲率数骑出城查看，直到亲眼看到了曹操的滚滚大军，这才大惊失色，慌忙备战，哪里还来得及呀！到了此时此刻，刘备只得弃众而走，慌忙逃命。曹操大兵席卷徐州，刘备的老婆孩子都成了俘虏，二弟关羽也落在了曹操手中。遥夜弥天，大地游移，刘备无路可去，只好辗转投奔了袁绍。当袁绍见到蓬首垢面如丧家之犬的刘备时，惊讶得张大嘴巴，半天做声不得。他实在没有料到，这个魔鬼一样的曹阿瞒，居然在自己的眼皮子底下，把刘备打了个落花流水！

袁绍先生的眼前，瞬间闪过了几丝不祥之光；他揉揉眼睛，望了一眼在夜空中猎猎飘扬的“袁”字帅旗，振奋一下精神，似乎下定了必胜的决心。

三

在中国历史上，中晚期的东汉王朝，实在是险象环生、腐败透顶、阴暗龌龊。其触目惊心的三大痼疾，一是女主临朝、外戚专权；二是宦官篡政、祸乱朝纲；三是党锢之祸、屠戮精英。这肆虐甚烈的三大痼疾，像蟒蛇一样死死扼住了东汉王朝的喉咙，导致空前危机，激起强烈动荡，黄巾大起义像飓风横扫寰宇，封建统治迅速分崩离析。

封建时代的政坛奇观——垂帘听政，历来有三个艳若桃花的巾帼豪杰著称于世：西汉之吕后、初唐之武后、晚清之慈禧太后。吕后在高祖刘邦驾崩之后执掌国柄，昙花一现，很快就被周勃、陈平等老臣拿下，吕氏一族被诛灭殆尽；武则天主宰天下半个世纪，登基称帝成为中国历史上唯一的女皇帝；慈禧太后虽然没有称帝，却主导大清王朝数十年，扶立了同治、光绪、宣统三代皇帝。

东汉中晚期女主之垂帘听政，与历代迥异：六个摆布天下的女强人，宰制着六代幼主，所谓“六后临朝”也。南朝史学家范晔在《后汉书》中指出，东汉“皇统缕绝，权归女主，外立者四帝（安帝、质帝、桓帝、灵帝），临朝者六后（章帝窦太后、和熹邓太后、安思阎太后、顺烈梁太后、桓思窦太后、灵思何太后），莫不定策帷帘，委事父兄，贪孩童以求其政，抑明贤以专其威。”殇帝刘隆继位时，出生仅一百多天；冲帝刘炳即位时才两岁，被太监抱着坐了龙椅；质帝刘缵即位时不过是个八岁的小屁孩儿，桓帝刘志即位年十五，灵帝刘宏即位年十二，献帝刘协即位年仅九岁。殇帝、冲帝、质帝、桓帝与献帝，继位称帝时都是乳臭未干的毛孩子，哪里能执掌大权治理国家呢？皇帝幼小，皇权旁落，必然导致出现太后临朝称制、外戚辅政专权的局面，天下动乱，由此而生。

东汉六后临朝的动荡局面，始于第四代皇帝汉和帝刘肇时期的窦太后。窦氏是汉代名宦窦融的曾孙女。

窦融（公元前 16 年—公元 62 年），字周公，扶风平陵（今陕西咸阳）人，西汉与东汉交替之际一代名将。王莽篡政，窦融率部残酷镇压绿林、赤眉起义军，拜波水将军；光武帝刘秀登基，出任凉州牧，击破西州大将军隗嚣，封安丰侯。据《后汉书》记载，窦融深谙以退为进之策，屡次请辞，光武帝屡加封赏，窦氏满门显贵，有“一公、两侯、三公主、四二千石”之说，窦家的京城豪宅，巍峨宏丽堪比皇宫，金碧辉煌犹如日月。就是这样一个贵震天下的朝廷大佬，却纵容子弟横暴不法，其长子窦穆依仗老爹权势，胡作非为，其侄子窦林违法犯罪被处死，汉明帝刘庄多次下诏问责窦融，并“戒以窦婴、田蚡祸败之事”。范晔历数窦融平生事迹，大发感慨云：“窦融始以豪侠为名，拔起风尘之中，以投天隙。遂蝉蜕王侯之尊，终膺卿相之位，此则徼功趣势之士也。及其爵位崇满，至乃放远权宠，恂恂似若不能已者，又何智也！”

眼瞅着窦氏家族几近油尽灯枯，吹灯拔蜡，岂料一个巾帼裙钗横空出世，窦融曾孙女窦氏进入宫廷，以才色博得了汉章帝刘炟欢心，“宠幸殊特，专固后宫”，独承皇帝雨露之恩的窦后，却没能诞下一个麟儿。章帝驾崩之后，年仅十岁的和帝刘肇即位，窦后被尊为皇太后，临朝称制，其兄弟窦宪、窦景、窦瑰，纷纷一跃而起，飞扬跋扈，擅权乱政，不甘心大权旁落的汉和帝与宦官郑众密谋策划，设计铲除外戚。曾经猖狂至极不可一世的窦氏兄弟，最后落得个粉身碎骨的悲惨下场。然而，汉和帝皇脉衰萎，27 岁即气绝身亡，十几个皇子也先后夭亡，其皇后邓氏将出生刚一百多天的殇帝刘隆扶上帝位，她与其兄邓骘开始专权。八个月之后，殇帝又崩，皇脉断绝，只好迎立外藩清河孝王之子刘祜即位，是为汉安帝。尽管临朝称制的邓太后倡导经学，推举贤士，邓氏家族却纷纷鸡犬升天，《后汉书》的记载是：“累世宠贵，凡侯者二十九人，公二人，大将军以下十三人，中二千石十四人，列校二十二人，州牧、郡守四十八人，其余侍中、将、大夫、郎、谒者不可胜数”。邓太后称制十六年，颇有政绩，岂料她尸骨未寒，诸兄弟便尽被屠戮……

这种“太后临朝、外戚专权，太后崩逝、外戚诛戮”的可怕轮回，在东汉王朝不断地重复上演，随着幼主不断登台，皇权不断衰微，宦官势力开始恶性膨胀，到了桓灵二帝时期，朝政已经不可收拾，宦官势焰熏天，凌虐百官，涂炭百姓，这就是历史上危害惨烈的“宦官之乱”。

汉桓帝刘志时期，辅政大将军梁冀号称“跋扈将军”，他的一个妹妹是皇太后，一个是皇后，权倾天下，威福震主，外戚势力发展到了顶点。桓帝忍气吞声十三年，最后借助宦官势力谋诛梁冀，梁氏家族转眼间化为齑粉。然而，桓帝哪里料到，他刚逃出狼窝，又落入虎口，环伺在他周围的宦官，乃一群恶魔。桓帝却只顾陶醉，大封所谓“功臣”，大太监单超、徐璜、具瑗、左倌、唐衡五人，一天之内同被封侯，食邑高达一万三千户，世称“五侯”，从此权归宦官，“五邪肆虐，流衍四方”。单超之弟为河东太守，徐璜之弟为河内太守，左倌之弟为陈留太守，具瑗之兄为沛相，皆为祸乱一方的贪暴之徒。徐璜的侄子徐宣乃下沛县令，暴虐无道，他看上了已故汝南太守李暠之女，此女对他不屑一顾，他竟然率领兵丁上门抢夺，奸淫之后便残忍射杀了。

汉桓帝之后的汉灵帝刘宏，更是以卖官鬻爵闻名青史。据《后汉书》记载，光和元年（178年），灵帝大张旗鼓地卖官鬻爵，“开西邸卖官，自关内侯、虎贲、羽林，入钱各有差，私令左右卖公卿，公千万，卿五百万”。范晔感叹说，“灵帝负乘，委体宦孽。征亡备兆，《小雅》尽缺。”《小雅》是《诗经》的一部分，共74篇，其中《采薇》《扶林》《何草不黄》皆为名篇，表达了人们对战争的厌倦和对家乡浓烈的思念之情。《小雅》消失了，天地呈现败亡之兆。对灵帝的秽行，晋人乐资在《山阳公载记》中写得更具体：“时卖官，二千石两千万，四百石四百万，以其德次应选者半之，或三分之一，于西园立库以贮之。”所谓“私令左右卖公卿”，是让太监帮着批发官帽。卖官得来的钱太多了，为此专门设立了库房，“于西园立库以贮之”。连统驭天下的皇帝都这个德性，其他贪官污吏的贪婪猖獗之状，可想而知也。

对于宦官乱政之危局，最不能容忍的，是朝中那些有识之士，以及在野名士与太学生。他们向来以天下为己任，如今，眼见宦官肆虐，江山动荡，怎不痛心疾首！他们啸聚在著名社会贤达李膺旗下，互相支持，互诉衷肠，说到动情处，不免痛哭流涕，发誓要誓死抗争到底，逐渐形成了一个有统一斗争目标的党派。如此同气同声，不免互相吹捧，互立雅号，有了所谓“三君”、“八俊”、“八顾”、“八极”、“八厨”之说——窦融之玄孙窦武、太尉陈蕃、汉章帝之孙刘淑，号称“三君”（天下楷模）；李膺、荀翌、杜密、王畅、刘佑、魏朗、赵典、朱寓号称“八俊”（人间俊杰）；郭林宗、宗慈、巴肃、夏馥、范滂、尹勋、蔡衍、羊陟号称“八顾”（德行典范）；张俭、岑至、刘表、陈翔、孔昱、苑康、檀敷、翟超号称“八极”（引领世人）；度尚、张邈、王考、刘儒、胡母班、秦周、蕃向、王章号称“八厨”(财富度人)。这三十五人，浓缩了当时的社会精华，形成了势力强大的精英阶层，相当于如今网络世界里的公共知识分子，“公知”是也。李膺地位最为显赫，无疑属于当时的意见领袖之冠，超级微博大V。

李膺，字元礼，颍川襄城(今河南襄城)人，东汉著名学者，政治家，生性高傲，不喜交游，生于衣冠望族，自幼饱读诗书，成年满腹经纶，历任青州、渔阳、蜀郡太守、司隶校尉等，“是时，朝廷日乱，纲纪颓弛，膺独持风裁，以声名自高”(《后汉书·李膺传》)。李膺既能授业解惑，又能带兵打仗，带头反对宦官专权，致力纠劾奸佞，被誉为“天下楷模”，有人以被李膺接待过为荣，称为“登龙门”。大太监张让之弟张朔为野王县令，贪残无道，凌虐百姓，被李膺逮捕处决。张让向桓帝鸣冤叫屈，皇帝诏令李膺入殿，厉声责问，李膺慷慨陈词，据理力争，弄得桓帝无言以对，只得以无罪开释。李膺从此名声大振，他的好友陈蕃、杜密、王畅等人也备受太学生崇拜，编了顺口溜天下传唱——“天下模楷李元礼(李膺)，不畏强御陈仲举(陈蕃)，天下俊秀王叔茂(王畅)。”

以李膺为代表的社会精英阶层，以反对宦官专擅朝政为己任，纷纷挺身而出，上书抨击朝政，揭露宦官们的滔天罪恶，督促桓帝改弦更张，诛灭阉竖，振兴汉室。宦官集团恨得咬牙切齿，诬之为“党人”，说他们“诽讪朝廷，疑乱风俗”，胁迫着昏庸的桓帝，对他们进行残酷迫害。延熹九年(166年)，李膺被逮捕入狱，株连达二百多人。后经皇帝的老丈人窦武出面援救，桓帝这才勉强下诏将李膺等人赦免，但从此不许为官，禁锢于阳城(今河南登封东南)，其门生故吏、父子兄弟，一律免官禁锢。这场风波，史称“第一次党锢之祸”。

第二年，即永康元年(167年)，汉桓帝崩逝，汉灵帝继位，窦武因拥立有功，被封为大将军，权威日隆，他与专擅朝政的宦官曹节、王甫等人的矛盾，开始激化。到了灵帝建宁二年(169年)，大将军窦武与太傅陈蕃定计，要将宦官集团一网打尽，不幸走漏风声，穷凶极恶的太监抢先动手，窦武陈蕃等人尽被诛杀，皇宫之内，鲜血成河，杀红了眼的太监将屠刀指向他们痛恨的“党人”，李膺、杜密、范滂、虞放等一百多人被处死，数百人受到株连，先后被处死、囚禁、流放。这场惨案，史称“第二次党锢之祸”。

历史地看，第一次党锢之祸虽然严酷，恶行累累的阉宦集团张开了一张弥天罗网，不避危难的党人们纷纷中招，一个个沦为了阶下囚，受到百般戕害，毕竟还保留了宝贵的生命，青山依旧在，不怕没柴烧。然而，第二次党锢之祸一如惊天海啸，喷溅着汩汩鲜血，随着滚滚人头落地，世界瞬间变成了恐怖的人间地狱，那些穷凶极恶的太监们嚎叫着乱砍滥杀，党人们视死如归前赴后继的高贵精神可歌可泣，他们那威武不屈的身影，飞扬着人类精神所能达到的至高境界。

有感于党锢之祸对后世带来的巨大危害，范晔在《后汉书》中专门撰写了《党锢列传》，以揭露阉宦集团的滔天罪恶，旌表知识分子威武不屈的高风亮节，他说：“逮桓、灵之间，主荒政缪，国命委于阉寺，士子羞与为伍，故匹夫抗奋，处士横议，遂乃激扬名声，互相题拂，品核公卿，裁量执政，幸直之风，于斯行矣。”其中《党锢列传·范滂传》一篇，尤其令人悲慨。

范滂，字孟博，汝南征羌（今河南郾城县东南）人，自幼志节高洁，以峻烈闻名乡里，“慨然有澄清天下之志”，入仕之后，历任冀州清诏、光禄勋主事、三府掾属、代理功曹等职。他刚正不阿，嫉恶如仇，官职卑微，名声赫赫，广受赞誉，却得罪了那些贪墨之徒，第二次党锢之祸爆发，他被阉宦集团诬为“党人”，下诏缉捕。奉命追捕他的督邮来到郾城县，抱着皇帝的缉捕诏书嚎啕大哭，范滂说：“必为我也。”于是，赶到县衙投案，县令郭揖大惊失色，扔下印绶，要跟他一起逃亡，他说：“滂死则祸塞，何敢以罪累君，又令老母流离乎！”临刑之际，他戴着手铐脚镣与母亲诀别，老母亲的白发萧萧如雪，慨然说道：“汝今得与李、杜齐名，死亦何恨。既有令名，复求寿考，可兼得乎？”范母口中的“李杜”，乃是此前慷慨赴死的李膺、杜密。范滂跪别老母，引颈就刑，时年 33 岁，“行路闻之，莫不流涕”。对于范母的深明大义，范晔感叹说：“李膺振拔污险之中，蕴义生风，以鼓动流俗，激素行以耻威权，立廉尚以振贵势，使天下之士奋迅感慨，波荡而从之，幽深牢破室族而不顾，至于子负其死而母欢其义。壮矣哉！子曰：道之将废也与？命也！”

两次残酷的“党锢之祸”，宦官集团尽骋虎狼之心，挥动血淋淋的斧钺，将天下精英几乎斩杀殆尽。人头滚滚落地的同时，东汉王朝这棵枯朽的大树也开始嘎巴嘎巴作响，摇摇欲坠了。到了大厦将倾的时刻，黄巾起义的爆发与汉朝的最终灭亡，已经成了不可避免的历史大趋势；而汉末的十八路英豪，袁绍、袁术、吕布、陶谦、公孙瓒、曹操、刘备等等大小军阀，正是乘着黄巾起义的飓风，拥兵起事，开创自己王霸之业的。

黄巾起义爆发于汉灵帝中平元年（184 年），起义领袖是河北巨鹿人张角，他曾经创立太平道教，以宗教形式宣传组织群众，信徒达到数十万。暗无天日的年代，天下百姓愁苦久矣，他们的心灵无所凭依，只有在宗教经文里寻觅一点可怜的安慰。历来各种宗教在民间野火一样传播，官府的逼凌压迫，百姓的苦难无边，无疑是助燃剂与催化剂。一个王朝到了它的末期，必定乱象丛生，邪风横吹，妖怪出没，其腐朽没落之趋势，就像泰山顶上滚落下来的巨石，是任何神仙都挡不住的。那一年，全国大旱，颗粒无收，而朝廷赋税不减，百姓饥寒交迫，民不聊生，饿殍遍野，正当走投无路之际，张角登高一呼，天地震荡，“苍天已死，黄天当立，岁在甲子，天下大吉”——这一呼号，犹如惊雷炸裂，迅速传遍全国，百姓纷纷揭竿而起，头扎黄巾，舞枪弄刀，向封建统治者发动了猛烈进攻，一时间所向披靡。这场震惊天下的大起义，前后持续了二十多年，沉重打击了割剥百姓的封建王朝，也为各路英豪之崛起，提供了广阔的舞台。从全国冒出来的投机分子们，在残酷镇压起义军的过程中崭露头角，建立武装，抢占地盘，并因为镇压起义有功捞到了官爵。从这个意义上说，张角先生无疑是汉末兴起的各位军阀的大恩人哪。

然而，综合分析当时的历史情形，黄巾起义只是让汉末军阀们得到了大展拳脚的机会，而为害甚烈的董卓之乱，才促使他们联合起来，组成军事联盟，一时间成为了叱咤风云的主导者。说起董卓的崛起，就不能不谈汉末令人毛骨悚然的宫廷政变，不能不谈拥兵自重的大将军何进的愚蠢。

灵帝中平六年（189 年）四月，汉灵帝刘宏病危，一场立储之争，旋即展开。那时候，“十常侍”朋比为奸，专擅朝政。所谓“十常侍”，就是祸乱朝政的十余个大太监，张让、赵忠、曹节、蹇硕、段圭、夏恽、郭胜、宋典等。灵帝尤其宠信张让，呼之为“阿父”。他们互相勾结，狼狈为奸，其团伙宗旨是：但有不从己者，杀无赦！

眼看灵帝大限将至，立储之事迫在眉睫。手握重权的大将军何进主张立他的外甥、妹妹何贵人的儿子刘辩为帝，灵帝之母董太后欲扶王美人的儿子刘协即位，病势危急的灵帝与老娘互相呼应，欲立刘协。执掌禁卫军的中常侍蹇硕俯身上前，悄悄提醒垂危的皇帝，说陛下要立刘协，就必须先除掉何进。此刻的汉灵帝，早已气喘吁吁，模模糊糊点了一下头。蹇硕转身疾走，暗布杀机，宣招何进。何进听闻皇帝诏令入宫，兀自愣怔，麾下将领典军校尉曹操与司隶校尉袁绍闻讯赶来，告诫他不可轻举妄动，静观待变，以不动制动。

那时候，袁绍与曹操，都是汉灵帝任命的“西园八校尉”成员。所谓“西园八校尉”，是灵帝为削弱大将军何进的兵权，于中平五年（188 年）八月，在洛阳西园招募壮丁设立的一支军事组织。《后汉书 · 孝灵帝纪》：“中平五年八月，初置西园八校尉。”他们是：上军校尉蹇硕，中军校尉袁绍，下军校尉鲍鸿，典军校尉曹操，助军左校尉赵融，助军右校尉冯芳，左校尉夏牟，右校尉淳于琼。“西园八校尉”的首领，就是大太监蹇硕，直接受命于汉灵帝，一时间声威大震，连大将军何进也心怀忌惮。令人讶异的是，灵帝设立“西园八校尉”的初衷，是分化消解何进手里的兵权，岂料事与愿违，领受了皇帝雨露之恩的袁绍与曹操，却成了何进手下的两员骁将，真乃世事如轮，转呀转，说不定会转出啥风景呢！

不久，汉灵帝驾崩的消息传出，何进与曹操、袁绍率领兵甲五千冲进朝堂，武力夺权，就在灵帝的灵柩前，扶立他的外甥刘辩继位，史称汉少帝，他的妹妹何贵人晋身何太后。“十常侍”眼瞅着明晃晃的兵刃在头顶晃悠，哪里还敢吱声。袁绍极力主张斩草除根，乘势杀尽那些混账太监，但只杀掉蹇硕一人，何进就改变了主张。原来，张让之流一见斧钺临头，性命难保，慌忙跑到何太后跟前，鼻涕一把眼泪一把，请求饶命。糊涂的何太后空有一张漂亮面孔，却没有一点政治头脑，她见平日里一脸骄横的太监们可怜巴巴跪在脚下哀哀告饶，不免心慈面软，便出面干预，说得饶人处且饶人吧。何进听罢妹妹的话，一时间没了主意。危急关头，优柔寡断，何进不但葬送了大好时机，也为自己埋下了杀身之祸。张让、段圭等人侥幸躲过杀头之祸，迅速采取紧急措施，盯住何进之弟何苗和老娘舞阳君，拿大把大把的金银财宝送给两人，脸孔笑纹如花，嘴角抹油溜滑，把这母子二人哄得晕头转向。何苗与舞阳君连忙入宫，为太监们做说客，在何太后面前为张让等人大唱赞歌。几番游说下来，愚昧的何太后迅速倒向太监一边，庇护之态愈加坚决，何进诛戮太监的计谋，至此宣告彻底破产。袁绍尽管捶胸顿足，也无济于事了，他灵机一动，给何进出了个“馊主意”，建议他假皇帝之名，传檄各镇，令各路军阀豪强急速赴京勤王，逼迫太后就范。历史证明，这个主意“馊”得可谓惊天动地，不光前门没打住狼，还把后门的老虎给引来了。董卓正是借着这道檄文之炫光，堂而皇之地带兵入京，从此横行天下的。

“十常侍”闻听各路大军汹汹前来，料知性命难保，立刻定下捕杀何氏兄妹之毒计。他们故伎重演，纷纷跪倒在何太后面前，嘶声嚎哭，眼泪鼻涕齐下，逼迫太后降旨，宣召大将军何进入宫救命。他们说，吾等死了事小，太后与少帝的安危，可是关系到汉家江山的兴亡啊！咄咄美言，嗖嗖冷箭，哪里是颟顸愚昧的何太后可以抵挡的。此时此刻，何太后只看见了这群阉宦的滚滚眼泪，却弄不懂这就是传说中的“鳄鱼的眼泪”，更看不透鳄鱼眼泪掩盖下的凛凛杀机。何太后的同情之泪，潸潸而下，说别急别急，大将军自有计策安天下。她随即降旨，宣召何进入宫议事。这位脑满肠肥的何大将军，平日里自恃位高权重，一言出而天地动，哪里会觉察到在皇宫深处晃动的那一支支夺命利箭呢？他听罢太后懿旨，咧嘴呵呵一笑，佩戴大将军印绶，便昂然入宫，曹操袁绍等人上前阻拦，他说：“吾掌天下之权，十常侍敢待如何？”

何进言罢，挥一挥手，不等曹操袁绍再啰嗦，便大步流星，进入掖庭。嗯嗯。皇家的巍峨宫阙，怎么此时笼罩着一层鬼魅阴影？那些艳若桃花的宫娥，怎么此刻也消失了她们的美丽倩影？——偌大的宫廷里，此时却笼罩着一种不祥的寂静。何进心里嘀咕着，迈步进了嘉德殿，倏然之间，一团黑影如鹰隼一般自天而降，阴风呼呼骤起，怪鸟喋喋连声，何进兀自慌作一团，只见张让等人手持兵器哇呀呀涌出，将他团团包围——到了此时此刻，何进一切都明白了，可是，一切都晚了！转瞬之间，宫门呼隆隆尽闭，兵甲喀啦啦齐鸣，何进早被血淋淋砍为两段。一个左右风云的王朝大将军，就这样窝囊地死于一群卑鄙无耻的阉宦之手。

袁绍、曹操听得宫中乱起，情知有变，料定凶多吉少，立刻率领兵甲掩杀进去，将太监们杀了个鸡犬不留。张让、段珪等人吓得屁滚尿流，挟持着少帝及一干嫔妃仓皇逃出洛阳城，逃到黄河岸边的小平津（古渡口名，在今河南孟津县东北），被尚书卢植率领的人马追上，张让、段珪眼看就要被砍为两段，只得跳进黄河自杀，结束了罪恶的生命。

而此时，西凉太守董卓已拥兵二十万应诏前来，乘势占领了洛阳城里的皇家宫阙。此后，董卓废掉汉少帝，杀死何太后，另立陈留王刘协为帝，这就是东汉王朝的末代之君汉献帝。

董卓（？—192年），字仲颖，陇西临洮（今甘肃省岷县）人，貌粗猛而有谋断，性残忍而嗜杀伐，“卓膂力过人，双带两鞬，左右驰射，为羌胡所畏”（《后汉书·董卓列传》）。他年轻时曾到羌族地区游历，与羌族头领歃血为盟，约为兄弟，此后以残酷镇压黄巾军起家，以苛虐残暴闻名天下。他应诏入京，凌虐朝廷，初入宫阙，即自封丞相，公然宣称：“天下事在我！我今为之，谁敢不从！”下令掼死何太后，绞死唐贵妃，鸩杀汉少帝，自此每夜入宫，奸淫宫女，夜宿龙床，无恶不作。满朝文武，莫敢做声。

一次，朝中百官被董卓邀请赴宴。宴会上，董卓手舞足蹈，下令诸位开怀畅饮。酒过三巡，他突然起身，喝令众人欣赏精彩节目。说罢击掌示意，只见手执利刃的兵卒将近百名俘虏押到会场中央，随着锣鼓奏鸣，百般摧残，割舌，剜眼，削鼻，其酷虐暴戾之惨状，令天地变色；其鬼哭狼嚎之哀鸣，摄人魂魄。人们吓得脸色蜡黄，瑟瑟发抖，董卓却谈笑自若，时而狂呼，时而狂饮，尽逞其虎狼之本色。

董卓对无辜百姓的屠杀，更加苛酷。那天他带兵出城，来到一个叫阳城的地方，只见男女老幼嘻嘻哈哈，聚在一起做游戏，他一声令下，那群如狼似虎的西凉兵卒猛扑上去，像屠猪宰羊一样斩杀百姓，劫掠妇女和财物，瞬间尸横遍地，血染碧空。他命令把哀哀嚎哭的妇女与财物装到战车上，割下千余颗死者头颅悬挂在车下，浩浩荡荡返回京城，扬言杀贼大获全胜，凯旋而归。到了城郊高岗上，下令点火焚烧人头，将满车的妇女与财物，赏给他的那些虎狼兵卒。他的哈哈大笑，伴随着妇女们撕心裂肺的哭嚎，声震云霄。

董卓倒行逆施的暴行，激起了天下人的熊熊怒火，讨伐之声，甚嚣尘上。初平元年（190年），中原十八路诸侯纷纷率领部下将士聚集到酸枣（今河南延津北），摇旗呐喊，共商大事，宣布组成讨董联盟暨讨逆联军，共同讨伐奸贼董卓，渤海太守袁绍被推为盟主。这支讨逆联军，也被称为“酸枣联军”。这个联盟的主要成员，可以说囊括了天下一时之俊杰——南阳太守袁术、冀州刺史韩馥、豫州刺史孔伷、兖州刺史刘岱、河内太守王匡、陈留太守张邈、东郡太守乔瑁、山阳太守袁遗、济北相鲍信、北海太守孔融、广陵太守张超、徐州刺史陶谦、西凉太守马腾、北平太守公孙瓒、上党太守张杨、长沙太守孙坚、渤海太守袁绍。这些人，个个根正苗红，血脉正宗高贵，尽为皇家栋梁。骁骑校尉曹操因为势力初兴，被盟主袁绍任命为奋武将军，而刘备与二弟关羽、三弟张飞，只不过是北平太守公孙瓒的帐下部将而已。

十八路诸侯因缘际会组成的这个讨董联盟，听起来声势浩大，恍若雷霆，在庄严隆重的成立集会上，大家歃血盟誓，宣称共赴国难，匡扶汉室。然而，慷慨激昂的口号之下，他们却各怀心思，意欲乘机抢占地盘；到了战场上，彼此等待观望，谁也不肯与董卓的西凉军正面交锋，生怕自家损兵折将。如此军事联盟，犹如一艘航行在沙漠上的冰雕航母，其战斗力如何，可想而知也。实际上，从联盟组成之日起，就没打过几场漂亮仗，还在洛阳东郊的咽喉要地虎牢关被董卓义子吕布打得抱头鼠窜，若不是公孙瓒的部将刘备带着关羽张飞二弟救援，演出一出“三英战吕布”的活剧，几乎全线崩溃。尽管如此，其煊赫声势，还是令董卓胆战心惊，为躲避联军兵锋，他决定迁都长安。

历来迁都之举，对老百姓而言，都是一场灾难。昔日盘庚迁都，将周朝的国都由亳（今河南商丘）迁至殷（今河南安阳），做了许多深入细致的疏导工作，历经艰辛，才得以平安渡过。而董卓的迁都，无疑属于强盗行径，他先将联军盟主袁绍留在洛阳的五十多名亲属全部诛杀，再将城中富豪悉数逮捕杀掉，把他们的财富劫掠一空，然后命令军士全城放火，民房、宫殿、庙宇、商铺、酒肆、树木、桥梁，统统在火海之中化为灰烬，百姓哀嚎之声，犹如黄河之波涛，天地为之惊心。董卓的凉州兵好像一群魔鬼，挥舞着白凛凛的刀剑，逼迫几十万百姓，跌跌撞撞，向新都长安挪动——“每百姓一队，间军一队，互相拖押；死于沟壑者，不可胜数。又纵军士淫人妻女，夺人粮食；啼哭之声，震天动地”，致使洛阳周围“二百里内无复孑遗”。

董卓的迁都之举，恶行累累，罄竹难书，对讨逆联军来说，却是千载良机。从战略层面来讲，其一，董卓逆天作孽，天理难容，民心皆曰可杀，此道义制胜也。其二，董卓尽遣兵卒押送百姓，无暇备战，且兵力分散，此战力制胜也。其三，董卓把汉献帝和数十万百姓押送长安，自己带兵溜到长安西边的郿县（今陕西郿县东），修建了一座巨大的城堡——“郿坞”，号称“万岁坞”，龟缩在那里作威作福，醉生梦死，若合力攻打，一鼓可擒，此时势制胜也。

然而，面对如此良机，联军依然等待观望，袁绍、韩馥、袁术、张邈、刘岱、乔瑁等实力强劲的大佬，个个畏敌如虎，谁也不肯出兵作战。曹操急得捶胸顿足，气得七窍生烟，他告诫袁绍等人，此时出击，“一战而天下定矣，不可失也！”叵耐他实力不济，人微言轻，诸将依旧按兵不动。曹操无奈，独自引兵而去，“诸君北面，我自西向”，率领部下追击董卓去了。到了这个时候，这个所谓的讨董联盟，已经名存实亡了。如果不是司徒王允巧施美人计，借助貂蝉的杨柳细腰与沉鱼落雁之容闭月羞花之貌，诱惑贪恋美色的吕布亲手诛杀了他的义父董卓，这个戕害生灵涂炭万民的大恶人，不知还要为害多久呢！

当然，王允巧施美人计、吕布贪色诛董卓，不过是罗贯中的小说家言。据《后汉书·吕布传》记载，两件事可能铸成了这桩“血案”：一，吕布小有过失，董卓勃然变色，以手戟掷之，差点一击致命，吕布自此怀恨。二，吕布与相府侍婢私通，害怕被董卓发觉受到严惩，心怀惶恐，日夜不安，久之必生悖逆之心。这个侍婢，大约就是豹蝉故事的来源吧？

曹操与袁绍之间的生死较量，注定了官渡之战的激烈与残酷！

四

一场古代的重大战役，譬如官渡之战，其制胜因素当然很多，而一个“谋”字，首当其冲。中国古代军事家孙武在《孙子兵法·谋攻篇》中，用一个“全”字，来诠释战争境界之高低：“夫用兵之法，全国为上，破国次之；全军为上，破军次之；全旅为上，破旅次之；全卒为上，破卒次之；全伍为上，破伍次之。是故百战百胜，非善之善也；不战而屈人之兵，善之善者也。”然而，一场重大战役，决定着双方的生死存亡，如何做到“全国”、“全军”、“全旅”，不战而屈人之兵呢？那就需要充分运用一个“谋”字：“故上兵伐谋，其次伐交，其次伐兵，其下攻城。攻城之法，为不得已。”

孙武所谓“上兵伐谋”，“上兵”，指上乘用兵之法；伐，进攻，攻打之意；谋，谋略也。这句话，是指用兵的最高境界，就是用谋略战胜敌人。兵法上所谓“谋”，有三层意思：其一曰“谋势”。势盛则气象恢弘，江河星辰，浮沉胸中，人世烟雨，尽在把握；势颓则星光黯淡，唯见山高月小，难望水落石出。所谓谋势，其实是两军主帅之间的大PK，主帅的胸襟与气魄，天才与智慧，无不决于大势之中矣。其二曰“谋局”。自古布阵如弈棋，所谓星罗棋布，全局在胸，决胜之机，在乎气韵生动，动静协调，刀枪谐鸣，密相契合也。谋局乃双方谋士团队之较量，谋士们的韬略与智谋，决定着棋局的走向与胜负。其三曰“谋兵”。兵道乃诡道，诡道大体属于战术范畴，所谓兵不厌诈，出奇制胜也。谋兵乃两军将领团队之争，将领勇猛，尽可带兵作战；将领勇猛且机智，方有可能成为常胜将军。当然，天下根本没有常胜将军这回事，胜多负少，关键时刻顶得住，关键战役拿得下，就足可以为此自豪了。

我们归纳一下官渡之战的消长之势、胜败之理，从“谋势”、“谋局”、“谋兵”这三个层面出发，或者稍可窥见当时的情形。两军主帅之争，曹操更胜一筹，似乎不容置疑。对此，荀彧和郭嘉都做了详尽论证，无论是荀彧的“四胜之论”，还是郭嘉的“十胜十败之论”，指向极其明确，曹操的恢弘气度与笼盖八荒的领袖天赋，是气量狭小统御无术的袁绍根本无法攀追的。且听曹操对袁绍的评论：“吾知绍之为人，志大而智小，色厉而胆薄，忌刻而少威，兵多而分画不明，将骄而政令不一，土地虽广，粮食虽丰，适是以为吾奉也。”在曹操看来，袁绍的肥沃的土地与丰饶的粮食，都是为俺老曹准备的供奉呀！——这样的巨大差异，你只能归结为天意与宿命。袁绍作为四世三公的名门之后，养尊处优许多年，早就消磨尽了他的意志。曹操虽然也是名门之后，却生于宦官之家，祖父曹腾身为宦官，历侍四代皇帝，贵为中常侍、费亭侯，其父曹嵩乃曹腾养子，官至太尉，虽说是花钱买来的官帽，也算显赫无比，其真实身世却至今存疑，对此，《三国志》著者陈寿无奈地说：“莫能审其生出本末”。这个先天软肋，肯定极大地影响了曹操的心态，他是不是自幼暗怀雪耻之心，不得而知；至少，他喊出的那句“宁教我负天下人，不叫天下人负我”的极端口号，应该与他的坎凛而显耀的身世有关。

双方主帅的气势，抟转形成了无形之战略态势。只见黄河南岸的曹营上空，大云飞腾，昂昂千里，其势如不羁之野马也；而黄河北岸的袁营之内，喧声若雷，鲲鹏孤翔，其势如徘徊之云翳也。而两军谋士们的精神状态之差异，更是令人大跌眼镜。

在曹营，尽管战前很多人认为敌众我寡，信心不足，经过荀彧郭嘉慷慨陈词，曹操拍板决断，反对之声立刻消失，众将斗志昂扬，磨刀霍霍。而袁绍手下的几个重要谋臣，形态各异，丘壑尽显。田丰忠直而抗上，屡批主公逆鳞，引起强烈反感；沮授忠贞而多谋，耿介如骨，易招忌恨；许攸爱耍小聪明，素有贪财受贿之劣迹；审配号称忠诚刚烈，但专权跋扈，争权好斗；逢纪刚愎自用，素好挑拨离间，搬弄是非。以这几位先生为主组成的“智囊团”，能起到多大的参谋之功，实在令人忧虑。不过，袁绍始终认为，自己虽然缺少很多财宝，唯独不缺少的，就是才华与智慧，以天河之水喻其才华，稍显不足；以深渊之波喻其智慧，差强人意。在他看来，麾下的军师先生们，一个个形如积木，或者形如棋子，不过供其指挥摆布驱使罢了。

还是在曹操亲征徐州，向刘备发起速决战之际，谋士田丰听闻此讯，说现在正是讨伐曹操后方的最佳时机，建议袁绍立刻发兵，攻取曹操的老巢——许昌。这个建议，非常及时而重要，若能实施，则曹操危矣。那时袁绍的小儿子病得厉害，高烧不退，小脸通红，袁绍为此心急火燎，拒绝了田丰的建议。田丰气得举杖戳地，又莫可奈何。等到曹操击溃刘备、收复徐州，还军官渡之后，袁绍的雄心又莫名其妙昂扬起来，要进军官渡，直捣许昌。田丰认为良机已经错过，再三劝谏不宜轻举妄动，袁绍根本不屑一顾，下令克日出兵。

而此时，由陈琳起草的檄文——《为袁绍檄豫州》，正在黄河两岸传扬。檄文写得酣畅淋漓，汪洋恣肆，才情纵横，声讨曹操“特置发丘中郎将、摸金校尉，所过隳突，无骸不露”，曹操的祖父曹腾、老爹曹嵩，皆受辱骂，操本人乃“赘阉遗丑，本无懿德”，却“承资跋扈，恣行凶忒，割剥元元，残贤害善”，袁绍“奉汉灵威，折冲宇宙”，鸣“震雷”，举“虎步”，大有席卷天下，冲荡四野之气势。据说，檄文传到曹营时，曹操正患感冒，卧病在床，一见如此犀利的文字，不觉毛骨悚然，出了一身冷汗，感冒立刻消失得无影无踪，他从床上一跃而起，顾谓左右：“此檄何人所作？”

这篇檄文的作者陈琳，是闻名天下的大才子，汉灵帝时，曾做主簿，董卓之乱，避难冀州，阴差阳错当了袁绍的“记室”，即今日的所谓秘书吧。等到袁绍官渡惨败，陈琳被俘，刀斧手将他推到曹操面前，操视之良久，责问道：“汝前为本初作檄，但罪状孤，可也；何乃辱及祖、父也？”陈琳淡定地回答：“箭在弦上，不得不发耳。”左右劝老曹杀之泄恨，“操怜其才，乃赦之，命为从事”。陈琳先生像风中的陀螺一样，一转身，就做了曹操的御用文人，后来成为以曹操为首的文人集团“建安七子”之一。

应当说，对于战争的各项准备，袁绍无疑落了下风，唯独制造舆论这件忽悠大事，略胜一筹。檄文的高速传播，的确蛊惑了不少人，也为大军出征增加了几分雄壮色彩。

建安五年（200年）二月，袁绍起兵十万，战马万匹，南下进攻曹操。大军临行，袁绍披挂停当，照了一眼菱花镜，果然威风凛凛，他扯动嘴角，得意地笑了，这时，谋士田丰又一次闯了进来。这个家伙已经几次进谏，此刻他脸色通红，一副舍得一身剐敢把皇帝拉下马的模样，说天有异象，“若不听臣言，出师不利也！”袁绍一听他的乌鸦嘴里说出此等涣散军心挫伤斗志的混账话，勃然震怒，厉声喝令斩首，众人连忙劝阻，说大军将发，诛杀军师太不吉利啦。袁绍一听有理，下令抓进大牢，待后处置。那田丰不顾身在大牢，仍然上书进谏，痛心疾首地说，主公不可妄兴刀兵，此战恐怕与我不利啊。谋士逢纪唯恐袁绍临时改变主意，挑唆说：“主公兴仁义之师，田丰何得出此不祥之语！”惹得袁绍再次动怒，欲斩田丰，众官为之求情，方才罢了。

于是大军出发，一时间旌旗遍野，刀剑如林，尘埃奔腾如天马横空掠过大地。行至阳武（今河南原阳东南），谋士沮受又进谏说：“我军虽众，而勇猛不及彼军；彼军虽精，而粮草不如我军”，他建议“宜且缓守，若能旷以日月，则彼军不战自败”。这本来是个不错的战略决策，岂料袁绍闻言大怒，骂他灭自家威风长敌人志气，沮授强言争辩，被袁绍下令锁到禁军之中。

未及大战，袁绍便失去了田丰沮授两位忠诚且富有才智的谋士。田丰之被囚，沮授之被锁，无疑是自断手足，自毁长城，鲜明地印证了袁绍的刚愎自用，已经到了多么昏庸愚昧的程度。

袁绍的前线指挥部，设在黄河北岸重镇黎阳（今河南浚县东北），曹操的前线指挥部，设在黄河南岸重镇官渡（今河南中牟县东北），其前沿阵地，就在黎阳对面的白马（今河南滑县东北）。白马与黎阳之间的渡口白马津，作为黄河两岸的南北通道，成了双方的必争之地。官渡之战的前哨战，首先在这里打响。袁绍派遣颜良、淳于琼、郭图带兵穿越白马津，进攻东郡太守刘延驻守的白马，自己亲率大军押后阵。刘延兵势微弱，被颜良军四面围困，战况十分危急。曹操决定率兵救援刘延，然而，如何救援？令他颇为纠结。由于敌众我寡，若率兵直奔白马，不但难以取胜，还有可能被袁绍聚而歼之，倘若不救，则白马危在旦夕。正当他忐忑不决之际，谋士荀攸献上“声东击西”之策，建议曹操率兵直奔白马西边的延津，佯装渡河偷袭袁绍后方大本营，袁绍必会分兵来救，那时再轻兵袭白马，一鼓可胜也。曹操依计而行，果然旗开得胜，不但解了白马之围，袁绍大将颜良还被时在曹营效力的关羽一刀斩于马下。袁绍闻得白马兵败，颜良被诛，勃然大怒，命令大将文丑和降将刘备，率领五千骑兵渡河追击曹军。曹军当时只有骑兵五百余骑，危急之中，又是这位荀攸献上"辎重诱敌"之策，令骑兵一律下马，嬉笑喧哗，做出毫无戒备之状，大批辎重丢弃路上，等袁绍铁骑哇呀呀掩杀过来，纷纷下马抢掠辎重，阵脚顿时大乱，曹操骑兵突然翻身上马，呐喊厮杀，转眼之间就击溃了袁绍铁骑，大将文丑也被斩杀。

这场白马前哨战，谋士荀彧之侄荀攸一战成名，关羽留下了斩颜良诛文丑的传说，并在这里邂逅大哥刘备，随之仓皇而去；对于曹操与袁绍而言，则是试水之战。此后，袁绍下令退军阳武，曹操还军官渡，双方步步为营，稳扎稳打，战事进入胶着状态。而战争的转折点，以至于急转直下，却是因为袁绍阵营一位重要谋士许攸的临阵倒戈。

双方相峙月余，曹军粮草将尽，士卒疲乏，陷入窘境。袁绍的谋士许攸截获了曹操筹措粮草的书信，料定曹操的老窝许昌空虚，建议派一支奇兵星夜掩袭许昌，"则许昌可拔，操可擒也"。正当许攸进献破敌之妙计的关键时刻，袁绍忽然接到留守邺城的审配密报，说许攸的家人犯法，已被抓捕入狱，许攸在邺城时曾经大肆聚敛不义之财，引起民间非议。此言可能不虚，此时此刻却起到了很坏的作用。袁绍顿时怒火冲天起，不但不采纳他的计策，还痛骂他"滥行匹夫"，厉声责问："你与曹操有旧，是不是接受了他的贿赂，为他做奸细来了呀？"许攸顿足而出，骂道："竖子不足与谋！"欲拔剑自刎，左右军士夺下他手中之剑，劝他何必轻生，"公既与曹操有旧，何不弃暗投明？"一句话提醒梦中人，许攸当夜径投曹操而去。对这件事，《后汉书·袁绍传》的记载是："会攸家犯法，审配收系之，攸不得志，遂奔曹操，而说使袭取淳于琼等。"

那曹操闻听许攸来了，慌得来不及穿鞋，光着脚丫子出来迎接。许攸一进门，便对曹操吹牛："攸有一策，不过三日，使袁绍百万之众，不战自败。"操喜曰："愿闻良策。"此处一个"喜"字，鲜明地刻画出了曹操的形态，与袁绍相比，真是天壤之别。许攸指出，袁绍军粮辎重，尽积乌巢（今河南延津县境内），若出奇兵，“烧其粮草辎重，则绍军不三日将自乱矣”。

曹操依计而行，当夜便亲率张辽、许褚、徐晃、于禁诸将，带领五千精兵，人衔枚，马勒口，直奔乌巢而去。袁绍得悉乌巢被袭，立刻兵分两路，一路骑兵奔袭救援乌巢守将淳于琼，一路由张颌、高览二将率领攻击曹操大本营。应当说，袁绍此刻的危机应对，还是有板有眼的，若能成功，必将置曹操于绝境。曹操在乌巢也的确遭遇危险，淳于琼指挥的运粮军人数众多，加之增援骑兵已经抵达，曹操腹背受敌，有人建议“分兵拒之”，曹操深知一旦分兵，必将落败，于是厉声命令：“闭嘴！等敌人到了我身后，再来报告！”将士们身陷绝境，一个个冒死进攻，结果大获全胜——乌巢粮草辎重烧得个场光地净，淳于琼被割去耳鼻手指，遣送回袁营，以羞辱袁绍。

至此，袁军兵败如山倒，一败涂地，士卒逃散。受命进攻曹操大本营的张颌、高览二将，因为被奸诈谋士郭图谗言陷害，唯恐因此肇祸，惊惧之下，投降了曹操。张颌随即被任命为偏将军，封都亭侯，此后屡立战功，很快成为曹操的重要将领之一。曹军打扫战场时，发现大批袁军丢弃的图书器物，其中一批向袁绍表示效忠的信件，竟是曹营官兵所写。有人主张对此严加追查，严厉惩处，曹操呵呵一笑说：“袁绍强盛之时，连我都感到难以自保，何况别人呢？”于是命令统统烧掉。那些暗自向袁绍献媚的动摇分子，自此感激不尽，成了坚定不移的“曹粉”。而曹操对七万被俘袁军士兵的处置，却一下子露出了青面獠牙的屠夫嘴脸，他疑心恁多人投降有诈，担心难以控驭，命令全部坑杀，其凄惨之状，目不忍睹！

闻名古今的官渡大战，以袁绍的彻底失败落下了帷幕，其中一些人物的命运，及其折射出来的人生意味，却令人遐思绵绵。

袁绍此后一蹶不振，两年之后，呕血而亡。而他官渡兵败后对谋士田丰的诛杀，留下了千古骂名。大军溃乱之际，他与其长子袁谭拼死冲出，引着一群残兵败将狼狈逃窜，当夜宿在一座无名荒山上。他听得兵士深夜相聚，捶胸痛哭，说："若听田丰之言，我等怎遭此祸！"袁绍痛悔不已，觉得无颜面见田丰。谋士逢纪却说，田丰此刻正在狱中抚掌大笑呢。一句话激得袁绍恶从胆边生："竖儒怎敢笑我，我必杀之！"随即命令使者，擎剑前往狱中诛杀田丰。知其忠诚而杀之，真真可恨；难怪罗贯中如此鄙视他——"羊质虎皮，凤毛鸡胆"。

袁绍兵败的消息传回，狱卒向田丰贺喜，说："袁将军大败而回，君必见重矣。"田丰苦笑："吾今死矣！"狱卒惊问何故，田丰说："袁将军外宽而内忌，不念忠诚。若胜而喜，犹能赦我；今战败则羞，吾不望生矣。"狱卒不肯相信，须臾，使者果然提着尚方宝剑赶到监狱，奉袁绍之命取田丰之首。狱卒们纷纷流泪，田丰更是悲愤难抑："大丈夫生于天地间，不识其主而事之，是无智也！今日受死，夫何足惜！"说罢，自刎于狱中。

另一位谋士沮授的命运，更是可叹。袁军兵败溃乱之际，沮授因为被囚禁，无法脱身，被曹兵擒获，沮授大叫："授不降也！"曹操与沮授是老相识，对他颇有留恋之意："本初无谋，不用君言，君何执迷也？"遂下令厚待之。到了此时此刻，沮授对袁氏的忠心依然如旧，乘夜色在营中盗马，欲逃归袁氏，这才逼得曹操咬牙杀了他。沮授至死，神色不变。曹操感叹说："吾误杀忠义之士也！"命厚礼殡殓，在黄河渡口为之筑造坟茔，并于墓碑题词："忠烈沮君之墓"。

从沮授与田丰的悲惨命运，我们不难看出袁绍覆灭的根本原因。如果说，认识不到属下的忠诚而歧视之，只是统帅认知水平低下的话，那么，对于忠心耿耿的谋士予以排斥、打击，甚至杀戮，就是一种必受天谴的作孽了。天作孽，犹可恕；自作孽，不可活。袁绍如此之惨败，实属咎由自取也！

那位临阵倒戈的许攸先生，后来却活生生把自己送进了坟墓。许攸是河南南阳人，自幼聪颖机灵，早年与袁绍和曹操都是朋友，后来成为袁绍的帐下谋士，官渡之战一举成名，把老朋友袁绍推入绝境。袁绍死后，两个不争气的儿子袁谭、袁尚，为争夺老爸遗留的残山剩水大打出手，曹操乘虚而入，大军围攻袁氏大本营邺城。久攻不下之际，又是许攸献计，决漳河之水灌城，城中水深数尺，食粮断绝，大量兵士与百姓饿死，出现人吃人惨相。不久，城破。从此，许攸恃功而骄，惹来了杀身之祸。

那一天，曹操率领众将进入邺城，在城门前遇到许攸，许攸拿马鞭指着城门嬉笑说："阿瞒，汝不得我，安得入此门？"曹操哈哈大笑，那笑声末梢，却潜藏着一股凛凛杀气；而众将领的脸色，却已经由黄转绿。又一天，大将许褚走马入东门，正碰上许攸，许攸轻佻地奚落说："汝等无我，安能出入此门乎？"许褚咆哮道："吾等千生万死，身冒血战，夺得城池，汝安敢夸口！"许攸对此不屑一顾，鄙夷地说："汝等皆匹夫耳，何足道哉！"许褚不再答话，直接拔剑砍下了许攸的脑袋，提着来禀报曹操："许攸无礼，我杀之矣。"

曹操盯视着许攸的首级，良久无语，他最后的处置是——深责许褚，厚葬许攸。如此轻巧，却又如此刻薄寡情！

五

建安十三年（208 年），确立魏蜀吴三国鼎立之势的关键战役——赤壁之战，在长江两岸赤壁一带爆发。赤壁之战是中国历史上最富有传奇色彩的经典战例之一，是中国战争史上第一次在长江流域进行的大规模江河作战，也是三国时期具有决定性的三大战役中最重要、最著名的一场战役，其巨大的历史影响与绮丽的诡异传说，堪比古希腊盲诗人荷马的史诗《伊利亚特》《奥德赛》描述的特洛伊之战。所不同的是，特洛伊之战一度被认为是文人脑海里瑰丽的神话与想象，而赤壁之战却是用几十万将士的鲜血与生命耀眼地写在长江两岸的历史事实。

那时候，官渡之战尽管已经过去八年，其滚滚硝烟，依旧笼罩着华夏大地；其巨大的震慑力，与曹操的大名一起，天下传诵。曹操消灭了最强劲的敌人袁绍，统一了长江以北地区，成为名符其实的中原霸主，兵锋所指，摧枯拉朽，号令响处，百兽奔窜。然而，尽管枯萎的鲜花为之绽放，枯竭的河流为之涌波，曹操并没有忘记自己统一天下的历史使命。他遥望南天，夜不能寐，那里的锦绣山河与崇山峻岭，令他感到了灵魂深处涌起的强烈骚动。他统一天下的王者梦想，犹如张开了垂天之翼的鲲鹏，开始翱翔于茫茫寰宇之间。作于一年前的著名诗篇《观沧海》，以大海喻宇宙，尽展其恢宏气象与斑斓画图：

东临碣石，以观沧海。
水何澹澹，山岛竦峙。
树木丛生，百草丰茂。
秋风萧瑟，洪波涌起。
日月之行，若出其中；
星汉灿烂，若出其里。

那涵盖了“日月之行”与“星汉灿烂”的大海，何其浩渺无际动人魂魄啊。大海深处的浪涛、漩涡、逆流，潮起潮落，搅动着世界，也搅动着诗人的心灵！

建安八年（203年），曹操率军攻克了袁绍的都城、中原重镇邺城（今河北临漳县西南），从此建立了统驭北方、剑指江南的大本营。

邺城是一座历史文化名城，始建于春秋齐桓公时期。公元前439年，魏文侯封邺，把邺城当做魏国陪都，此后，邺城一步步成为侯都、王都、国都。战国时期，西门豹为邺令，他治河投巫的传说，家喻户晓。这里本来是袁绍经营多年的老巢，叵耐官渡一役，斗转星移，袁绍不久病死，他的两个儿子袁谭、袁尚，为了抢班夺权而反目成仇，互相攻杀，袁绍留下的四位重要谋臣也随之一分为二，审配、逢纪支持袁尚，辛评、郭图支持袁谭。袁谭被袁尚打败，竟不顾杀父之仇，派人向曹操求援，正为出师无名纠结的曹操喜出望外，快马加鞭兵临邺城，把个煌煌古都围得铁桶也似。到了此刻，袁谭开始明白，自己向老曹求援，无异于引狼入室。即使如此，他依然没有考虑与其弟袁尚联手破曹，反而再次追杀出走邺城逃到中山的袁尚。兄弟俩在国破家亡之际，依旧妄动刀兵，像两只嗜血的豺狼一样互相撕咬，可谓自取灭亡。两人随后被曹操各个击破，袁谭被杀，袁尚、袁熙逃亡，被辽东太守公孙康所杀。袁氏一门，至此尽被斩草除根。

而此时的邺城守将，是袁绍从前的军师审配。史载审配忠烈慷慨，有不可犯之节。然观其一生行迹，其为军师，尚有良谋；其为政治，却乏善可陈。袁谭与袁尚兄弟之所以刀兵相向，就因为审配与逢纪在袁绍死后弄权捣鬼，编造谎言，将袁绍幼子袁尚扶上冀州牧宝座，引起长子袁谭强烈不满，从而引发了兄弟阋墙之悲剧。从这个意义上说，审配作为袁绍倚重的顾命老臣，却是辜负了老领导的信任与重托啊！尽管如此，在镇守邺城的最后关头，审配可谓尽忠尽力，英勇壮烈。曹操采用许攸的计策，开凿水沟，引漳河水灌城，城内洪水肆虐，瘟疫横行，饿死者无数，人与人相食。凄惨如此，审配依然顽强死守，不肯投降，他抱定了与邺城共存亡的决心，他的侄子、东门校尉审荣眼见大势已去，乘着夜色开门迎敌，这才导致邺城沦陷，审配被擒。

曹操进入邺城，兵士将审配推到他的面前。曹操爱怜其才，一再挽留，无奈审配去意已决，厉声斥骂，引颈就戮。面对死神，审配如此意气刚烈，令曹操叹息不已。敬重志士英烈，鄙弃畏缩惜身，是曹操一贯的风格。从满目疮痍的大街上走过，想到昔日与袁绍交往的种种情形，曹操心里忽然难过起来。他径自来到袁绍墓前，奉上祭品，点燃纸钱，默哀祭拜。他与袁绍乃少年好友，当年两人一起飞鹰走狗，鸡鸣狗盗，不知干过多少混账勾当。叵耐命运弄人，两个素怀大志的豪杰之士，最后却成了不共戴天之仇敌，如今袁绍惨败而死，墓木已拱，怎不令人伤感！想到此，曹操不禁悲从中来，泪如泉涌。随后，他登门慰问袁绍遗孀，并命令给袁氏家人馈赠财物珠宝，保障粮食供应。对于曹操泪洒袁绍之墓，历来多有讥评，有人说他此番表演很成功，装逼作秀很到位，拿几滴鳄鱼眼泪便忽悠了天下人；也有人说他不过是猫哭耗子假慈悲，眼流泪而心残忍，对袁绍儿子们的追杀毫不留情。晋人孙盛对曹操此举很不以为然，他说：老曹你“尽哀于逆臣之家，加恩于饕餮之室，为政之道，于斯踬矣。夫匿怨友人，前哲所耻，税骖旧馆，义无虚涕，苟道乖好绝，何哭之有！”

其实，论者自说自话，老曹自有权谋。他灵魂深处之复杂诡异，犹如天书一般，如深渊沸水，如九霄诡云，幽深不见其底，飘忽不见其踪。他将雄才大略与谲诈机变熔于一炉，将奸邪与英雄抟成一身，将政治权术的冷酷无情与诗情画意的灵感徘徨奇妙组合，铸成了一颗令人难以揣摩难以攀追的千古之谜一样的灵魂，可谓中国历史上最著名的“横岭侧峰式”人物。他在袁绍墓前的几声啼哭，既是作秀表演以收买人心，也是真情流露以寄托哀思，谲诈与情感，在那几滴潸然而下的老泪中，高度融合在一起了。

与曹操的奸险老辣相比，18岁的曹丕还是一个莽撞小伙子。他随父入城，领兵闯入袁府，只见那里到处残砖断瓦，烧焦的尸体还在袅袅冒烟，袁氏妻妾吓得瑟缩不已，袁绍次子袁熙的老婆甄氏伏在婆母膝上不敢抬头。曹丕逼令仰首，拭目细看，惊为天香国色，当场占为己有。这就是后来的甄妃。她先后为曹丕生下了儿子曹叡（魏明帝）、女儿东乡公主。曹丕称帝后，甄妃荣升皇后，可惜后宫佳丽销魂蚀骨，皇帝不久就把她抛到了脑后。甄后失意，口出怨言，皇帝闻言大怒，下令赐死，时年39岁。这当然是后话了。

那时候，东京洛阳、西京长安先后毁于战火，曹操决定在邺城兴建自己的都城。据记载，邺城平面呈长方形，东西长7里，南北宽5里，有两重城垣：郭城和宫城。郭城有7座城门，城中有一条东西干道，将全城分成南北两部分，干道以北为皇宫禁苑，干道以南为居民区。郦道元《水经注》描述说，邺城“东西七里，南北五里，饰表以砖，百步一楼，凡诸宫殿、门台、隅雉，皆加观榭。层甍反宇，飞檐拂云，图以丹青，色以轻素……城之西北有三台，中曰铜雀台，南曰金虎台，北曰冰井台……”

让我们沿着邺城之嶙峋雉堞，追溯曹操的前世今生，似乎望见了机变权谋与城堡暗道交错，烽火血流与亭台楼阁映辉，如此相得益彰矣！

曹操（155年—220年）字孟德，小字阿瞒，沛国谯（今安徽亳县）人，是三国时代杰出的政治家、军事家、文学家，曹魏政权的主要缔造者，先为东汉大将军、丞相，后为魏王，其子曹丕代汉自立称帝后，追尊其为魏武帝。

在中国传统史册中，譬如二十五史吧，但凡那些了不起的大人物出世，天上必降吉祥，世间必有传说，诸如明月入怀、蛟龙入梦，等等。《史记·高祖本纪》里的汉高祖刘邦之出生，可谓怪异。说刘邦老母刘太夫人在大泽岸边休息，梦中与神龙交媾，“是时雷电晦冥，太公往视，则见蛟龙于其上”，蛟龙与其母在一片荒草坡上演了一场惊天动地的“天作之合”，遂怀刘邦。太史公司马迁笔下这种赤裸裸的人与动物之交媾，够黄够暴力吧？《梁书·武帝本纪》里的梁武帝萧衍出生时，“两胯骈骨，顶上隆起”，右手上刻有一“武”字。初唐史学家姚思廉先生如此记述历史，其创作色彩显然过于浓烈。司马迁与姚思廉，这两位古典史学大师，如此描述历史，可谓白璧微瑕吧。而在陈寿笔下，曹操出生时的情形，实在稀松平常，《三国志·武帝纪》对此只字未提，只说了他姓甚名谁，乃汉相国萧何之后，其祖父曹腾是中常侍，大太监，封费亭侯，其父曹嵩乃曹腾养子，在追溯曹操的生物学意义上的来源时，陈寿无可奈何地只说了一句“莫能审其生出本末”，便再无话；也就是说，曹操的真正血脉究竟来自哪里，陈寿不晓得，后人更不晓得也。

曹操幼年，机警善权变，而任性好侠，放荡不羁，一如街头小混混，不修品行，不好学问，似乎没啥特长。一个这么不起眼的角色，却引起了当时两个大名人的注意。一个是颇精相术的南阳人何颙，他一见曹操，便两眼放光，连声惊叹：“汉家将亡，安天下者，必此人也。”这位何颙先生堪称“星探”，见了少年荀彧也很惊异，说他具备“王佐才也”，荀彧后来果然大放光明。另一个是大名士桥玄，他宦海沉浮，阅人无数，早年出入宫廷，贵宠荣耀；晚年眼见天下沦落，颓势难挽，还乡逍遥。他见到曹操，仿佛看到了一颗冉冉升起的启明星：“今天下将乱，安生民者，其在君乎！”——这两件事，均见范晔《后汉书》。而曹操的奸雄禀性，早年也有迹可寻。《三国志·武帝纪》记载，少年曹操飞鹰走狗，游荡无度，其叔父屡次到其父曹嵩跟前告状，被曹操忌恨。一天，曹操在路上遇见叔父，就佯装口歪眼斜，叔父惊问其故，他说是突然中风。

叔父将此事告诉其父，曹嵩急忙喊来曹操询问，他回答说："初不中风，但失爱于叔父，故见罔耳。"从此，其父再也不相信叔父的话了。

《后汉书·许劭传》记载，曹操早年混迹江湖时，到处赔着笑脸提着礼品，求高人为自己卜卦算命。许劭先生乃中原名士，广受推崇，因为鄙视曹操的为人，一直不肯理睬他。有一天，曹操在路上横身拦住人家，口出恶言，攻击威胁，许劭惊异地凝视他片刻，尔后别转脸仰望天空，平静地说道："君清平之奸贼，乱世之英雄也！"曹操闻言大悦，蹽开大步笑着走了。

为了报复叔父，佯装中风，两副嘴脸转换之快，犹如变色龙也；为了得到名士品题，拦路胁迫，强人所难，一如无赖之强盗也。这两则早年旧闻，虽然浮光掠影，却也入木三分，曹操谲诈之神韵、奸雄之本色，初见端倪。因为拜父祖高官厚禄之庇荫吧，汉灵帝熹平三年（174 年），20 岁的曹操举孝廉，从此进入汉末官场，被任命为洛阳北部尉，主管治安维稳工作。官职虽小，他却峥嵘毕露，刚一上任，先把衙门整修一新，在各处城门上悬挂五色棒，并张贴告示，立誓惩诫那些不法之徒。此后他下力量破获几起悬案，诛杀恶贯满盈的主犯，百姓无不拍手称快。大太监蹇硕的叔叔蹇鼎是个泼皮无赖，蹇硕红得发紫，权倾天下，蹇鼎狗仗人势，光天化日之下杀人越货，奸淫妇女。曹操闻报，感到自己杀权贵立威的时刻到了，命令兵卒将蹇鼎抓来，挥舞五色大棒，噼里啪啦！噼里啪啦！一顿乱棒，将其当场杖毙。曹操乃一介小吏，居然敢摸老虎屁股，杀掉一手遮天的蹇硕叔父，京城洛阳为之轰动，百姓奔走相告，蹇硕恨得咬牙切齿，但实在抓不到曹操啥把柄，只好采取明升暗降之策，将他调离洛阳拉倒。对于自己的这一壮举，曹操相当得意，许多年之后，他做了魏王，还把当初举荐他出任北部尉的司马防先生请到邺城皇宫，设宴款待，两人谈起当年的往事，甚感快慰，曹操打趣说："先生，本王如今还可以去做尉官么？"司马防从容咽下一口香茶，说："嗯，好茶呀。从前老夫推荐时，大王你正适合做尉官啊！"

中平元年（184 年）爆发的黄巾大起义，为曹操崭露头角提供了广阔的政治军事舞台，他起兵讨贼，东征西伐，成为汉灵帝倚重的西园八校尉之一，他左右逢源，与执掌朝廷兵权的大将军何进暗通款曲。董卓乱起，十八路诸侯结盟讨伐，曹操作为奋威将军，与各路诸侯联军讨伐董卓。董卓死后，联盟溃散，联军成为敌军，十八路诸侯开始了互相攻伐的中原大战。曹操纵横乱世，南征北战，实力不断壮大，先后战胜了关中李傕、徐州吕布、淮南袁术、冀州袁绍等等一时之豪杰，雄霸中原大地。这期间的两则活灵活现的传说，鲜明地刻画了曹操的形象。一则是“谋贼献刀”，另一则是“诛杀吕伯奢”。

这两则历史传说，都与奸贼董卓有关。说是董卓率领二十万西凉兵汹汹入京，废立自专，欺君毙后，横暴朝堂，导致天下大乱，讨伐之声四起。董卓睥睨满朝文武，对曹操却青眼有加，令为骁骑将军，以示倚重之意。此时的曹操，早已暗怀为天下除害之心，他与司徒王允密谋策划了一条刺董之计，曹操手持七星宝刀，伺机刺杀董卓，不料被董卓察觉，危在旦夕，曹操随机应变，以献刀为名，来了个瞒天过海。此后，曹操仓皇逃窜，潜归乡里，路过成皋县（今河南荥阳市西北），天色已晚，便来投奔故人吕伯奢。老吕热情异常，连忙出去买酒，他的五个儿子则在后院杀猪宰羊，准备款待贵客，岂料，吕氏诸子磨刀霍霍的杀伐之声，令急于逃命草木皆兵的曹操心惊肉跳，以为吕氏兄弟要加害自己，老吕可能前往官府告发去了。想到此，曹操怒从心头起，挥剑闯入后院，一不做二不休，将吕氏兄弟统统杀死，然后继续逃命，在路上偏巧遇到了买酒回来的吕伯奢，老吕热情挽留，曹操更不答话，一剑砍掉了老吕的脑袋。眼见吕伯奢的头颅喷溅着鲜血，咕噜噜滚到自己脚下，想到自己可能错杀了热情善良的吕氏全家，曹操悲怆难忍，泪流满面，对着夜空凄怆呐喊：“宁我负人，毋人负我！”演绎一下，就是——“宁教我负天下人，不叫天下人负我！”

曹操“献刀谋贼”一节，不见于正史，大概属于罗贯中的小说家言；而他逃亡成皋，诛杀吕氏全家，此事《三国志·武帝纪》无记载，为尊者讳，似可理解。裴松之的《三国志》注释里，记有三本书载有此事：《魏书》、《世说新语》、《杂记》。

裴松之是南朝刘宋时期著名史学家，河东闻喜（今山西闻喜）人，与其子裴骃、曾孙裴子野均为造诣深厚的历史学家，江湖上流传着“史学三裴”之称。裴松之著述丰硕，尤以《三国志》注释闻名。这部考据著作的缘起，是宋文帝刘义隆。刘义隆是南朝刘宋小朝廷开国之君刘裕第三子，也是这个血腥王朝的第三位皇帝，他在位期间，颇有作为，开创了有名的“元嘉之治”。他认为，陈寿所著《三国志》记事过于简略，命裴松之为之作补注。为了注释《三国志》，裴松之收集了三国时期各种原始资料一百五十多种，注文字数超过陈寿原文的三倍之多。他这部书的主要功绩，是补充了原书中的遗漏，纠正了陈寿某些褊狭与谬误之处。对同一历史事件的不同记述，他悉数收录，罗列横陈，以备后学参考。

《魏书》是北齐历史学家魏收撰写的一本纪传体史书，记载了公元4世纪末至6世纪中叶北魏王朝的历史。东晋历史学家孙盛的《杂记》，对此事记述尤其鲜明，曹操那句引起千载骂名的“宁我负人，毋人负我”，就出自他的笔下。史载孙盛著述颇有春秋时期晋国太史董狐之遗风，极重史德，可信度应该没有问题。董狐先生秉笔直书的事迹，开了史学直笔传统之先河，孙盛作为一代史官，慕其高名，以此自励，是顺理成章的。

无论如何，曹操的谲诈奸雄形象，是横陈在历史的空间里了，以至于连有勇无谋的吕布有一次在与曹操对垒时，都提醒自己麾下的将士说：“曹操多谲，勿入伏中。”吕布在无意中，用一个“谲”字，概括了曹操的本性。谲，大致有三重含义：一，谲诈，玩弄手段；二，诡谲，奇异多变；三，狡诈，离奇古怪。总之，曹操之行事，变幻莫测；曹操之用兵，鬼神难敌；曹操之弄权，虎愁猿惊。

对于曹操之“谲”，察其一言一行，便知其中奥妙也。譬如，宛城征张绣，自己马踏麦田，割发代首，以一缕头发，既保全了身为主帅的尊严，又赢得了遵守法度的美名；寿春战袁术，下令克扣军粮，几乎引起哗变，他借仓官王垕之头，弹压平乱，可谓奸险；潼关战马超，以抹书之计，离间韩遂与马超联盟，取得最后胜利。其实，此战极为艰险，曹操先是被马超打得割须弃袍，狼狈逃窜，幸得张颌许褚拼死救援，这才躲过一劫，众将惶遽流涕，曹操却笑道："今日几为小贼所困乎！"口气极为轻巧，大有撒豆成兵之神韵也；随后与韩遂阵前交谈，老韩手下将士纷纷在远处围观，曹操呵呵大笑，戏谑说："汝欲观曹公耶？亦犹人也，非有四目两口，但多智耳！"

公然号称自己"多智"，可谓超级得瑟也。如果说，这些性格层面的特点，集中体现了曹操的智慧；那么，他在讨伐徐州太守陶谦的过程中，大兵所到之处，动辄屠城，肆意屠戮无辜，任意残杀百姓，搞得赤地千里，饿殍遍野，则暴露了他嗜杀成性的屠夫本质，与凶如虎狼的忍人之心。

当然，曹操如此残毒徐州，也是因为与徐州太守陶谦的杀父之仇。

陶谦，字恭祖，丹阳（今安徽宣城）人氏，汉末群雄之一，官至安东将军、徐州太守，封溧阳侯。史书说他"在官清白，无以纠举"，在天下动荡的乱局下，徐州却平安无事，"百姓殷盛，谷米封赡，流民多归之"。然而，由于他的狂放不羁、行事乖戾，远君子，近小人，导致徐州刑政失和，乱象渐生，埋下了肇祸之因。而初平四年（193 年）发生于琅琊郡的一场匪夷所思的谋杀案，把徐州全境一下子推进了血泊之中。因为，这场谋杀案的被害人，是曹操的老爹曹嵩。

那时候，曹操起兵讨伐董卓，他的老爹曹嵩年高退休，从京城返回家乡，他不愿意跟着儿子到处奔波，于是带着幼子曹德跑到琅琊避难。琅琊郡在今山东半岛胶南附近，是徐州牧陶谦的辖区。曹嵩自琅琊郡赴兖州，曹操派泰山太守应劭带兵去护送。应劭的护送兵马还没抵达，曹嵩就被陶谦秘密派来的一支兵马劫杀了。这位应劭还是一位学者型官员，著有《汉官仪》、《风俗通》、《汉书集解音义》等著作。他一见曹老爷子魂飞西天，唯恐曹操怪罪，于是投奔袁绍去了。

对于曹嵩之死，历史上多有争议。有人说亳州距洛阳很远，董卓之乱根本波及不到，曹嵩有必要跑到琅琊海边避难吗？有人说曹嵩欲返乡，陶谦派部将张闿护送，张闿图财害命杀了曹嵩，致使陶谦受到牵累，云云。但无论如何，曹嵩是死于陶谦的地盘上，应无疑问，作为太守，他当然难辞其咎。对曹操而言，杀父之仇，不共戴天；此仇不报，更待何年？

当年秋天，曹操为报仇雪恨，率领三十万兵马，气势汹汹杀奔徐州而来，兵锋所向，势如破竹，很快就兵临陶谦的大本营彭城（今江苏徐州市），陶谦急往山东方向逃命去也。曹操此次用兵，志在复仇，其残酷荼毒，可谓罄竹难书。这是一次疯狂的毫无人性的大屠杀，是曹操人生履历上一个抹不去的重大污点。大军一入徐州境，连克十余城，徐州五郡（琅琊、东海、下邳、彭城、广陵），尽为曹军蹂躏；取虑（今江苏睢宁西南）、睢陵（今江苏睢宁）、夏丘（今安徽泗县）等地，尽为曹军屠场。据《三国志·陶谦传》记载，大军掩卷入城，便开始了令人发指的屠城，无论男女老少，一律格杀勿论，"凡杀男女数十万人，鸡犬无余，泗水为之不流，自是五县城保，无复形迹。"对于这场惨绝人寰的大屠杀，《三国志·武帝纪》只有简短的两句话——"遂攻城拔寨，所过多所残戮。"

那一年，天下大饥，民不聊生，饿殍遍野，"是岁谷一斛五十余万钱，人相食"。我们不能断定，是曹操残杀徐州百姓的暴行，导致天怒人怨，引发了这场惨绝人寰的大饥荒；但是，肯定与此有关。那场血流遍地尸横荒野的酷虐屠戮，给天下百姓带来的灾难，实在是深重无边啊！

六

孟子曰：五百年必有王者兴。然而，对于曹操而言，五百年实在太久啦，五十年若何？

对此，《三国志·武帝纪》给出了答案——"初，桓帝时有黄星出现于楚宋之分，辽东殷馗善天文，言后五十岁当有真人起于梁沛之间，其锋不可当。"黄星就是土星，楚宋之分，指星宿所在区位，大约是湖南湖北与河南商丘一带；梁沛之间，大约是河南开封与江苏沛县一带。这些区域，正是曹操驰骋疆场的核心地区呢。这位辽东殷馗先生眼里的所谓"真人"，当然是指一统江湖的那位王者啦。据陈寿先生推算，从黄星出现于天空，到曹操击败袁绍，占领邺城，统一北方，恰好五十年，与殷馗先生的预言分毫不差。不管你信不信，反正历史之律动，就是这么诡异莫测。

建安十三年（208 年）春天，花红柳绿时节，曹操在西击乌桓、平定辽东，彻底消灭了袁绍的残余势力之后，率领大军班师回到了邺城。这就标志着，曹操已经在群雄并起逐鹿中原的兼并战争中，取得了最后的胜利，他由此成为了真正意义上的中原霸主。此次班师回朝途中，他眼望着寥廓江山，兀自心潮激荡。平畴千里浮艳阳，岗峦起伏动星汉，如此瑰丽雄奇如诗如画之江山呀，这些年却血流成河，白骨堆积如山，百姓流离失所，令人几欲垂涕。这种悲惨局面，必须迅速扭转。如何实现由天下大乱到天下大治的目标，这是他面临的重大课题。如今，中原大战的硝烟已经散尽，作为事实上的中原之王，他的战略目标，随之进行了重大调整：其一，尽快实现由夺取政权向巩固政权的转移，不采取强有力的巩固措施，政权还会得而复失；其二，尽快实现由局部统一向着全国统一迈进，只有实现大江南北的统一，才能结束国家的分裂局面，实现华夏大地的伟大复兴。

应当说，曹操以攻克邺城为原点，及时调整战略目标，勾勒国家未来发展之愿景，无疑表现了他作为一个政治家的恢弘韬略与远大抱负。政治家与权力狂的根本区别，就在于取得政权之后，究竟是谋划大事，功利天下，还是窃国营私，逞威害民？毋庸置疑，曹操是他那个年代里最卓越的政治家，即使在中国历史上，也是一颗耀眼的“明星政治家”。政治家当然都有很强的权力欲，在夺取政权的过程中，同样不择手段，无所不用其极；然而，一旦取得政权，就要为将来的发展挖空心思呕心沥血了。曹操面临的急迫任务，大体如下：第一，军事方面，要时刻准备征伐不臣，消灭反抗，维护大局稳定；其二，政治方面，要强化吏治，兴利除弊，除暴安良，建立运转良好的社会新秩序；其三，经济方面，要迅速消除土地荒芜、饥民相食的悲惨现象，使百姓食果腹，衣蔽体，推进富国强兵；其四，要综合考虑各项政治、经济、军事因素，迅速提升综合国力，以实现进军江南，统一天下的宏伟目标。

考察曹操初进邺城采取的诸项重大举措，推行政治体制改革，无疑是重中之重。这些年来，汉献帝作为他“挟天子以令诸侯”的一张王牌，牢牢地掌控在他的手中，尽管军国大事尽由曹操乾纲独断，汉家的官僚体制，却一直聋子耳朵一般摆在那里。进入邺城不久，曹操就对政治体制进行了强势改革，废除三公，设置丞相、御史大夫，其余官职也进行了相应调整。所谓三公，即司徒、司空、司马，是先秦时期设置的高级官职，司徒主管征发徒役、兼管田地耕作与其他劳役，司空主管土木工程、礼乐等事，司马主管军政与军赋。曹操实行的这次政治体制改革，可谓意义重大，其要害有二：一是曹操自任丞相，将一切军政大权集于一身，为未来进位魏王做好了铺垫；二是将汉家江山做了乾坤大挪移，一切官职围绕曹魏政权来设置，为将来代汉自立奠定了组织基础。

应当说，曹操尽管野心勃勃，在其生前却没有篡汉称帝的打算。因为他对废立之事，相当地小心谨慎。那年孙权给曹操上书称臣，说天命难违，劝其代汉称帝，他把老孙的书信展示给属下，说："是儿欲踞吾着炉火上耶！"一语泄露出他对帝位的敬畏之心。对于汉魏易帜这件撼天动地的大事，他当然有所谋划。《魏氏春秋》记载，夏侯淳进言说："自古以来，能除民害为百姓所归者，即民主也。今殿下即戎三十余年，功德著于黎庶，为天下所依归，应天顺民，复何疑哉！"曹操回答说："施于有政，是亦为政。若天命在吾，吾为周文王矣！"他希望演绎周文王姬昌故事，由自己的儿子实现君临天下的梦想。姬昌治理天下五十年，去世后其子姬发登基称帝，是为周武王，追封老爹为周文王。曹操去世后，其子曹丕代汉自立，违背老爹遗愿，自己先抢了魏文帝之帝号，把老爹追封为魏武帝。

在进行政治体制改革的同时，曹操还采取了一系列富国强兵之举措，譬如：实行屯田制，招募流民，开垦荒地，严禁豪强兼并，使农业生产迅速得到恢复；唯才是举，选贤任能，充实管理阶层，改进管理制度；依法治军，扩展队伍，有针对性地加强演练，提升实战能力；推行各项优抚政策，轻徭薄赋，笼络人心，稳固基础，壮大综合实力……

曹操定都邺城，推行新政，最吸引世人眼球的，是一文一武两件大事。所谓“文事”，就是吸引天下英才来归，组成了中国文学史上璀璨耀眼的文学社团——“建安七子”，为后世无数文人骚客所景仰；所谓“武事”，就是开凿玄武池，用以训练水军，为进军江南，扫平天下做准备。

玄武池是一个水面辽阔的人工湖泊，位于邺城铜雀台南8公里处，夏日里波浪翻涌，天光明灭。曹操动用大量人力物力挖掘这么一大片汪洋泽国，当然不光是为了给邺城增加一处风景，而是为了训练部队。曹军的精锐之师，大多是曹操当年平定兖州时所收编的青州兵，青州就是今天的山东青州市一带，是百分百的北方人。要依靠这支精锐之师跨越长江，进击刘备孙权，收取荆州和江东，面临的一个重要问题，就是士卒水土不服，不习水战。俗语云：“南人乘船，北人骑马”。让习惯骑马的人改乘船，还要进行激烈搏杀，就必须实现生理、心理、习惯诸方面的重大跨越。老实说，要实现这个跨越，的确很难。尽管玄武池畔刀枪如林，将士们在水面上呐喊冲荡，似乎训练的热火朝天，其实并没有解决根本问题，这后来也成了曹操兵败赤壁的一个主要因素。

玄武池畔杀声高，猎猎天风赋离骚。一个时代的繁华与兴盛，其重要标志之一，就是文学艺术昌盛与否。诗词歌赋，虽然发乎文人之心灵，表露着文人灵魂深处的纠结与动荡，却是时代兴衰之映像，抒发出来的是一个时代里最贴近人心、贴近历史、贴近世界的最强音，或如长江激荡，或如溪流幽咽，或如杨柳轻飏；无论强与弱，刚与柔，豪放与婉转，辽阔与纤柔，都属于时代百花园中的一朵朵奇葩，时代大合唱里一滴滴春雨般的轻灵音符。在曹操叱咤风云的建安年代，在京都邺城出现的“建安七子”，如横空出世的文学精灵，他们创立的“建安风骨”，使建安文学的旗帜高扬云端，成了东汉末年至魏晋之际文学艺术领域一座灿烂辉煌的里程碑，对当时和后世的文学创作，都产生了深远而巨大的影响。

所谓“建安七子”，人数似乎并不确切，曹丕与曹植当年钦定的名单也不尽相同。概括而言，当时的文坛大腕，咸聚于此，“彬彬之盛，大备于时”。这个繁星闪烁的邺下文人集团，以曹操为首，其子曹丕、曹植兄弟为核心，王粲、陈琳、徐干、刘祯、应玚、杨修、阮瑀、孔融、祢衡等人，悉数登场，大家啸聚邺城，环绕漳河，舞文弄墨，赋诗唱和，奏出了建安时代的峭拔峥嵘与萧萧风骨，其袅袅余音，至今荡漾在中国文学史的茫茫空间里。

建安文学的精神领袖，无疑是历史巨人曹操。《三国志·武帝纪》记载，曹操“御军三十年，手不舍书，昼则讲武策，夜则思经传，登高必赋，及造新诗，被之管弦，皆成乐章”。曹操的诗歌，存世不足20篇，皆为乐府诗体，内容大体分为三类：一，咏叹时事，二，描述理想，三，神游仙界。《诗品》著者钟嵘说：“曹公古直，甚有悲凉之句。”他的《观沧海》、《龟虽寿》、《短歌行》、《陌上桑》、《善哉行》等，都是建安文学的扛鼎之作。

神龟虽寿，犹有竟时。腾蛇乘雾，终为土灰。
老骥伏枥，志在千里。烈士暮年，壮心不已。
盈缩之期，不但在天。养怡之福，可得永年。

这首辞彩突兀韵致铿锵的《龟虽寿》，抒发着英雄迟暮之壮烈情怀，那匹志在千里的老马，身羸弱而志摩天，年迟暮而情如火，千年之下，依然令人热血沸腾不已，令人遥想孟德君当年睥睨千里雄视八荒之豪壮也。老骥伏枥的铁血男儿曹孟德笔下的戎马生涯，居然是那样的艰难困苦——

北上太行山，艰哉何巍巍！羊肠坂诘屈，车轮为之摧。
树木何萧瑟，北风声正悲！熊罴对我蹲，虎豹夹路啼。
溪谷少人民，雪落何霏霏！延颈长叹息，远行多所怀。
我心何怫郁？思欲一东归。水深桥梁绝，中路正徘徊。
迷惑失故路，薄暮无宿栖。行行日已远，人马同时饥。
担囊行取薪，斧冰持作糜。悲彼《东山》诗，悠悠令我哀。

这首肃杀凛冽的《苦寒行》，弥漫着一股悲郁慷慨之气，虽然脚下充满着艰难险阻，甚至有些令人哀伤，但是，他心底那种无坚不摧的坚强意志，却像利剑一样，足以劈开前进道路上的任何障碍！

在曹操冲天之豪气、邺城蓬勃之文气的召唤下，全国著名文士如百川归海，纷纷来归，他们挥舞生花妙笔，赋就华丽辞章，成就了建安文学的千古辉煌。那是一个沧海横流的时代，也是一个莺歌燕舞的时代。那些才华横溢的文士们，经历了汉末战乱，遭遇了兵燹之灾，眼见了鲜血横流白骨蔽野，他们的创作以描写战乱、慨叹时艰、抒发强烈的忧患意识为主。王粲的《七哀诗》、《登楼赋》，刘桢的《赠从弟诗》，陈琳的《饮马长城窟行》，阮瑀的《驾出北郭门行》，孔融的《六言诗》，祢衡的《鹦鹉赋》，杨修的《神女赋》、《出征赋》，应玚的《灵河赋》、《愍骥赋》，等等，都是这一时期的代表性作品。刘勰在《文心雕龙·时序》中指出："观其时文，雅好慷慨，良由世积乱离，风衰俗怨，并志深而笔长，故梗概而多气也。"曹植在《与杨德祖书》中，对这一时期的文学现状作了精辟概括，"人人自谓握灵蛇之珠，家家自谓抱荆山之玉"，"吾王于是设天网以赅之，顿八紘以掩之，今悉集兹国矣！"尽管如此，在曹植眼里，这些个文坛大腕们，似乎还有不小的差距，"然此数子犹复不能飞轩绝迹，一举千里也。"他的视角，无疑浸透了帝王之后的冲天自豪。

然而，曹操对待建安文士的态度，是颇耐人寻味的。他扮演了保护伞与刽子手的双重角色；而文士先生们对曹操的态度，也经历了一个从万分敬仰到无比憎恨的转变过程。

最早进入邺城的文人是孔融，其后是阮瑀、陈琳、徐干诸人，流落南方的著名诗人王粲自荆州归来，是邺下文士集团达到鼎盛时期的标志。曹操则为迎接天下精英敞开了胸怀，不拘一格纳人才。陈琳当年为袁绍作檄文，把曹氏三代骂得狗血淋头，操"爱其才而不咎"；大名士宗士林从前瞧不起曹阿瞒，此时也凑过来，曹操因他贤名卓著，"犹敬礼之"；曹操欲见祢衡，老祢拒绝见面，并数次恶言詈骂，曹操"以其才名，不欲杀之"……

初期的邺下文士们，都为曹操如日中天的霸业所吸引，对他的赞美，是邺下文学的第一声——"曹公忧国无私"、"梦想曹公归来"（孔融）、"愿我贤主人，与天享巍巍”（王粲）、“庶几及君在，立德垂功名”（陈琳）、“登名堂而饮至，铭功烈乎帝裳”（徐干）、“巍巍主人德，佳会被四方”（应玚）……这些充满感激甚至谀媚的诗句，是诗人们一片至诚的真情流露。然而，随着时间的流逝，曹操的奸雄本色逐渐暴露，文士们对他的态度，也开始倨傲起来。孔融多次当面“嘲戏”曹操，杨修也数次卖弄小聪明，给曹操来点尴尬。这两位名士先后以莫须有的罪名被曹操诛杀，实在是建安文学的悲剧。由此开始的衰落，逐渐黯淡了邺城曾经明丽如水的天空，也为那个曾经繁花似锦的文学季节，蒙上了一层浓重阴影。

在邺城莺歌燕舞的绚烂背后，却悄悄进行着一场残酷的竞争，那就是曹操的两个儿子曹丕与曹植之间的接班人之争。随着老爹曹操统一北方，江山初定，兄弟俩的“兄弟阋墙”，开始渐渐地浮出了水面，并愈演愈烈，呈现出鱼死网破你死我活之势。到了后来曹操进位魏王，魏王太子的诱惑，更令兄弟二人及其参谋团队，近乎疯狂地陷入了互相攻讦与搏杀的绝境。兄弟俩在父王面前呈才华、竞风流，转过身就施诡计、要权谋，互相毁谤，互相拆台。他们身后的参谋团队，皆一时之俊才，如曹植集团的杨修、贾逵、王凌、丁仪兄弟，曹丕集团的贾诩、崔琰、吴质、卫臻等人，都卷入了这场兄弟相争的时代悲剧，出谋划策，推波助澜，把个曹氏集团折腾得风急浪险。

这场绵延多年的储位争夺战，给曹操造成了极大的困扰与苦恼，搅得整个邺城时局都有些喧腾起来。究其原因，其根源还在曹操身上，正是他在选拔接班人问题上长期的犹豫不决，才导致了兄弟俩这场疯狂的权力博弈。

俗话说，英雄难过美人关；其实，作为君王，佳丽万千，美女如云，更难过的，倒是“立储关”。唐高祖李渊建立了繁华富丽甲于天下的大唐王朝，可谓英雄盖世，三个儿子李建成、李世民、李元吉却为争夺继位剑拔弩张，刀剑相向，最后酿成惨烈的“玄武门之变”，李世民杀兄诛弟夺得了帝位；清圣祖康熙雄才经天纬地，开创了大清王朝有名的“康乾盛世”，十几个儿子却为储位争得天崩地坼，搞得康熙晚年焦头烂额，身心交瘁。作为他们的前辈，中国历史上著名的强势统治者，曹操也没能顺利越过立储这一关。

曹操与历代封建帝王一样，贪婪好色，妻妾成群，13 位夫人共为他生了 25 个儿子，由于刘夫人所生的长子曹昂战死，卞夫人所生的曹丕、曹彰、曹植、曹熊，曹丕为长，似乎最有优势。其实，曹操开始最瞩目的接班人，并非曹丕与曹植，而是环夫人所生的幼子曹冲。曹冲聪敏超人，5 岁时就演绎了一出“曹冲称象”之神话，13 岁那年，曹冲因病去世，曹操流着泪告诫诸子：“此我之不幸，即汝曹之幸也。”他的这句话，一下子激活了暗藏在儿子们心底的魔鬼，埋下了曹氏兄弟阋墙的悲剧因子。

曹冲逝后，曹植地位上升。曹植怀拥绝代之才，文武兼备，胸怀大志，尤为父王宠爱。曹丕身为长子，眼见储位堪虞，难免急火攻心。于是，兄弟二人开始了一场旷日持久的竞争，你道高一尺，我魔高一丈；你射我一箭，我还你一刀。曹操眼见儿子们在自己眼皮子底下如此拼死搏杀，却也无可奈何。曹操处世，向来谨慎，何况选择接班人这样关乎江山万代流传的大事呢！他需要通过长期的观察甄别，来判定两个儿子孰优孰劣，为曹魏王朝这艘航行在乱世海洋里的豪华舰队，选定一个本领高超的舵手啊！——直到建安二十二年（217 年），曹操终于决断，曹丕被立为魏王太子。立储之争，就此尘埃落定！

七

建安十三年（208 年）七月，曹操率领 30 万大军从邺城出发，开始了志在一统天下的大规模南征。按照他的计划，南征战役分为两步：第一步，先攻取荆州，建立跨越长江的根据地；第二步，进军江东，收拢天罗地网，一举囊括大江南北，结束裂土分立之乱局，实现全国大一统。

当时南方的主要势力有三：一是长期盘踞荆州坐观天下之变的刘表，二是继承父兄基业依托长江天险固守江东的孙权，三是素怀大志四处漂泊依附于刘表的刘备。从表面上看，曹操此次南征，是以一敌三，实力似乎处于劣势，其实恰恰相反，若论实力强劲，曹军占据了绝对优势。其一，曹操“挟天子以令诸侯”，手握汉献帝号令天下，虽然属于驴不喝水强按头之举，毕竟政治上占得先机，孙权刘表刘备之辈难与争锋。其二，曹军连克强敌，扫平中原，挟连胜之威，自有席卷江南之气势。其三，曹军兵多将广，训练有素，且久经战阵，豪气干云，势难遏止也。

荆州（今湖北省荆州市）地处江汉平原腹地，历史上曾为楚国故都，是连东西、跨南北的交通要道和物资集散地，长江自西向东横贯全市，全长达480多公里。荆州太守刘表，字景升，山阳郡高平（今山东微山）人，身长八尺，姿貌温伟，早年知名于世，党锢之祸时名列“八极”之一。主政荆州期间，他率众几经奋战，平定江南，其疆域南接五岭，北据汉川，地方数千里，带甲十余万，成为曹操的劲敌之一。史载刘表招诱有方，威怀兼洽，万里肃清，民心悦服。然而，此君生性多疑，长于坐谈而倦于进取，敏于小节而讷于大局，陶醉于荆江之广阔而忽略了长江之浩荡，满足于荆州之富饶而忘记了兴亡之根本。他的施政纲领是：爱民养士，从容自保，韬光养晦，固守待变。在曹操与袁绍中原搏杀期间，他作壁上观，不偏不倚，保持中立。可是，等到曹操统一中原剑指江南逼近荆州时，他这才一下子慌了手脚，眼看锦绣河山就要沦陷，自己却只能束手待毙，不免急火攻心，不久罹患疾病，一个月后就魂飞西天了。刘表之死，是否因为曹操大军恐吓所致，我们无法断定；但与此有重大关系，却是可以肯定的。

其实，当时刘表的实力，还是很强的，荆州的10万兵马，如果指挥得当，足以抵挡几阵呢。刘表死后，荆州发生内乱，刘表的宠姬蔡氏冲出帘幕，与其弟蔡瑁等人弄权捣鬼，扶立刘表幼子刘琮继任荆州刺史。刘琮乃蔡氏的亲生儿子，荆州大权自此悉归蔡氏集团。刘表长子刘琦当时身在江夏（今武汉市江夏区）任刺史，刘表病重期间，他请求回来探视，被蔡瑁等人拒绝，如今无家可归，只好跟着刘备南行。曹军兵临城下，荆州的一干弱主重臣束手无策，最后出城投降。曹操不费一兵一卒，就拥有了荆州的千里之地，与10万兵甲。此前依附刘表屯兵新野（今河南南阳新野县）的刘备，一听荆州遽变，刘琮降曹，知道失去凭依，局势危急，只好与刘琦一起，携着部众百姓仓皇南逃夏口（今湖北汉口），曹兵随后一路追击，蜀将拼死相救，这才演绎了张翼德大闹长坂桥喝断桥梁水倒流，赵子龙单骑救主乱军之中救阿斗，等等威武雄壮的活剧。

曹操抵达荆州，安抚百姓，恢复秩序。他呵呵笑着，拍着刘琮后背，大加夸奖，任命他为青州刺史。他的笑声里，兀自喷溅出了一阵阵长江之涛声。离开邺城时，他统兵30万，实力足够强大，如今加上收编的10万荆州兵卒，战力更加强大，这样得来全不费工夫的胜利，怎不令老曹开怀大笑呢？而此时，困居夏口的刘备，麾下只有不足3万兵马，呈现出苟延残喘之状；而江东孙权帐下，也只有3万兵马，虽然有长江天险为屏障，面对曹操的数十万大军，也感到了前所未有的沉重压力，江东的一干文臣武将，分成了主战派与投降派，双方唇枪舌剑，争论不休。

赤壁之战，就在这样实力失去了平衡、似乎胜负也失去了悬念的情形之下，隆重地上演了！

古语云：不以成败论英雄。就其中包含的哲理而言，自然有其合理性。然而，若就战争本身而论，则谬矣。尤其像赤壁之战这样决定双方生死存亡，进而改写历史的决定性战役，是必须要论成败的。8年之前，曹操官渡鏖兵，以少击众，击败数倍于己的袁绍，从此奠定了中原霸主之位。如今他挥师南下，以雄壮威武之师，进击刘表孙权刘备。岂料刘表临阵而亡，荆州不战而降，刘备狼狈逃窜，孙权孤悬江东，双方实力如此悬殊，曹军数倍于敌，其战局走向之大势，不必沙盘推演，不必条分缕析，胜败尽在眼前矣！

此时的曹操，回溯官渡，踌躇满志，雄心堪比长江万里，豪气直逼九霄云霓。他遥望江南，恨不得插翅南飞，穿越滔滔江水，歼灭孙权刘备。傲慢自大之气，在他的胸间缭绕，渐渐地迷乱了他的智谋；轻肆放荡之蛊，开始在他的脑海盘旋，渐渐地迷惑了他的清醒——简言之，此时的曹阿瞒，已经开始头晕目眩，有些找不到北了。在他看来，刘备虽为枭雄，这些年却漂泊江湖，屡战屡败，如今穷途末路，不足为虑；江东幼主孙权一如荆州幼主刘琮，不过草包一枚，江东群臣一如荆州蔡氏集团，也是鹦鹉一群。江东群臣面对大军压境，自会重复演绎荆州故事，挟持幼主孙权乞降请和。

有人说，曹操其人，极易激动，容易被胜利冲昏头脑。其实，曹操是人不是神；激动欢乐与悲伤难过，乃正常人正常的情绪变化，无需过分考证。然而，吾辈草木之人的情绪动荡，至多影响自己的心绪，与周围亲人朋友的情绪；而曹操这样的巨人的情绪变化，则会导致山河变色与万木枯荣了。面对长江天险，曹操沉溺于官渡鏖兵大胜袁绍，而忽略了此一时彼一时的世事运行之道。我们无妨回忆两个以少胜多的古代战例，帮助老曹梳理一下自己的傲慢情绪。

其一，城濮之战。公元前632年，正是春秋时期，楚国军队与晋国军队在城濮（今山东鄄城西南）摆开战场。当时，晋兵2万，楚兵4万，实力对比，无须多言。晋文公重耳是与齐桓公小白齐名的春秋霸主之一，并称“齐桓晋文”。他在即位之前流亡列国19年，也曾在楚国漂泊，受到楚君厚待。两军对垒，他兑现当年流亡楚国时许下的“退避三舍”之诺言，令晋军后退，避楚军锋芒，楚军统帅子玉乘机冒险进攻，被晋军歼灭两翼，遭遇惨败。从此，成语“退避三舍”开始在江湖上传扬。

其二，昆阳之战。公元23年，正是西汉与东汉交替之际，新帝王莽派遣40万大军，在昆阳（今河南省叶县）包围了只有8000人的农民起义军。实力之悬殊，几无可战之理。官军之傲慢轻敌，可想而知。起义军的前线总指挥，就是后来的汉光武帝刘秀。他精确把握两军的胜负之势，巧妙指挥，随机应变，击溃王莽大军，取得辉煌战果，战后光打扫战场就用了一个多月。此役，注定了新帝王莽的灭亡，也预示了刘秀的强势崛起。

城濮之战与昆阳之战，与官渡之战一样，成为了中国历史上以少胜多、以弱胜强的经典战例。总括其胜败之理，的确引人遐思。强势与弱势，看上去一目了然，其实则未必尽然。兵多将广，未必就是强大；兵微将寡，未必就是羸弱。兵者诡道，诡者乃神秘莫测之变幻。事有自然，理有必然；抟转作势，势有转换。而强弱转换之根本，则是由自然入必然，由气数入气势；气盛则势胜，势胜则难以抵挡也。当年官渡之战，曹操以劣势之兵，战胜了袁绍的优势之师，盖同此理也。如今，他拥兵40万，挟巨大优势兵力，与不足6万兵马的吴蜀联军对垒长江两岸，强弱之势，今昔迥异；而强弱转换之理，却一如官渡情形，只是主角易位而已。他在长江北岸的傲慢自大，不可一世，无疑为自己种下了失败之因子。时耶？命耶？——天晓得！

这天晚上，曹操带领群臣，视察水寨建设情况。但见大江汹涌，惊涛裂岸，船坞相连，水寨横空，水寨上的千军万马，横成列，竖成排，摇旗呐喊，吼声如雷，杀声震天。当此时也，长江两岸对垒双方，都在磨刀霍霍，大战一触即发。曹军士卒不习水战之痼疾，至此完全暴露，曹操命令水军都督蔡瑁张允日夜加紧训练。此刻，明月在天，辉光凛冽，曹操满心喜悦，传令置酒大船，与群臣对月痛饮。夜深之际，凉风习习，曹操在群臣簇拥之下，取来丈八长槊，昂立船头，舞动清影，以酒诔江，潸然泪下，横槊赋诗，对月高歌——

对酒当歌，人生几何！譬如朝露，去日苦多。
慨当以慷，忧思难忘。何以解忧，惟有杜康。
青青子衿，悠悠我心。但为君故，沉吟至今。
呦呦鹿鸣，食野之苹。我有嘉宾，鼓瑟吹笙。
明明如月，何时可掇？忧从中来，不可断绝。
越陌度阡，枉用相存。契阔谈宴，心念旧恩。
月明星稀，乌雀南飞。绕树三匝，何枝可依？
山不厌高，海不厌深。周公吐哺，天下归心。

当曹操陶醉之际，大臣刘馥进言说此诗乃不祥之音，曹操怒问其故，刘馥答道：“月明星稀，乌鹊南飞；绕树三匝，无枝可依，大不吉也。”曹操闻言大怒，挥动长槊直刺刘馥，致其当场毙命。

曹操长江上横槊赋诗并当场刺死刘馥，并无史实依据，不过是《三国演义》

著者罗贯中演绎的传奇故事罢了。但是，曹操临战之前的踌躇满志，傲慢自大，却惟妙惟肖活灵活现地呈现出来；至于“月明星稀，乌鹊南飞；绕树三匝，无枝可依”之句，也的确预示了赤壁之战的最后结局，以及曹操兵败之后的凄惶之状。

八

此时的长江两岸，波涛之声相同，喊杀之声相近，而实际的备战情形，却完全相反。曹操沉溺于麾下的强大兵力，与自己的超级智谋，对打赢这场意义重大的关键战役，明显重视不够，甚至有所疏忽。他没有像官渡之战时那样，对战事进行周密的谋划与推演，制定详备而正确的战略战术；对战斗过程中可能出现的意外和挫折，也没有做深入的研究，并制定相应的对策和预案；最致命的是，曹操过高地估计了自己的智谋与实力，低估了刘备与孙权的能力与气魄，以及两家联手出击，扭转战争胜负之天平的可能性。

大战之前，曹操给孙权写了一封恐吓短信——“近者奉辞伐罪，旄麾南指，刘琮束手。今治水军八十万众，方于将军会猎于吴。”

透过这封信，可以窥见曹操此时的骄横跋扈之态，其一，所谓“奉辞伐罪”，不过是拿着汉献帝这个纸老虎唬弄人的政治伎俩；其二，所谓“今治水军八十万”，显然是虚张声势，无限夸大。孙权接到老曹书信，大为惊惧，满朝文武，也是大惊失色。以长史张昭为首的投降派，开始大肆鼓噪投降，以鲁肃周瑜为主的主战派，依靠孙权的支持，据理力争。而此时此刻，刘备正在夏口，与诸葛亮讨论时局，制定对策。吴蜀两家联手抗曹，已经是箭在弦上了。因为，在刘备的军师诸葛亮尚未出山的时候，就演绎了一出“隆中对”，预言了这一必然之大势。

赤壁之战的关键人物，除了曹操，并不是蜀主刘备与吴主孙权，而是诸葛亮、鲁肃、周瑜。鲁肃的坚决抗曹八方奔走，百折不挠坚持到底，周瑜的果决英伟勇担大任，战场鏖兵灵活机智，都是这场战役中不可或缺的制胜之因。而诸葛亮的神机妙算与运筹帷幄，则起到了画龙点睛的重大作用。正是诸葛亮在赤壁之战中的惊艳亮相，大放异彩，才使得他成为了千百年来的一个神奇传说。

诸葛亮（181年—234年），字孔明，号卧龙先生，琅琊阳都（今山东临沂沂南县）人，蜀汉丞相，杰出的政治家、军事家，在世时被封为武乡侯，死后追谥忠武侯。诸葛亮为匡扶刘备的蜀汉政权，可谓鞠躬尽瘁，死而后已。他的《前出师表》、《后出师表》，忠贞如月，万古传诵；他发明的木牛流马，虽已失传，却神乎当时，羡煞后人；他改造的连弩，一弩十矢俱发，威力无敌。刘备死后，他尽心辅佐不争气的阿斗，伐魏击吴，不断进取，六出祁山，七擒孟获，堪称奇迹。蜀建兴十二年（234年），53岁的诸葛亮再次率军北伐，与魏国大将司马懿对垒，不幸病故于陕西宝鸡岐山县之五丈原。五丈原位于八百里秦川西端，太白山北麓，南依棋盘山，北临渭河，地势险要，是诸葛亮出兵伐魏的最后一个战场。诸葛亮在后世极受尊崇，成为忠臣之楷模，智慧之化身，成都、宝鸡等地都有武侯祠，杜甫的千古名篇《蜀相》，代表了后人对这位大德高人的崇敬之情——

> 丞相祠堂何处寻？锦官城外柏森森。
> 映阶碧草自春色，隔叶黄鹂空好音。
> 三顾频烦天下计，两朝开济老臣心。
> 出师未捷身先死，长使英雄泪满襟。

诸葛亮幼年不幸，3岁丧母，8岁丧父，与弟弟诸葛均一起，跟随时任豫章太守的叔父诸葛玄，在豫章（今江西南昌）一带盘桓。后来，诸葛玄去职，投奔荆州刘表，在南阳郡（今河南南阳县）安家，诸葛兄弟随之迁来，在城西二十里筑庐，号曰隆中。诸葛亮与刘备关于天下时局的对话，即“隆中对”，就是在这里进行的。

当时，诸葛亮高卧南阳，躬耕垄亩，俯仰天地，稼禾轻摇，露珠凝碧，他思接万古，神追千载，自比管仲、乐毅，仰观天象而识天机，俯察地貌而谋大局。刘备在被曹兵追击走投无路之际，三顾茅庐，拜师南阳，礼聘卧龙先生，既是心存虔诚，亦是万般无奈。诸葛亮于茅庐之中，纵论天下大势，预言魏蜀吴天下三分，他说："自董卓以来，豪杰并起，跨州连郡者不可胜数。曹操比于袁绍，则名微而众寡。然操遂能克绍，以弱为强者，非惟天时，抑亦人谋也。今操已拥百万之众，挟天子而令诸侯，此诚不可与争锋。孙权据有江东，已历三世，国险而民附，贤能为之用，此可以为援而不可图也。"在卧龙先生看来，曹阿瞒之魏国、孙仲谋之吴国，命数已定，无可更改，那么，蜀国在哪里立足呢？——"将军既帝室之胄，信义著于四海，总揽英雄，思贤如渴，若跨有荆、益，保其岩阻，西和诸戎，南抚夷越，外结好孙权，内修政理"，刘备只要取代割据荆州、益州的刘表、刘璋，建立起可靠的根据地，对外联合孙权，对内精心治理，则与曹操、孙权三分天下的大局可定矣。诸葛亮这一番宏论，其要点有三：一，魏蜀吴鼎足三立，乃天命大势，无可改易。二，江东孙权只可联合，不可攻伐，既预言了赤壁之战吴蜀联合抗曹必胜，也预言了后来刘备兴兵伐吴惨败。三，荆州与益州，乃蜀国之根据地，尽管后来时局历经变幻，历史的发展，还是证明了这一点。

吴蜀联合抗曹，是诸葛亮在茅庐之中早就规划好的既定方针，蜀国上下，自然全力以赴；吴国群臣虽然有所争论，投降派喧嚣一时，但经过鲁肃穿针引线，诸葛亮舌战群儒，周瑜疾言厉色，孙权挥剑断案，决策联合抗曹——至此，赤壁之战，吴蜀联合，大局已定！

此时，长江北岸的曹军大营里，正在遭遇新的麻烦：瘟疫流行。

曹操的江北大营，建在乌林一带（今湖北洪湖县东北，长江北岸邬林矶）。曹军当初抵达江南，荆州城头闻风竖起降旗，曹军以此为基地，进军至赤壁（今湖北武昌县西赤矶山），与吴蜀联军初战不利，于是驻军乌林地区，与对方隔江对峙。瘟疫的流行，在杀气腾腾的曹军头上，罩上了一重阴影。曹操率军出征时，是那年初秋。在南方，正是流行病的高发季节，疟疾、痢疾、血吸虫，到处肆虐，为害极大。侵袭曹营官兵的，大约是血吸虫。曹军主力尽为北方人，抵抗力极差，他们一路征战抵达江南，迅速转为水中作战，极易感染此病。血吸虫病在人体内的潜伏期大约是一个月，也就是说，感染后30余日，患者才会出现急性病症状。由此我们可以推断，曹军在初抵江南，加紧进行水上训练时，很多人已经染病，一个月后此病进入急性暴发期，时令已是冬季，正值决战时刻。当此危急之际，曹军瘟疫暴发，将士们备受折磨，脆弱得近乎不堪一击。而刘备孙权的兵马大都是南方人，虽有零星感染，但不会出现瘟疫流行的糟糕局面。

至此，我们可以总结出曹操赤壁鏖兵的三大软肋：其一，主帅曹操骄傲轻敌，谋划不周，临阵慌乱失措。其二，瘟疫暴发，诊治不力，战斗力急剧下降。其三：士兵不习水战，又误杀了水军都督蔡瑁张允，作战能力大打折扣。有此三大软肋，曹操之兵败赤壁，已经是情理之中事，在所难免矣！

正当曹营大军为血吸虫困扰之时，吴蜀联合大军，已呈万箭齐发之态势，此后，诸葛亮与周瑜，运用一连串高级计策，智取老江湖曹操——吴国大都督周瑜先用“反间计”，诈取自作聪明的蒋干蒋子翼，和志得意满的曹操曹阿瞒，诱使他诛杀了荆州降将、水军都督蔡瑁张允，剪除了曹军的水上羽翼；再用“苦肉计”，周瑜痛打黄盖，却是“一个愿打一个愿挨”，黄盖诈降曹操，为纵火烧船做铺垫；再用“连环计”，遣蜀国军师庞统空降曹营，诱使他把所有战船用铁索链接起来，成为“连环战船”，为火烧连营做准备。而诸葛亮演绎的，则是一连串神乎其神的妖道妙计：先是亲赴江东，“舌战群儒”，力压长使张昭等东吴投降派，为达成共识联合抗曹做了强有力的战前动员；再演“草船借箭”，利用一船船稻草人，向曹操借来了十万支利箭；最后上演的是事关成败的压轴大戏“借东风”，仗剑作法，向苍天借来了嗷嗷东风，为火烧曹操的连环战船，提供了超越自然的神力支援。正是这一出诡异莫测匪夷所思的“借东风”，使诸葛先生的光辉形象，由智慧神奇变为妖魔鬼怪了！

需要说明的是，吴蜀联军施出的这一连串计谋，有的并非历史事实，属于《三国演义》的精彩演绎。清代史学家章学诚在《丙辰杂记》中指出，《三国演义》这本书“三分写实，七分虚构，让读者迷惑，不知何者为真，何者为假”。

譬如孔明草船借箭这回事，就是罗贯中移花接木，将孙坚的故事“借”到了诸葛亮身上。类似故事发生于孙坚攻打刘表的“樊城之战”。那时，十八路诸侯起兵讨伐董卓，孙坚意外得到传国玉玺，私自藏匿，并向联军总司令袁绍请病假回江东，袁绍指示荆州刺史刘表半路拦截，刘表拦截不力，放虎归山，并因此与孙坚结怨。后来，袁术向刘表借粮被拒，就与孙坚联合讨伐刘表。孙坚乘机复仇，率先出兵，跨江攻击刘表。刘表令江夏太守黄祖为先锋，在江边重镇樊城戒备。战役打响后，孙坚身先士卒，和长子孙策一起，乘船杀奔樊城。黄祖命令弓箭手埋伏江边，等船只将要靠岸时，一声令下，乱箭齐发。孙坚随即下令，所有人一律伏在船上，不准乱动。木船噼里啪啦受箭，不多时就成了刺猬之状。他担心船一侧中箭太多，发生倾斜，就让船只在岸边来回游走，让船的两侧都受箭。一连三天，如此数十次。就这样，孙坚用木船借得十万支利箭，打得黄祖丢盔卸甲，狼狈逃窜。不过，孙坚也为自己的复仇之举，付出了生命代价。在随后的战斗中，他单枪匹马追击出城求援的刘表部将吕公，中了埋伏，被石子、乱箭击中，脑浆迸流，魂归黄泉。至于孔明借东风之举，更是属于罗贯中的小说家言。其实，诸葛亮无疑懂些天文地理之学，他预测到何时吹来东南风，于是装模作样筑高台，装神弄鬼做法事，说到底，不过如此而已！

无论如何，赤壁之战，就是按照以上大概流程来进行的，对战斗过程中具体的机巧应变，斗智斗勇，短兵相接，往来冲杀，已不必细述了——总之，当吴蜀联军的抗曹急先锋黄盖率领着敢死队，乘风破浪，冲撞而来，纵火焚烧曹操的连环战船时，战斗已经基本结束了。熊熊火焰冲天起，嗷嗷惨嚎惊天地，滚滚人头落江水，而那位号称“治世之能臣、乱世之奸雄”的曹操，只带着数百骑残兵败将，向着华容道仓皇而逃。

华容道究竟在哪里？历来众说纷纭，莫衷一是。一说在鄂城，一说在潜江，一说在石首，一说在监利，一说在华容县和石首市交界的桃花山，山东属华容县，山西属石首市——总之，都是在湖北境内。攀附历史名人名地，历来是世人的一种皈依感与虚荣心之呈现，何况像华容道这样一条名传千古的神道呢？一花多枝，一女数嫁，属于见怪不怪之事吧。各地拿出各种历史证据，使出各种竞争手段，抢夺其大名，足见其影响之深远矣。可惜的是，这样一条神道，历史记载却很少，《三国志·武帝纪》根本找不到“华容道”三字，而《资治通鉴》关于华容道的注释则是：“此道可至华容也”，几乎是一句废话。据考证，古华容县城在今湖北监利县城以北 60 里的周老咀附近，古代这里湖泊沼泽密布，荒凉险恶，从乌林到华容县城，需穿越沼泽湖泊，屡经艰难险阻。南宋大诗人陆游在乾道六年（1170 年）曾乘船经过这里，他写道：“自是复无人居，两岸葭苇弥望，谓之百里荒。”船夫告诉陆游说，从这里再往前，危机四伏，恶雾弥漫，“陂泽深阻，虎狼出没，未明而行，则挽夫多为所害”。

对于赤壁之战，曹操惨败，《三国志·武帝纪》的记载极为简洁：“公至赤壁，与备战，不利。于是大疫，吏士多死者，乃引军还。备遂有荆州、江南诸郡。”陈寿这里用的是“还”，而不是“败”，显然是在为尊者讳。裴松之注引《山阳公载记》说的则较为详细。

《山阳公载记》十卷，著者乃晋代著作郎乐资先生所作，记述的大多是东汉末年汉灵帝、汉献帝时期的奇闻异事，内容涉及军事、政治及历史人物。此书关于华容道的记载是：“公船舰为备所烧，引军从华容道步归，遇泥泞，道不通，天又大风，悉使羸兵负草填之，骑乃得过，羸兵为人马所蹈藉，陷泥中死者甚众。”循着这条记载，我们似乎可以窥见当时曹操与其残兵败将逃奔华容时的惨烈情形——曹操的连环战船被熊熊大火焚烧，江面上哔哔哔哔的火焰直冲云霄，吴蜀联军哇呀呀乘着大船追杀过来，曹操带着数百骑仓皇逃奔华容道，只见这里危崖突兀，怪石嶙峋，树木丛杂，山川险峻，逼仄狭窄的幽谷里，乱石横阻，泥泞迸溅，加之狂风大作，虎啸猿鸣，乱军争相挤入幽谷，拥挤杂沓，根本无法通行。于是曹操传令，令羸弱之兵割草垫路，大军才得以勉强通过，而那些割草垫路的羸弱之兵，却被人马践踏，深陷泥中，哀哀嚎叫，死伤无数。

眼看大军就要全部通过华容道，曹操骑在马上，忽然仰天哈哈大笑，诸将本已狼狈不堪，惶遽无措，见他笑得诡异，惊问其故，他说：“刘备，吾俦也。但得计少晚，向使早放火，吾徒无类矣。”他说，刘备的才智，与俺老曹不相上下，但他的计谋总要晚我一步；假如他早派快马到华容道放火，我等必定要全军覆没啦。呵呵！哈哈！这就是曹操的过人之处：到了生死存亡的危急关头，他没有悲观失望，悲哀流涕，而是想到了自己比别人的高超之处，想到了自己的优势仍在，留得青山在，不怕没柴烧。关键时刻，如此正能量的凝聚与爆发，才是真正无敌也！

岂料，曹操话音未落，探马来报，刘备追兵已到，并在谷口顺风放火。可是，晚了！曹操的大军，已安然通过华容道，直奔襄阳而去。

曹操冲出华容道的一声大笑，到了《三国演义》中，就变成了三次大笑，而且每一次笑，就笑出一个英雄，引来一支兵马，成就一段传奇故事。且看——

曹操率残兵败将逃至乌林之西、宜都之北时，被东吴兵马追得精疲力竭，喘息未定，操兀自放声大笑，说：“吾不笑别人，单笑周瑜无谋，诸葛亮少智，若是吾用兵之时，预先在这里伏下一军，如之奈何？”曹操话音未落，诸葛亮埋伏在此的大将赵云冲杀出来，大叫曹操休走，纵马上前追拿。曹操在诸将拼死护卫下，侥幸躲过赵云追杀，一行人狼狈逃到葫芦口，饥饿难耐，埋锅做饭，曹操坐于疏林之下，又是一阵仰面大笑，嘲笑周瑜诸葛亮智谋不足，没在此处埋伏一彪人马。话音未落，张飞哇呀呀又杀将出来，张牙舞爪的张飞一阵闹腾，把曹操残部逼进了幽谷华容道。

正当曹军艰难通过华容道时，蜀国大将关羽正奉了诸葛丞相旨意，率领着麾下兵马埋伏在谷口山崖，等着曹操前来送死呢。曹操出得华容道，行不到数里，又在马上扬鞭大笑，说：“人皆言周瑜诸葛亮足智多谋，以吾观之，到底是平庸之辈。若使此处伏一旅之师，吾等皆束手受缚矣！”

曹操言罢，炮声再一次隆隆响起，只见蜀将关羽骑着赤兔马，提着青龙偃月刀，闪电一般冲到了曹操眼前。这一次，曹操是真的傻了眼。诸将力尽而竭，全无斗志，自己浑身瘫软，几欲跌落，只能束手待毙。幸亏最后关头关羽义薄云天，经不住曹操的百般哀求，大叫一声，大手一挥，放他走路——这才留下了曹操临危三声笑，关羽义释曹阿瞒的神奇传说。

老实说，罗贯中的这个段子，编的实在很妙。曹操在三笑之中表露出来的豪侠气概与英雄本色，可谓入木三分；而罗贯中对诸葛亮神机妙算的描绘，对关羽知恩图报、义重如山的神化，却有欲速则不达之嫌：欲状诸葛之智慧而近乎虚假，欲彰关羽之意气而近乎苍白。这大概是他始料未及的吧？

曹操率领残部抵达襄阳，稍事休息，便出发北归许昌。行近许昌时，他忽然想起了留在阳翟（今河南省禹州市）的谋士郭嘉。去年西击乌桓途中，因为水土不服，气候恶劣，加上操劳过度，郭嘉患病去世，葬于阳翟。曹操令绕道阳翟，祭拜郭嘉。在曹操诸多谋士中，郭嘉与曹操关系最为亲密，两人亦师亦友，行则同车，坐则同席。郭嘉平日有许多不拘常理之行为，曹操却说，“此乃非常之人，不宜以常理拘之”。一次，陈群向曹操打小报告，说郭嘉行为不检点，请予惩戒。曹操表扬陈群检举有功，却对郭嘉不置可否。在长年的征战生涯里，曹操总是把郭嘉带在身边，以便随时切磋。有人说，郭嘉是幸运的，只有曹操这种雄才大略的人，才敢于使用郭嘉这类藐视礼法的才子，并引为知己。曹操对年轻的郭嘉寄予厚望，本打算在平定天下之后，把身后的治国大事托付给他。岂料去岁一别，竟成永诀。曹操来到郭嘉墓前，触景生情，难以抑制赤壁惨败的耻辱，嚎啕痛哭：“哀哉奉孝！痛哉奉孝！惜哉奉孝！”诸将见状，个个泪流满面，纷纷劝解，曹操抽泣着说：“若奉孝在，一定不会使我败得这样惨啊！”众人闻言，羞愧难当。

谋士程昱闻言，羞愤之余，不免心怀忿然，他说：“当初若是听了贾文和的话，也不至于如此啊！”众人一听，深感惶恐，惧怕曹操迁怒程昱，轻动杀机，曹操却默然无语，旋即收泪上马，踏上归程。在路上，杨修挑唆说，老程的话可是大不敬啊。曹操抬眼远望，意味深长地说：“程公生性直言快语，话虽然逆耳，并无恶意，况且他说的也是大实话啊。”

此时此刻，曹操一定在深刻反思赤壁惨败的重大教训，也一定想起了当初谋士贾诩的话。贾诩字文和，三国时代著名谋士，先后担任三大军阀李傕、张绣、曹操的谋士，奇谋百出，算无遗策，人称“毒士”，曾帮助张绣两次击败曹操，令老曹爱恨交加。官渡之战时，他劝张绣归降曹营，从此尽心辅佐曹操，屡出奇计。在曹操准备南征时，贾诩明确反对，他说：“明公昔破袁氏，今收汉南，威名远著，军势既大；若乘旧楚之饶，以飨吏士，抚安百姓，使安土乐业，则可不劳众而江东稽服矣。”曹操没有采纳贾诩的策略，执意出兵，如今兵败而回，心头一定会百感交集，深深自责，怎么会怪罪说出了实情的程昱呢？——这就是曹操，愿赌服输，男人之本色也！

九

从建安五年（200 年）官渡之战的辉煌崛起，曹操统一中国北方，成就中原霸主之勋业，剑指江南；到建安十三年（208 年）赤壁之战的强势落败，曹操被迫收回出鞘之利剑，缩回统一天下之雄心。这一个血腥轮回，凝固了东汉末年建安时代曹操腾身天下的一个缩影，也就此划定了魏蜀吴三国鼎立的时代格局。对于曹操本人而言，其万丈雄心消融于长江之水，从此尽付东流；对天下格局而言，鼎足三分既定，全国进入了相对稳定时期。虽然魏蜀吴三国各怀心思，互相攻伐，略有此消彼长，版图始终并无太大变化。直到后来之后来，那些传说中的三国英豪，一个个驾鹤西行，魏蜀吴也随着流光逝水，融入了历史的万丈洪流——三家归晋，司马氏集团一统江湖！

赤壁惨败之后，曹操依旧奋斗不息，兴兵东征西伐，讨马超，征韩遂，据河西，略渭南，定关中，夺汉中，既有大获全胜之时节，也有水淹七军之惨状——唉，天命如此，轮回诡异，不可改易。曹操得陇成功，取蜀无望；一城一池易得，一统江湖不可。到了这时候，曹操经天纬地统一天下之梦想，已经如水中圆月，镜中黄花，只能留在绮丽华美堂皇的美梦之中了！

我们追寻曹操的百变人生，令人兀自的百感奔临，顿生无由表达手足无措之感。其瑰丽，其雄奇，其谲诈，其意气，其波澜壮阔，其摇曳多姿，古今罕有与之匹敌者矣。他的嗜杀成性与仁义待人，猜忌凶狠与求才若渴，谲诈狡黠与心胸宽阔，这些深刻如沟壑纵横的矛盾特质，在他的灵魂深处抟转，啸聚，纠结，撕扯，这才铸成了他的一颗神秘莫测的枭雄之心，驱使他演绎了一出惊天地而泣鬼神的生命活剧，他也因此被后人称为乱世之奸雄。

然而，一部中国历史，既是英雄的历史，更是奸雄的历史。究竟是英雄创造历史，还是奸雄创造历史，有谁说得清呢？——英雄与奸雄之间，并没有一条泾渭分明的红线。历史上“头顶长疮、脚底流脓”的恶棍不少，完美无缺的英雄却不多。曹操以其雄才大略，在属于他的时代里，叱咤风云，武力统一北方，推动了历史前进的步伐，是没有疑问的。正如曹操自己所言：“设使国家无有孤，不知几人称帝，几人称王。”他的强权统治，避免了多灾多难的国家继续滑向分裂的深渊，逐渐地走上了大一统之路。

如今，曹操的真实生命，已如流星划过浩瀚星空，其无数神奇传说，却像插上了翅膀一样，在茫茫寰宇间飞腾翱翔。他的各种形象，活跃在史册中，传说里，舞台上，家喻户晓，人人皆知。这种罕见的历史文化现象，是中国历史上任何人难以比拟的。——伟哉，曹公；奇哉，曹公！

建安二十五年（公元220年）三月十五日，魏王曹操于洛阳逝世，享年66岁，谥号“武王”，葬于河南安阳的高陵。一代枭雄，自此进入了历史与传说之中。曹操临终，留下一纸《遗令》，颇堪玩味。

吾夜半觉，小不佳；至明日，饮粥汗出，服当归汤。吾在军中，持法是也。至于小忿怒，大过失，不当效也。天下尚未安定，未得遵古也。吾有头病，自先著帻。吾死之后，持大服如存时，勿遗。百官当临殿中者，十五举音；葬毕，便除服；其将兵屯戍者，皆不得离屯部；有司各率乃职。敛以时服，葬于邺之西冈上，与西门豹祠相近，无藏金玉珠宝。

——这一部分，一，自述病情，喝粥至于出汗，可见病入膏肓；二，总结自己过失，叮嘱后人不要盲目崇拜；三，安排后事及祭奠事宜，尤其是规定“其将兵屯戍者，皆不得离屯部；有司各率乃职”，是为预防治丧期间发生动乱预设的伏笔。曹操去世后，其三子曹彰在前线领兵打仗，迅即返回京城，开口便问父王玺绶安在？可见老曹料事如神也。

> 吾婢妾与伎人皆勤苦，使着铜雀台，善待之。于台堂上，安六尺床，下施繐帐，朝晡设脯糒之属。月旦、十五日，自朝至午，辄向帐中作伎乐。汝等时时登铜雀台，望吾西陵墓田。余香可分与诸夫人，不命祭。诸舍中无所为，可学作履组卖也。吾历官所得绶，皆著藏中。吾馀衣裘，可别为一藏。不能者，兄弟可共分之。

——这一部分，是老曹对自己的女人们的生活安排，非常具体，琐碎，连分香作履、剩余衣裘处置等琐事，都做了吩咐。可见曹操临终，根本没有想着自己是什么乱世枭雄，也没有思考如何青史留名这等鸟事，他不过惦记着两件事：一是自己如何入土为安，自己弃世之后，不要发生动乱；二是自己的女人们历尽辛苦，陪伴自己度过戎马生涯，一定要做出妥善安排，保证她们生活无忧。

曹操的这份临终《遗令》，突出地说明了一点：曹操是人不是神；他所忧虑的，也是一些并不起眼的人生琐事。进而言之，所谓伟人、神人、仙人，并非铁骨金身，铁嘴钢牙，整日“精骛八极，心游万仞”，抛开那层神秘面纱，他们也都是血肉之躯，也都需要柴米油盐的滋养，需要人之生存所必需的一切一切！

此后不久，魏王太子曹丕继位魏王，不久逼凌汉献帝禅位，东汉王朝灭亡，曹丕代汉自立，登基称帝，是为魏文帝，追谥曹操为“武皇帝”，庙号“太祖”，史称魏武帝。

我们同样不能忘记的是，到了公元 265 年冬天，由曹操开创的曹魏王朝的末日来临，继承司马懿司马昭基业的司马炎，逼迫魏元帝曹奂禅位，在洛阳登祭坛，拜天地，即位为帝，这就是西晋王朝的开国之君晋武帝。司马炎登基之后，以武力消灭蜀国与吴国，统一大江南北，成为全中国名副其实的真正主宰——这与当初魏文帝曹丕逼迫汉献帝禅位，登基称帝，建立曹魏王朝，仅仅相隔了46年。

历史，如此惊人地相似，令无数后之来者，譬如你与我，默然无语！

（2012年9月18日）

武则天：大明宫中乾坤扭转

一

公元 684 年，夏末的燥热，炙烤着唐王朝的大江南北。这一年，堪称一个风狂雨骤的多事之秋。唐太宗李世民与他的战友们开辟的“贞观之治”，到了这一年，虽然依旧云蒸霞蔚，毕竟随着唐高宗李治的仁懦而略显暗淡了；与此同时，随着武则天的强势崛起，又渐渐地耀眼起来，与她的孙子唐玄宗李隆基后来主导的“开元盛世”遥相呼应。李治与武则天“二圣临朝”，联袂出演的这出承前启后的“天仙配”大戏，随着李治的过早殒命而戛然谢幕，武则天独撑天下，呼风唤雨，翻云覆雨，磨牙吮血，霹雳雷鸣，从皇太后临朝称制，到甘冒天下之大不韪“牝鸡司晨”登基称帝，展示了一位千秋女皇的铁血手腕与无尽魅力。

这一年的故事，是从衰亡与悲伤开始的。

此前一年，即永淳二年（683 年）十一月，史称仁厚近似懦弱的唐高宗李治，病疴日益沉重，躺在东都洛阳皇宫贞观殿的龙床上，时而大汗淋漓，时而烦躁嘶吟，眼看朝不保夕，黄泉将近，皇后武则天和一干朝臣深感惶恐。

高宗皇帝是在永淳元年（682 年）四月驾临东都洛阳的，令皇太子李显留守长安监国。东都洛阳是高宗比较喜欢的地方，自从显庆二年（657 年）高宗下令改洛阳为东都后，皇帝的大驾多次莅临这里。而与东都洛阳遥相对应的京城长安，也就顺理成章被称为西京了。

高宗这次驾临东都，车驾浩荡，冠冕堂皇，扬起的滚滚红尘遮天蔽日，其实是为了完成一项神圣使命，那就是嵩山封禅。

嵩山乃五岳之“中”，号称“中岳嵩山”。所谓五岳，即东岳泰山（位于山东）、西岳华山（位于陕西）、北岳恒山（位于山西）、中岳嵩山（位于河南）、南岳衡山（位于湖南）。泰山乃五岳之首。这几座风景秀逸的海内名山，是历代封建帝王封禅祭祀的地方。嵩山位于河南省西部伏牛山脉，连绵60多公里，中部以少林河为界，中为峻极峰，东为太室山，西为少室山。两座峻峰层峦叠嶂，绵延起伏于黄河南岸。自古以来，嵩山周围缭绕着无数神奇传说。这里古称“外方”，夏商时期称“崇高”，《国语·周语》称大禹之父鲧为“崇伯鲧”，“崇高”之名由此而来。西周时称“岳山”，周平王迁都洛阳之后，定嵩山为“中岳”，《史记》云：“昔三代之君，皆在河洛之间，故嵩高为中岳，而四岳各如其方。”

高宗此次决意嵩山封禅，原因颇为复杂。一方面，近年来由于武则天纵横宫闱，虐杀后妃，凌逼皇权，斥逐屠戮大臣，引起太宗旧臣强烈不满，朝政不可避免地受到消极影响，贞观之治以来的繁荣景象呈现出颓败之势，百业日益凋零，百姓日渐困窘，引发了广泛民怨。高宗虽然几次意欲废黜武后，最终因为自己的懦弱无能，只能徒唤奈何，徒然令那些为之谋划废后的臣子丢了性命。麟德元年（664年），著名宫体诗人、西台侍郎上官仪，就是因为奉皇帝之命起草废后诏书，而被武则天残酷诛杀，他的儿子上官庭芝同时被杀，孙女上官婉儿进宫为奴，后来阴差阳错成了武则天的“文胆”。这自然是后话了。高宗从此打消了废后之念，但对国事的忧虑，却日甚一日。

另一方面，高宗皇帝的龙体一直欠佳，近年来更是每况愈下，虽然他像老爹太宗皇帝一样，咬着牙吞下了大量金石丹药，却始终不见好转，但他依旧笃信不疑，照吞不误。其实，这是中国古代帝王先生们自取灭亡的一个顽疾。自古以来，许多帝王绞尽脑汁追求长生不老，迷恋吞食丹药，从秦始皇开始，到汉武帝、唐太宗，这些历史上著名的杰出皇帝，都近似疯狂地吞食丹药，追求长生，演绎了一出出可悲可怜的闹剧。

中国传统的所谓丹药，据说起源于神仙之说与道教的炼丹术。炼丹术的发明，源自于古代神话传说中的长生不老观念，譬如，后羿从王母娘娘那里求得不死之药，他的老婆嫦娥姑娘偷吃后，犹如肘生双翅，冉冉飞升月宫，成为月宫仙子。“嫦娥奔月”的故事，可谓影响深远。自古以来，人类一直在上天入地疯狂寻觅所谓“不死之药”，幻想着能够青春永驻。长生不老，谓之神仙，成神成仙，自然可以升天。这个神奇传说像绚烂之极的美梦，晕眩了古人们的眼球与灵魂，也催生了古代丹药炼制业的不断发展。那些修为深厚道行深远的道徒先生们，以金石类矿物为原料，采用化学方法炼制“长生不老”之灵药，即所谓“仙丹”。那其实是现代化学工业之滥觞。在西汉淮南王刘安与他的御用“淮南学派”撰写的《淮南子》、《淮南子万毕术》两部书里，记载了当时炼丹所用的原料，如丹砂、汞、铅、曾青等。司马迁在《史记·封禅书》里，生动描绘了那些炼丹家兼忽悠大师的嘴脸：方士李少君是汉武帝时期的炼丹家，以巧舌如簧闻名，他忽悠武帝说：“祠灶致物，致物而丹砂可化为黄金，黄金成，以为饮食器则益寿，益寿而海中蓬莱仙者可见也。”如此一派胡言，武帝却笃信不疑。胶东人栾大更是口气吞天：“黄金可成，而河决可塞，不死之药可得，仙人可致也。”一番豪言壮语，武帝晕头转向，封之为“五利将军”，赏赐金银财宝不计其数。然而，栾大虽贵为“五利将军”，却不敢入海去见仙人，触怒武帝，下令腰斩，丢掉了性命。

中国历史上最著名的炼丹家，要数东晋著名道学大师葛洪。葛洪先生号曰抱朴子，丹阳句容人，《晋书》说他“博闻探浩，江左绝伦，著述篇章，富于班马”。这里的班与马，是指著名历史学家班固与司马迁。如此之誉，显然过矣，但他的学问之大，由此可见一斑。他精于炼丹，兼通医药，是中国炼丹史上承前启后的人物。他的《抱朴子·内篇》“金丹”、“仙药”、“黄白”等篇，记载了不少烧丹炼汞的实验方法，如：“丹砂烧之成水银，积变又还成丹砂；取雌黄、雄黄、烧下，其中铜铸为器覆之”。他除了用汞、铅、砷等化合物，还用胆石、硝石、寒羽湟（石膏）、赤石脂、矾石、磁石、云母、卤盐等，作为原料来炼制丹药。

我们只要看看刘安与葛洪记载的炼制丹药所用的这些原料，就会明白那些所谓的“仙丹”，是一颗颗多么令人恐怖的“索命之丸”。历代帝王前赴后继地吞食这些玩意儿，追求长生不老，无疑是拼着老命，纷纷往那条通往阴曹地府的黄泉路上飞奔。然而，这种愚蠢行为，到了高宗皇帝李治晚年，依旧在可悲地重演，虽然他并非特别痴迷、狂热，丹药却严重地损害了他的健康。尽管在这一时期，他还在忧心忡忡关注朝政，毕竟已经精力不济了，诸事只好交由武后处置，自己只剩下“拱手”的份了。眼见吞食丹药不见起色，高宗开始祭起其另一面历代屡试不爽的旗帜——嵩山封禅。

封禅，是指中国古代帝王在太平盛世或天降祥瑞之时的祭祀天地的大型典礼，封为“祭天”，禅为“祭地”。封禅之说最早出现于《管子·封禅篇》，其宗旨是：在泰山顶上筑圆坛以报天之功，在泰山脚下小丘之上筑方坛以报地之功，即《史记·封禅书》中的“封报天，降禅除地”。战国时期的儒生们认为五岳中泰山最高，帝王应到泰山祭祀。秦始皇、汉武帝等都曾举行过泰山封禅大典。

乾封元年（666年），高宗李治在武则天鼓动之下，仿效秦皇汉武，举行了规模盛大的泰山封禅。那其实是一次显示武则天正式登上大唐政治舞台的盛大仪式。文武仪仗绵延数百里，搞得天下骚动不安。泰山封禅的亮点，不是李治作为皇帝首献，向天地神灵昭告自己的巍巍治功，而是皇后武则天作为亚献，率领着浩浩荡荡的一大群命妇，向天下彰显了自己的存在。16年之后，乾坤虽然没有倒转，龙凤虽然没有移位，朝政却发生了巨变，一切大权悉归武后，皇帝似乎成了聋子的耳朵——摆设。对这种实际上的附庸地位，高宗早已习以为常，不再作无谓的抗争了。何况，他的龙体已经每况愈下了呢。这次封禅嵩山，就是要祈祷天地神灵，保佑天下万民，保佑自己龙体康健！

于是，在永淳元年（682年）四月，高宗驾幸东都洛阳，下令在嵩山南侧建造奉天宫，准备举行封禅大典。岂料，监察御史李善感却跳出来大唱反调，他进谏说：“近年以来，菽粟不稔，饿殍相望，四夷交侵，兵车岁驾，陛下宜恭默思道以禳灾谴，乃更广营宫室，劳逸不休，天下莫不失望。臣忝为国家耳目，窃以此为忧！”

那时候，因为武后弄权，一些反对武后势力的贤臣良将，如褚遂良、韩瑗等人，先后被逐被戮，一时间朝臣人人自危，谁也不敢发出逆耳之言。善感此举，在朝野引起巨大轰动，被天下人称为“凤鸣朝阳”。然而，尽管李善感像凤凰一样嘹唳九天，天地间回声荡漾，却并没有打动高宗皇帝，他皱了皱眉头，就把这一席滚烫的金玉良言弃之脑后了。第二年七月，皇命下达，定于十月封禅嵩山。

然而，高宗的龙体却很不给力，犹如夕阳西下，日薄西山，气息奄奄，随着病情不断加重，封禅之举，不得不推迟到来年正月。可是，到了这年的十一月，高宗病势越发沉重，只得下诏停止封禅。一场声势浩大的盛大典礼，就此偃旗息鼓了。这也许成为了高宗李治一生的遗憾吧。不过，武则天在登基称帝十余年之后的天册万岁元年（695 年），也许是为了实现夫君的意愿，也许是为了宣扬自己的丰功伟业，72 岁的女皇来到嵩山，兴师动众封禅嵩山，同时下令，改称“中岳”为“岳”。巍巍嵩山，从此披上了一袭神秘迷离的彩衣。

这时候，高宗皇帝的病情，已如江河凝噎，颓然不流，他烦躁地辗转病榻，感到天旋地转，头痛欲裂，手脚微微颤抖，双目模糊近乎失明，急召太医秦鸣鹤前来诊治。秦太医医术精湛，针灸技艺尤其炉火纯青。对这位名不见经传的太医，有人猜测说，他来自东罗马帝国，其理由是中国古代称罗马为大秦，这可能就是秦鸣鹤姓氏的来源。此说甚不靠谱。中医乃中华国粹，千古流传，名医无数，扁鹊、华佗、张仲景、李时珍、孙思邈等等，皆一时之名医大德，初唐时代，涌现一个秦鸣鹤，尽管在医学史上名声不甚响亮，也算一时之珍吧，哪里需要什么“出口转内销”来自东罗马帝国呢？

当下，秦太医小心翼翼为皇帝诊治，说皇帝患的是风疾，风毒上攻，采用针刺疗法，出少许血，即可痊愈。从太医口气判断，似乎并无大碍，至少不是夺命之恶疾。

一直监视秦太医诊治过程的武则天闻言，勃然震怒，掀开帘栊闪身而出，喝道："大胆庸医，敢拿针戳刺天子头颅，大不敬也，按律当斩！"太医吓得差点瘫倒在地，趴在武后脚下，叩头如捣蒜，连连求饶，高宗皇帝却不理会武后，眯着眼睛发话说，你不要顾虑，只管施医。只见秦太医长吁一口气，拿起银针，先在皇帝脑顶中央旋毛中心刺百会穴，继而又在枕骨后半寸处刺脑户穴，轻轻捻动，旋即拔出，几点鲜艳的血珠，随之涌出。高宗瞬间感到几丝轻松，说："吾目似明矣！"武后当即转怒为喜，大加赞扬，亲自拿来彩缯百匹赏赐秦太医，叮嘱他精心为皇上治病云云。

奇怪的是，尽管受到武后的重赏，从此之后，秦太医却再也没有前来为皇帝治病。高宗直到临终，再也没有见到秦太医的身影，病危之际，他是不是呼唤过秦太医，是不是盼望着他前来救命呢？宫闱深重，不得而知。扑朔迷离的历史疑云之后，究竟隐藏着怎样的玄机呢？其一，秦太医害怕皇帝出现意外，连累自己丢掉小命。古语云，伴君如伴虎，何况为皇帝治病，命悬一线，皇帝病情的任何一丝变化，都牵连着太医的身家性命，三国时代的神医华佗，不就是因为给曹操治病而掉了脑袋吗？其二，太医之行踪，大约与武后内心深处之纠结，有着极大的关系。这一点，也许是更重要的。

秦太医为高宗诊疗过程中，武则天一直躲在帘栊背后，窥伺着一切动静。此时此刻，她内心深处的巨大波澜，虽不足为外人道，却可以推而想之。这些年来，她与高宗号称"二圣临朝"，其实皇帝不过是个幌子，国家大小事宜，尽在她的掌控之中。大唐帝国这艘游弋在历史空间里的航空母舰，有她掌舵，平稳向前。高宗身体一直病弱不堪，加之性情仁懦，不甚机敏，不善决断，面对一团乱麻的朝政，深感身不由己，掌控乏力，曾经想到退却让权，由武后独掌国政。上元二年（675 年）三月的一天，他把自己的这个打算告知了几位宰相，遭到吏部侍郎郝处俊的强烈反对，告诫他国家非皇帝一人之私，要"谨守宗庙，传之子孙，诚不可持国与人，有私于后族"。从此，高宗再不提起禅位之事。永淳二年（682 年）二月，太子李显的儿子李重照被立为皇太孙，这清楚地表明，高宗对武后篡政已心存戒备，只要他在世一天，就不会让出皇位，更不会让出李姓江山。想到这一点，武后就忍无可忍。她的矛盾在于：情感与欲望强烈纠结，人伦与理想严重冲突。从感情上讲，她与高宗夫妻一场，可谓情感深厚，昔日太宗驾崩，她被发配感业寺，削发为尼，对高宗的思念，铭心刻骨，“看朱成碧思纷纷，憔悴支离为忆君”，为此经常珠泪滚滚。此生无高宗，她只不过一个小尼姑终老一生。这些年，她宦海搏杀，无论是争宠当皇后，诛杀后妃与朝臣，还是当权治天下，驱逐杀戮政敌，实在是有赖于高宗这棵参天大树之佑护。如今，只有砍掉这棵参天大树，她才能实现自己人生的最高目标，登基称帝做女皇。应当说，高宗这次发病，为她提供了一次顺理成章实现最高目标的机会。这样的机会，千载难逢，稍纵即逝，以武后刚毅凌厉之决断，冷酷无情之性情，她会做怎样的选择，不言自明。虽然，她是否采取措施威逼秦太医，因为史无记载，不能轻易下结论；然而，按照历史人物的性格逻辑推演历史真相，有些隐讳之事，我们也是可以想见的。

无论如何吧，高宗的末日，是渐渐地临近了。到了永淳二年（683年）的十二月，他自感不支，下诏改元弘道，大赦天下。诏曰：“朕以寡昧，谬膺丕绪，未尝不孜孜访道，战战临人，驭怀朽驾之危，负重积冰之惧，日甚一日，三十四载于今矣。”高宗皇帝的这一声叹息，可谓感慨遥深，他冀望“凭大道而开元，共普天而更始”，振奋精神，再创辉煌，可惜，这只不过是他生命的最后一抹回光返照了。他还想着亲自到承天门宣读诏书，只是气喘的厉害，上气不接下气，不能乘马，只好召集全城百姓到贞观殿前，来聆听宣诏了。

当天晚上，十二月四日深夜，高宗驾崩于东都贞观殿，享年56岁。

二

徐敬业、唐之奇、骆宾王等人发动的“扬州叛乱”犹如平地一声惊雷，震动了大唐王朝的万里江山，也震动了临朝称制的皇太后武则天。著名诗人骆宾王那篇辞彩高华的《讨武曌檄》，更是令她爱恨交织。

那一日，尽管阳光和煦，东都洛阳皇宫里却被一种不祥的气氛所笼罩。散乱的金色光线，似乎在宫殿上下不安地悸动着。徐敬业在扬州起兵叛乱的消息，已在全国上空炸开。骆宾王的檄文传到洛阳皇宫的时候，太后正慵懒地倚在寝宫软榻上，一边细心地把玩着那块晶莹剔透的吉祥之石——赤心石，一边漫不经心地等待着侍臣把骆宾王的《讨武曌檄》呈上来。

其实，洛阳城里出现这篇檄文之后，如何向太后禀报，由谁来禀报，朝臣们纠结得很厉害。他们起初在读这篇檄文时，不免心惊肉跳，脸色煞白。大家都知道太后杀人不眨眼，任谁也不敢轻易把这样一篇骂遍武氏祖宗八代的讨伐文章呈给她，害怕她暴怒之下迁怒于己，无缘无故丢了脑袋。这个呈送过程中的磨叽与纠结，太后自己大概也明白几分，因此并不严厉催逼，只是耐心等待着，“越是到了危急时刻，越要稳如泰山，静若处子，淡然如什么都没有发生过一样……”

想到这里，她下意识地浅笑了一下。那诡魅的笑容，像天光划过晴空那般，像夜影穿越深渊那般，深不可测，一闪即逝。

太后手里摩裟的这块“赤心石”，是嵩阳县令樊文前不久敬献的祥瑞之石，表面光滑润泽，似有灵羽飞翔，呼应着远山蝶影；中心赤霞如珠，似有红翼散开，回应着天地至诚。那个一脸谄媚的樊县令说，赤心石的灵光闪耀，是苍天对大唐的祝福，预示着大唐臣民对太后的一片赤诚啊。太后闻言，满心欢喜，亲自焚香祭拜，并在朝堂之上遍示百官。官员们纷纷叩拜称颂，山呼万岁，表示要像赤心石一样赤胆忠心辅佐太后。在百官一片轰轰嗡嗡的颂扬声中，平日里铁嘴钢牙的武后，居然像个害羞的小女子一样妩媚地笑了。

追溯起来，太后迷恋祥瑞的癖好，是很早就有的。在她刚进入皇宫，成为太宗皇帝的才人之后，耳鬓厮磨之际，太宗就给她讲过很多有关祥瑞之事。太宗皇帝虽然雄才大略，身体里却也流动着一缕缕愚昧之血脉，譬如，登基之初迷恋靡靡之音，沉溺于香风醉雨，并以此赋诗得瑟，受到大臣虞世南当面批评；晚年狂热地痴迷金石丹药，干了不少自掘坟墓的蠢事；而他对祥瑞的迷恋，却深刻地影响了武则天。他告诉这位艳丽如花的女才人，祥瑞在他过五关斩六将的征战生涯里，给他带来了吉祥与平安，大唐王朝之建立，贞观新政之流布，都与所谓祥瑞有关。太宗这样神乎其神的谆谆教导，无疑铭刻在武后心灵深处，以至于她当上皇太后不久，就开始大兴祥瑞之风了。一时之间，在全国各地，祥瑞遍地开花，灵光到处闪耀，“绿章”像冬天的雪花一般，飞向皇宫。所谓绿章，就是全国各地来报祥瑞的函件，一般用朱砂恭敬地誊写在青藤纸上。祥瑞，即吉祥的象征，包括奇花异木，灵石奇禽，奇霞绮云，等等。凡是能引起人的好奇心的物什，都可能称之为祥瑞。譬如，某地发现了九穗灵芝，某地合欢树上白雀筑巢，某地牛头上长出来三支白色牛角，某地雄鸡变成了母鸡等等，玄妙灵妙高妙，不一而足也。

就在举国上下祥瑞之花绮丽盛放，歌颂之声席卷朝野的时候，居然有人胆大包天唱起了反调，尚书左丞冯元常在朝堂上朗声说道，这个所谓赤心石，“状涉谄伪”，不过是谄媚小人的鬼魅伎俩，万不可相信，更不能拿这个忽悠天下人啊。武则天闻言，脸色一变。这个冯元常从前是高宗宠臣，深得赏识，经常与高宗做促膝之谈，他曾经密奏高宗说，“中宫权重，宜稍抑损”，建议削减武后权力。对这样一个在先帝跟前说自己坏话的家伙，太后自然不会客气，立刻打发他到遥远的陇州（今陕西陇县）当刺史去了。

当侍臣哆嗦着把檄文呈献给太后武则天的那一刻，宫殿里霎时间鸦雀无声，纤尘不飞。只见太后眯了凤眼，玉指轻轻一弹，并不接那张纸页，朱唇里轻轻吐出一个字：“念！”

侍臣望了一眼手里的纸页，哪里敢念？檄文开篇第一句，就是恶毒地辱骂太后，万一太后暴怒，后果不堪设想啊。他讷讷地说，这些逆贼詈骂朝廷的混账话，念它作啥呀？太后似乎看透了侍臣的心思，温和地说，我已过了耳顺之年，几十年来耳朵里灌满了骂声，早习以为常啦。被人骂也许不是坏事，你可以从骂声中学会坚强，学会如何战胜你的敌人啊。

侍臣得到鼓励，开始念起来——

伪临朝武氏者，性非和顺，地实寒微。昔充太宗下陈，曾以更衣入侍。洎乎晚节，秽乱春宫。潜隐先帝之私，阴图后房之嬖。入门见嫉，蛾眉不肯让人；掩袖工谗，狐媚偏能惑主。践元后于翚翟，陷吾君于聚麀。加以虺蜴为心，豺狼成性。近狎邪僻，残害忠良。杀姊屠兄，弑君鸩母。神人之所共嫉，天地之所不容。犹复包藏祸心，窥窃神器。君之爱子，幽之于别宫；贼之宗盟，委之以重任。呜呼！霍子孟之不作，朱虚侯之已亡。燕啄皇孙，知汉祚之将尽。龙漦帝后，识夏庭之遽衰。

侍臣一边战战兢兢读着这些毒汁四溅的文字，一边偷觑太后脸色，生怕她暴跳如雷，自己小命不保，祸及全家。只见她侧耳倾听着，起初如被蚊子叮了一口，眉头微皱，旋即舒开，若无其事地摇了一下头，嘴角居然现出了几丝难以捉摸的微笑。侍臣暗暗称奇。太匪夷所思了！太后心胸如此广阔，吞江咽海，闻羞辱而不怒，忍诟骂而淡定，真乃亘古一人也！

其实，武后经天纬地之韬略，侍臣哪里能知晓。她心机如深渊，手腕如霹雳，嫉恶如仇，心狠手辣，容不得任何人以任何理由阻碍自己超越自己。这些年来，她情海历险，宦海弄波，对于遭遇的那些宿敌，一个也不曾宽恕，无论是长孙无忌、褚遂良那样的朝廷重臣，王皇后、萧淑妃那样的天香国色，还是自己的亲生儿子李弘、李贤，只要阻碍自己前进的步伐，一律严惩不贷，置之死地而后快。

然而，如果仅仅只是这样阴暗龌龊的一面，那么，武后在中国历史上，就只能扮演一个万人唾弃的迫害狂角色而已。与其残忍好杀相对应的，是她作为一位古代女政治家的雄才与韬略。在封建时代，男尊女卑如铁律，捆绑了所有女子的手脚与头脑，她们必须按照三纲五常三从四德划定的小圈子，来规范自己的一言一行，一举一动。要在这样沉重如山的桎梏之下有所作为，必须具备超乎常人超乎那些男性政治家的谋略与手腕。武则天身背几千年的封建枷锁，腾身大唐王朝，那需要具备多么浩大的勇气与胆魄啊！与此血海无涯相呼应的，是她的胸藏万壑，良谋叠出，知人善任，爱才若渴，嗜才如命。对于灿烂之文字，旖旎之诗篇，她一直有着难以遏制的迷恋。她虽非诗人，却写下了不少热情洋溢的诗篇，难说才华横溢，却也文采斐然。此刻，她就在暗暗欣赏这篇檄文的高华瑰丽之文采——

敬业皇唐旧臣，公侯冢子。奉先帝之成业，荷本朝之厚恩。宋微子之兴悲，良有以也；袁君山之流涕，岂徒然哉！是用气愤风云，志安社稷。因天下之失望，顺宇内之推心。爰举义旗，以清妖孽。南连百越，北尽三河；铁骑成群，玉轴相接。海陵红粟，仓储之积靡穷；江浦黄旗，匡复之功何远！班声动而北风起，剑气冲而南斗平。喑呜则山岳崩颓，叱咤则风云变色。以此制敌，何敌不摧？以此图功，何功不克？

侍臣读到这里，武后忽然眉头一跳："嗯，听这口气，逆贼还志向冲天呢，你以为如何呀？"

侍臣朗声应道："逆贼不过是虚张声势，无损我大唐的一根毫毛！"

武后淡淡一笑："可惜了一篇好文章啊。'班声动而北风起，剑气冲而南斗平，喑呜则山岳崩颓，叱咤则风云变色'……果能如此气吞山河，真不失为一支雄师呢，只可叹纸上谈兵，风动雨动山不动啊。"

檄文的最后一段，是极富感染力的煽动之词——

公等或居汉地，或协周亲；或膺重寄于话言，或受顾命于宣室。言犹在耳，忠岂忘心。一抔之土未干，六尺之孤何托？倘能转祸为福，送往事居，共立勤王之勋，无废大君之命，凡诸爵赏，同指山河。若其眷恋穷城，徘徊歧路，坐昧先几之兆，必贻后至之诛。请看今日之域中，竟是谁家之天下！

武后听罢最后一句，心头一凛，喃喃自语："请看今日之域中，竟是谁家之天下……"忽然，她目光霍霍盯着侍臣问道："此文出自何人之手？"

侍臣答道："据访查，作者是临海县丞骆宾王。"

对于这位以"鹅鹅鹅曲项向天歌"驰名的诗人，武则天自然是知道的。他的官位，当初也是自己赏赐的。那是仪凤三年（678 年），大理寺呈上来一首反诗，题为《在狱咏蝉》，作者是时任长安主簿的骆宾王。

西陆蝉声唱，南冠客思深。
不堪玄鬓影，来对白头吟。
露重飞难进，风多响易沉。
无人信高洁，谁为表予心。

奇怪的是，对于这首"反诗"，武后不但一点也不反感，还很喜欢呢。此诗借物咏志，以蝉喻己，沉郁哀婉，辞彩之胜，如云霓飞扬。蝉儿高居青枝之上，餐霞饮露，品性清高，却饱受秋风秋露无情摧残，欲飞翅折，欲响声噎，"无人信高洁，谁为表予心？"这扯心裂肺的呼喊，喷射出作者的满腔愤怒。武后读罢，暗自心惊。她询问作者情况，大理寺官员报告说，长安主簿骆宾王因为贪赃枉法，被下狱治罪，居然心存怨望，应予严惩。她沉吟道，无非发几句高级牢骚吧，不必大惊小怪。当即下令复查，最后弄清楚，原来骆宾王是被人诬陷入狱，欲诉无门，赋诗宣泄满腔怒怨呢。武后当即赦免其罪，派遣他到临海县去做县丞。不过，长安县地处京城繁华之地，临海是一个东南边陲小县（今属浙江台州），如此安置，无论如何算是发配了。骆宾王心底之衔怨，也是不言而喻的。

骆宾王是初唐四杰之一，才华绚烂，命途多舛，奇骨清高陷身官场恶浊之瀚海，心地高洁流落浊世沼泽之深渊，这就注定了他一生抑郁不得志的可悲命运。他的诗文，沉雄慷慨，悲郁回荡，愁肠纠结宦海乱云，豪迈撕扯弥天悲愤，牢骚牵连着势利之心，那颗自由放纵不羁之灵魂，如危崖之上的雪莲花，高洁灿烂，恣肆怒放，在尘世间实在难以寻觅到理想的栖息之地呀。庆幸的是，在身临绝境的时候，他通过一只小小的蝉，赋诗言志，倾吐心声，无意间为自己赢得了一个千载良机，几乎可以说是自己揪着自己的头发，从牢狱重返了官场。然而，当他来到临海，身处边远荒僻之地，看荒野流霞嗤嗤飞，思人生大志付流水，他心底的火山，颤巍巍几欲爆炸。也许，正是这种奋身向上沸腾如潮的仕进之心，促使他与徐敬业之流走到了一起。

时易世变，白云苍狗。当武则天再次读到骆宾王的诗文时，已经是朝廷与叛军剑拔弩张兵戈相向的危急时刻。这个当初被自己赦免的诗人，如今竟然成了朝廷不共戴天的敌人，并运用他的生花妙笔，把自己骂了个狗血淋头！武则天的恼怒与悔恨，如鹏翼垂空之怒云。她惋惜他的盖世才华，更痛恨他的语言恶毒；她叹赏他珠圆玉润之文字，更憎恶他与叛乱分子沆瀣一气之堕落。唉唉！如此大才，不能为我所用，为朝廷效力，却成了叛贼的帮凶，真是令人痛心疾首啊！想到这一点，她不住地摇头叹息："如此才华横溢的人才，不得重用，流落为寇，宰相之过啊！"

她一边叹赏着骆宾王的锦绣才华，一边当机立断，厉声下令，调兵遣将，迅速组成讨逆大军，即刻发兵扬州，"兴兵诛逆"，消灭叛贼！

三

徐敬业起兵扬州，打出的口号是："还我庐陵王！"

庐陵王是谁？——他就是被唐高宗李治的遗诏推上帝位，旋即被皇太后武则天罢黜，降为庐陵王的唐中宗李显。

发生在光宅元年的这场搅动天下的废立事件，其扑朔迷离之灵异，神鬼莫测之惊悚，对有唐一代产生了深远影响，在中国历史的进程中，也掀起了一阵阵炫人眼目的浪花。

那时候，高宗李治驾崩不久，尸骨未寒，中宗李显初登帝位，心怀惶遽，皇太后武则天临朝称制，掌控一切。新旧交替带来的朝堂震荡，汹涌不已。

据记载，高宗病势危急之际，心事有三：其一，惦记天下老百姓安否？高宗是个比较仁慈的皇帝，晏驾那天，他下令更改年号，宣布大赦，临终前还在问侍臣："民庶喜否？"侍臣答曰："百姓蒙赦，无不感悦。"他叹息道："苍生虽喜，我命危笃。”其二，担心接班人中宗能否顺利登上帝位？高宗在遗诏中赞扬太子“敦敏徇齐，早著天子之范，夙表皇帝之器”，遗命“皇太子可于柩前即皇帝位”。所谓“柩前即位”，就是在自己咽气之后，马上在灵前宣布新皇帝登基，刻不容缓。也许，对于武则天觊觎皇帝宝座，高宗早就心知肚明，所以才用如此不容置疑的遗诏方式，表明了自己对太子的强力支持。其三，担忧武后篡政，为中宗即位之后母子相处制定“游戏规则”，遏制武则天的勃勃野心，他在遗诏中谆谆告诫中宗：“军国大事有不决者，兼取天后进止。”其寓意十分明确：一切权力，悉归皇帝，在皇帝对军国大事犹豫不决之时，则听取母后裁决。

应当说，高宗的遗命，是经过深思熟虑的，既佑护太子顺利登基，行使皇权，也照顾了武则天经天纬地的政治抱负，赋予她对军国大事最后拍板定案的巨大权力，同时也抑制了她肆意横流的政治野心，为她干预朝政预设了“门槛”——“有不决者”，就是说，只有当皇帝对军国大事犹豫不决的时候，才由武后拍板决断，一旦皇帝下定决心，乾纲独断，她也就无权干涉了。

在太子加冕登基的时间上，武则天违背了高宗遗命，没有在先帝晏驾之际，让太子立刻在“柩前即皇帝位”，而是纠缠于一些鸡毛蒜皮的细节问题，无故拖延了整整一个星期。这种情形，无疑显示了她内心深处掀起的巨大波澜，其一，观察动静，伺机而动。她觊觎皇位久矣，必欲取而代之，但眼下时机未到，她不能也不敢公然违背先帝遗命，虽然心有不甘，但也必须执行。其二，猜疑新君，犹豫未决。她暗自担忧，太子即位之后，对自己态度究竟如何？是否甘心做老娘的傀儡？

武则天就这样一边内心纠结着，一边执掌朝政，延迟一周之后，再也找不到丝毫借口，只得让太子做了皇帝。从此，继高祖李渊、太宗李世民、高宗李治之后，大唐王朝产生了第四位皇帝：中宗李显。

然而，28 岁的中宗皇帝李显，虽然登基做了皇帝，却没有找到一点君临天下的威风，更没有感觉到母后的一丝丝温暖。他似乎感觉到，一双艳光四射寒冷透骨的眼睛，每时每刻，都在严厉地监督着自己，时刻窥伺着自己的一举一动，就像天上展翅横飞的老鹰盯着地上慢慢爬动的小兔子一样，无论何时何地，都可能以迅雷不及掩耳之势，俯冲而下，以凌厉的铁腕利爪，结束自己的生命。可以想见，年轻的新皇帝在这样一双寒光啪啪作响的眼睛注视之下，他的头上犹如悬着一把达摩克利斯之剑，不晓得哪一天哪一刻，就会轰然而下，击穿自己的头颅——这是多么令人恐怖的情形啊！

其实，在登基称帝之前，作为唐高宗与武则天的第三个儿子，对于令天下人垂涎万丈的皇帝宝座，李显是做梦也不敢想的，甚至在被立为太子之后，他也不敢觊觎这个天地赐予的“国之神器”。宫廷斗争之诡诈残酷，储君拼争之骨肉相搏，父皇之羸弱，母后之强悍，早已把这位皇太子弄得驯服如绵羊，胆小如仓鼠，心机如蝉翼了。他整天游曳于宫廷，就像林黛玉进入大观园，不敢多说一句话，不敢多走一步路。在他的眼前，时刻闪烁着一双美丽迷人、犀利如剑的眼睛。那是母后武则天那双倾倒天下的丹凤眼。

四

在一些西方学者看来，对权力的疯狂追逐，是人类的天然本性，也是推动社会进步的巨大动力。英国哲学家罗伯特·罗素在《权力论》中指出：“假如可能的话，人人都想成为上帝。”上帝他老人家毕竟高踞云端，我们不便置喙，稍微改动一下，就是：假如可能的话，人人都想成为皇帝。

历史地看，在中国几千年的封建社会里，无数英雄好汉，衮衮儿男，无论是天潢贵胄，还是贩夫走卒，都有自己的皇帝之梦。

考察一下中国封建社会历朝历代之皇权更替，那条通往皇帝宝座的道路上，总是充满着刀光剑影，滴沥着淋漓血腥。帝位更迭，是任何朝代都没有很好地解决的重大政治问题。几千年演化，进步，虽然探索出了“先帝遗诏”、“立嫡以长不以贤”、“秘密立储”等方式，却是薄如蝉翼，脆如玻璃，在豪强们的勃勃野心面前一触即碎，最后沦为以杀戮决定成败，以实力决定结局，所谓“枪杆子里面出政权”，成为封建时代强权政治、铁拳政治的集中表现形式。

人们追逐最高权力的方式，总是那样的不择手段，那样的无所不用其极。阴谋与诡诈，流血与杀戮，相生相伴，形影不离，刀剑闪处，鬼哭狼嚎，血肉横飞，一幕幕浸透了鲜血的惊悚连续剧，在历史航船的拐弯处，不断地上演。每一个登上权力之巅的君王身后，都留下了无数冤魂。在这一点上，武则天当然也不例外；例外的是，她拥有一躯娇媚的女儿之身，明眸皓齿，沉鱼落雁，却在一个男权至上的封建时代里，威风凛凛地登上了皇帝宝座，建立了属于自己的周武王朝！——这就决定了，无论在当时，还是在后世，她的行为，都会引起举世哗然，引起连绵不绝的唾骂与诟病，引起无休止的声讨与口诛笔伐。

武则天登上最高权力之巅的战斗，是从太宗贞观十一年（637 年）春天开始的。那是一个春天的上午，14 岁的武则天怀着翻江倒海之忐忑、勃勃跃动之野心，被唐太宗李世民宣召进入了长安皇宫。

这次皇帝宣召武则天入宫，缘起于两个美丽的女人：一个是长孙皇后，一个是宠妃杨氏。贞观十年（636 年）六月，长孙皇后病逝，在长安城激起巨大悲痛。长孙皇后小字观音婢，13 岁嫁给李世民，先后生下三男四女。她精通文史，贤惠豁达，深明大义，善于借古喻今，匡正皇帝为政之失误，保护忠正耿介之大臣，深孚人望，被誉为“嘉偶”“良佐”。这样一位贤德皇后，自然是太宗甚为倚重的贤内助。她的过早逝去，对太宗打击极大，思念之情绵长不绝，他在苑内造了一座层观楼，经常登台远望昭陵皇后之墓，以寄托哀思。皇帝的满脸凄绝之色，引起了宠妃杨氏的极大关注。这位杨氏，是武则天老妈的表妹，也就是她的表姨母，姿色绝伦，贤淑达理，善解人意，却命途多舛，她原是太宗之弟李元吉的爱妃，玄武门之变，元吉伏诛，杨氏孤苦无依，太宗见她生的艳若桃花，便一并收拢过来，纳为妃子，居然深得宠爱。长孙皇后辞世，杨氏见皇帝神色忧郁，闷闷不乐，便举荐自己的外甥女武则天入宫，为皇帝承欢解闷。

就在那个风光旖旎的春天里，皇帝的一纸册书，将美少女武则天送上了一条不归路。手捧册书，母亲杨氏万般不舍，泪如雨下。武则天内心的酸楚，只如远空里的黄鹤，拍翅即飞入了天涯。她坦然说道：“此去皇宫，咱是去见天子，说不定是福音呢，母亲何必如此悲伤啊？”

那一刻，她对长安城里的巍峨宫阙，对威震天下的太宗皇帝，充满了朦胧的向往与期待。

那时候，武则天的老爹武士彟，已经去世两载。父亲的去世，给少年武则天留下了深重的悲伤。老爹生前是大唐王朝的高官显宦，系高祖李渊太宗李世民两朝皇帝的宠臣，时任荆州都督，位尊权重，荣宠至极，武则天作为都督府里的金枝玉叶，美若天仙的公主，备受老爹宠爱，有着享不完的荣华富贵。武士彟去世后，太宗皇帝悲伤不已，决定厚葬这位开国功臣，指派并州都督李绩主持丧事，亲自护送武都督的灵柩归葬老家山西文水县。武则天和寡母杨氏，也一起移居文水老家。

这位李绩先生，本姓徐，名世绩，字懋功，高祖李渊赐姓李，后避唐太宗李世民讳，单名绩，曹州离狐（今山东鄄城西南）人，迁居东郡卫南（今河南滑县）。他生于豪富之家，豪侠仗义，足智多谋，善于用兵，史称“临敌应变，动合时机”。每战之前，与部下共谋，凡有可取者，立即采纳；告捷之时，功归部下，全营皆欢。因此，深得部下拥戴，每攻必克，屡立功勋。他一生历事高祖、太宗、高宗三朝，出将入相，深得朝廷信任和倚重，是大唐王朝凌烟阁二十四功臣之一。太宗皇帝即位，他出任并州都督。山西太原古称并州，乃唐高祖李渊龙兴之地。相传大禹治水，划分天下为九州，并州为九州之一，其疆域大约包括今山西全境和河北、内蒙古部分地区，其重要性不言而喻。太宗指令这位封疆大吏主持处理武士彟的丧事，足见其对这位开国功臣情深义重了。

李绩率领着属下军卒，护送武士彟的灵柩回归故土，一路上，他悉心照料着沉溺在哀痛中的武则天母女，在她们悲哀欲绝之时，送上了一缕缕温暖的春风。然而，谁能料到，几十年之后，时易世变，李绩归天，唐廷遽变，武则天临朝称制，他的孙子徐敬业不知天高地厚，悍然发动扬州叛乱，成了武则天不共戴天的仇雠，导致身败名裂，家族遭殃，高祖当初赐封的国姓李，也被一并褫夺。这虽然是后话，也不得不令人感叹世事苍茫造化弄人啊！

在武则天的记忆里，那条归乡的路，崎岖而漫长。护送灵柩的官军，列队前进，炮声不绝，纸钱飘飞。她望着眼前长长的送葬队伍，听着哀哀欲绝的号哭之声，不禁悲从中来，悲伤难抑。哀荣绚烂如花，难掩人生凄凉。跋山涉水回到文水，让驾鹤西行的老爹魂归故土，武则天哭倒在老爹灵前，嚎啕大恸，长久地难以起身，任她千呼万唤，父亲已经永远地没有了回音。母亲杨氏拉着女儿的手，泪水滚滚。母女俩感到了人生的渺茫无依。此刻的天空，依然辽阔、湛蓝，她们的人生，却从此失去了颜色，黯淡无光。武则天望着那只在空中飞翔的苍鹰，刹那间感到了一种难以言说的灵魂的呼号。

苍鹰拍翅远去了，消失在深邃的远天里。武则天灵魂深处的迷茫，却沸腾如深渊之波浪，难以止息。

武则天怀着一腔悲伤与迷茫，拉着母亲的手，回到家里，艰难度日。家中的几间老屋、几亩薄田，尽被两个异母哥哥元爽、元庆霸占，兄弟俩对继母与小妹，十分刻薄，讥笑与白眼是免不了的。她的堂兄弟惟良、怀远，对她们母女也是冷脸相待，恶语相向。很多年之后，武则天当权，这兄弟四个为当初的混账，付出了生命的代价。这样报复自家兄弟，虽说事出有因，无论如何显得过于刻毒了。这些当然是后话。不过眼前呢，母女俩无异于寄人篱下，她们的生活，已经陷入了巨大的窘境。鲜花凋谢，美梦成空，富贵荣华如云烟一般飘逝了。从烈火烹油的富贵之家，落入寒雨敲窗衣食不继的贫民生活，这种残酷的现实，强烈地刺激着武则天幼小而刚强的心灵。无数个孤灯长夜里，母亲暗自吞声，她也凄然泪下，然而回应她的，只有寒风呼啸，与鸡鸣狗吠，以及远山里的虎狼嘶吼……忽然，元爽、元庆、惟良、怀远，四个家伙围拢过来，冲着她翻白眼，吐唾沫，许多人呼呼喝喝，对着她指手画脚，一群狼虫虎豹咆哮着向她冲过来，刹那之间，鬼哭狼嚎，天旋地转，山惊水跳……她惊跳起来，大声嚎叫："啊——！"

母亲醒了，惊惶地问她咋了？她也醒了，已是泪湿枕巾。她不再纠结，不再迷茫，擦干泪水，咬碎钢牙，暗暗发誓：今生今世，宁肯流血，决不流泪！这个冷漠无情的世界，不相信眼泪，只相信实力与铁拳。她决心像老爹那样，以自己的手腕与实力，攀上人生的高峰！

武则天的老爹武士彟，原本是隋朝末年山西文水县的一个木材商人。文水县地处山西省中部，太原盆地西缘，西倚吕梁山，东临汾河水，自古民风淳朴，人杰地灵。汾河支流文峪河自境内穿越，文峪河又名文谷水、浑谷水，碧波荡漾，波纹如画，故以文水名之。

李渊生于隋朝著名的八柱国之家，系西汉著名飞将军李广之后，据说出生当天，紫气盈庭，神光照室，显然属于史家的马屁之词。他 7 岁袭封唐国公，建立大唐之前，历仕两朝。北周时期先后任御史大夫、柱国大将军，隋朝建立，炀帝即位，他历任荥阳（今河南郑州）、楼烦（今山西静乐）二郡太守，后被召为殿内少监，升任卫尉少卿。大业十一年（615 年），并州龙门（今山西河津）一带发生暴动，数千饥民啸聚山林，在头领母端儿带领下，扯旗造反了，其浩大声势，令隋炀帝大为震惊，命李渊以山西河东慰抚大使身份，火速带兵前往镇压。

这天晚上，李渊率军奔赴战场，路过文水县，眼见人困马乏，将士哈欠连天，疲惫不堪，便下令安营扎寨。安顿已毕，他来到当地首富武士彟家借宿。颇见过一些世面的武士彟一见来者，顿感眼前一亮。李渊相貌英伟，面容宽厚，倜傥豁达，勇武善谋，武士彟大为倾心，割肉酾酒，热情款待，自不在话下。二人杯盏往来，各诉心曲，大有相见恨晚之感。一个朝廷命官，一个木材商人，从此结下了深厚情谊。两人经常月夜小酌，议论朝政，嗟叹人生，谋划未来。两年之后，即隋朝大业十三年（617 年），李渊官拜太原留守，主宰一方。当时，农民起义遍布全国，政局极为动乱，炀帝手足无措，李渊父子决定乘乱起兵，夺取天下。武士彟全力以赴，奔走呼号，出谋划策，多有建树，随后以军需官身份，紧跟唐军步伐，冒白刃，拨流矢，攻城拔寨，艰苦鏖战，一路斩关夺隘，进入京师长安。

第二年五月，李渊在长安登基称帝，建立大唐王朝，武士彟作为“太原元勋”之一，被授予光禄大夫、开国郡公，先后受赐良田300顷，奴婢300人，食邑2500户，跻身于14名开国功臣之列。

五

直到攀上事业最高峰，成为朝廷重臣，武士彟的身份，依然属于寒门阶层，武氏一门，按照魏晋以来盛行于世的士族制度，或曰门阀制度，依然难称士族豪门，在唐太宗编定的《氏族志》里，居然没有一席之地。这一点，尤其令武则天感到羞辱与愤恨，以至于在她后来主政之后，马上重修谱牒，改《氏族志》为《姓氏录》，武氏家族当然被列为第一等了。

武士彟作为国家重臣，依然难以摆脱世人的“寒门”之讥，以如此尴尬的身份辞世，自然不能封妻荫子，这也就注定了他的后人身份的寒微。加之杨氏乃武士彟的续弦，虽然当初由太宗皇帝亲自做媒，玉成了两人的好事，但到了此时，皇帝早把这件事抛到了九霄云外。据陈寅恪先生《李唐武周光世及迹杂考》考证，武则天之母杨氏是隋朝宗室杨达之女，虽然出身显耀，命运却很不幸，武士彟死后，杨氏与武则天相依为命，艰难度日，如果不是武则天美若天仙，如果不是杨氏表姨竭力举荐，她们母女，今生恐怕再也没机会亲近皇上了。

武则天就是带着高官老爹留下的寒微身份，与心头猎猎的复仇之火，进入了长安皇宫，来到了太宗皇帝身边。从14岁一介美少女，到26岁一朵盛放之花朵，武则天作为皇帝身边的无数美女之一，默默地度过了12年。这期间的酸甜苦辣，悲欣交集，恐怕只有她自己知晓。

关于武则天在太宗身边的描述，就著者见到的有限历史资料，其情形并不一致，甚至完全相反。一种说法是，武则天入宫后，深受太宗宠爱。她正值豆蔻年华，花瓣滴露，樱唇销魂，柔情缠绵之际，玉体横陈，曲线曼妙，一定会惹得皇帝炽如烈火。其证据，就是皇上第一次临幸，武则天即被封为才人，官居正五品。要知道，整个后宫人员设置，只有9名女才人呢。这个推测，当然顺乎人性，合乎自然界男女相吸相悦相交之天性。武则天那颇带男子汉气的刚毅、果断之性情，虽然难言娇俏、妩媚，但深得太宗欢心，此后把她安置在福绥宫，夜夜召她侍寝，亲昵地呼之为“媚娘”。

另一种说法，恰恰相反，说武则天太宗时期的后宫岁月，备受冷落。太宗虽然是一个性情威烈的皇帝，抚弄世事，如抟泥丸，但他未必喜欢同样性情果决暴烈、缺少女性柔静之美的武媚娘。太宗有一匹性情暴烈的名骏，名曰狮子骢，乃西域藩国进贡，桀骜不驯，太宗征询驯服之计，武则天自告奋勇，要求驯服这匹烈马，而她驯服烈马需要的武器是：铁鞭一条，铁锤一只，匕首一把，“先行鞭笞，不驯，则铁锤敲击，再乱蹦乱踢，就一刀割断它的喉咙！”

对于武则天这番抽筋锉骨的回答，太宗先是击掌，随后沉吟。是赞叹？是惊异？或者兼而有之乎？太宗最后并没有允准她来驯服心爱的狮子骢，心底对她的刚硬峻烈，或许微有不悦吧？——微妙之处就在于，太宗观察武则天的视角，在不断地变幻：若以助手而论，或以对手而言，他肯定是欣赏武则天的。但作为女人、伴侣，武则天是不够柔情似水的。

还有一种说法，说太宗对她的态度，是先热后冷。她一进宫，玉骨冰肌，嫩肤如玫，加之淫风浪蝶，侍寝有术，迷得太宗性趣高昂，正当两人玩得热火朝天，天际忽然有太白星划过，如是者再三再四。一本叫做《秘记》的书，开始在民间流传，书上说：“唐三世之后，女主武氏代有天下。”太宗满心狐疑，急忙召来太史令李淳风咨询。这位李淳风自号黄冠子，是岐州雍人（陕西凤翔县），《旧唐书》说他“幼俊爽，博涉群书，尤明天文历算阴阳之学”，他与袁天罡合著的《推背图》，据说预言了“太平天国”、“清兵入关”、“日寇侵华”等历史事件，被誉为千古奇书。

李淳风煞有介事地告诉太宗，这次太白之妖，的确是女主当昌之征兆，并且，那个可怕的女人，已经在宫中了，三十年后，她将成为天下之主，杀绝大唐子孙。

太宗闻言，大惊失色，发誓要杀绝可疑宫人。老李眼见皇帝要血洗后宫，连忙阻止，说此乃天命，不可违也。太宗这才悻悻地打消了屠杀之念，不过，从此就对武氏种下了心病，直接导致了武则天的失宠，而那个乳名叫做“五娘”的左武卫将军李君羡，则做了她的替死鬼。君羡生于武安（今河北武安县），封邑武连县公，官称左武卫将军，乳名“五娘”，这一连串的“武”（五），触发太宗心病，认定他就是“女主武氏代有天下”所指的那个妖孽。于是，李君羡先被贬为华州刺史，不久就被借故杀掉了。

对于李君羡之死因，武则天也许心知肚明，或者还有所歉疚吧，40多年后，她亲自发动和领导的“武周革命”大获全胜，她当上大周皇帝不久，就为君羡平反昭雪，官复原职，厚礼改葬。

关于武则天女主当昌之传说，其实很早就有了。贞观元年（627年）十二月，武士彟出任利州（今四川广元）都督，3岁的武则天因为生性顽皮好动，被父母当做男孩子抚养，衣衫无花色，只着男儿装。那一天，闻名遐迩的相术大师袁天罡来到利州，应邀到都督府做客。老袁是益州成都（今四川成都）人，著名天文学家、星象学家、预言家，著有《六壬课》、《五行相书》、《袁天罡称骨歌》等。他见襁褓中的武则天“一身戎装”，英姿飒爽，大为震惊，说她“龙瞳凤颈，极贵验也”。仔细一瞅，又遗憾地摇了摇头：“此子若为女孩，当做天子！”

撩开历史传说之重重迷雾，话题回到太宗皇帝与武则天。说到底，皇帝是不宠爱她的，证据就是，太宗膝下儿女成群，长孙皇后和十余名嫔妃共为他生下了14子21女共35个孩子，武则天陪伴皇帝十余年，始终没有生育，她的官职也没有升迁过，十年青春岁月，一直是个才人而已。

若以世道人心而论，如果太宗皇帝宠爱武则天，十余年间，必有机会播下龙种。这是一个最浅显自然的道理。太宗虽然雄才大略，登基之后倡导“用咸英之曲，变烂漫之音”，希望奏响新时代的黄钟大吕，他自己却经常吟唱靡靡之音，翻开他的《帝京篇》，浮薄绮艳萎靡之词，琳琅满目，字里行间，弥漫着慵懒缱绻，追乐逐欢，酒恣花浪——“只待纤纤手，曲里作宵啼”、“还将眉里翠，来就镜中舒”、“欢乐难再逢，芳辰良可惜”、“建章欢赏夕，二八尽妖妍”、“长烟散初碧，皎月澄轻素”……

应该说，初唐时期低俗媚艳的宫体诗大行其道，太宗有着不可推卸的责任。有一次，太宗绞尽脑汁写了一首浮薄淫靡的宫体诗，令秘书监虞世南唱和。这个老虞虽然是宫体诗名家，却对太宗此举嗤之以鼻，不肯奉诏，当场嘲讽说：“臣恐此诗一传，天下风靡”，导致世风日下。太宗弄得面红耳赤，连忙说朕逗你玩呢，还赏赐了老虞的犯颜直谏。

无论得宠与否，12 年间，武则天依然在坚守。这既是皇家规矩，也是命运使然。

十二载深宫岁月，对武则天而言，可谓乏善可陈，她像一条咆哮腾跃的大河，被高山峻岭压在了身下，无由歌唱，无由发出属于自己的惊天回响。十余年间，她环绕在太宗皇帝身边，或耳鬓厮磨，龙凤交欢，或娇嗔调笑，丝竹嬉戏，贴身观摩学习了一生中最重要的学问，那就是帝王之术，或曰安邦治国之术，为她后来的临朝称制，以至登基称帝，打下了重要基础。

所谓帝王之术，亦即帝王操弄天下之术，阴谋，诡计，权术，权变，杀戮，流血，等等，必不可少。耀眼的权力，总是伴随着阴暗与龌龊，古今中外，概莫能外。

贞观二十三年（649 年），太宗皇帝驾崩，按照惯例，武则天被削发为尼，送进了皇城禁苑内的皇家寺庙感业寺。

感业寺蹉跎两载，青灯伴古佛，是武则天又一次重要的学习机会。如果说，她幼年在老爹身边看到了官场的威福自专与狡诈权变，在文水老家体会了世态炎凉与悲酸无助，在太宗皇帝的龙床上学习了统治天下驾驭群臣之权术，而在感业寺里，则弥补了她佛学知识之匮乏，领略了佛学之博大精深。随着岁月流逝，她似乎慢慢领悟到，宗教信仰与帝王之术之间，有着难以言说的微妙关系。世间的任何宗教，任何主义，作为人类社会发展到一定历史阶段出现的一种文化现象，其主要特点，就是要世人相信，在苦难的现实世界之外，还存在着一个超乎自然之外、凌驾于宇宙之上的神秘力量。这个统摄万物的神秘力量，既可以主宰自然万物的进化过程，也能够决定所有人的悲欢离合。

问题的关键是：究竟谁是那个统摄万物的老天爷呢？或曰上帝，或曰佛祖，或曰什么主义；而上帝与佛祖在尘世间的代言人是哪个呀？当然是统治万民的皇帝老儿啦！至此，我们似乎沿着宗教信仰之幽径，环绕世界转了一个大圈子，却又回到了原点：统治之术。东汉时期，汉章帝刘炟在白虎观召集各派经学大师开会，讨论五经之异同，“共正经义”，统一思想，史学家班固奉命把讨论结果整理成《白虎通》一书。《白虎通》记下的第一个问题是：什么叫天子？答曰：皇帝把天作为父亲，地作为母亲，所以称为天子。又问：历代的帝王，德行有好有坏，为什么都称为天子？答曰：因为他们都是天所任命的。皇帝乃天地之子，是老天爷任命的，谁敢不服？呵呵。这样的强权理论，堪称无可辩驳吧？

在感业寺的飘摇青灯之下，武则天把佛学经义与帝王之术杂糅，把天赋智慧与诡诈心机交融，慢慢萌发凸显了她未来统治之术的幼芽。寒风拂古寺，苍天浮女英；何期帝王剑，助尔刺青空。这一时期的艰苦磨砺，水滴石穿，铁杵成针，为她后来利用《大云经》“有一天女，名曰净光……即以女身，当王国土”之句，令薛怀义与法明和尚撰写《大云经疏》，为自己登基称帝制造天授之神话，奠定了坚实的经学理论基础。

就在武则天在感业寺削发为尼，刻苦学习佛学典籍的时候，有一个人在默默思念着她，那就是大唐王朝的第三位皇帝——唐高宗李治。

武则天与李治，是如何如胶似漆融为一体的？因为正史讳莫如深，后人不得而知。但有一点可以肯定：武则天与李治相识很早，李治身为皇子，自然可以经常在父皇身边见到武则天，而真正的交往，即确立男女情人关系，应该是在李治被立为太子之后。

武则天被迫削发为尼栖身感业寺时，年仅 26 岁，一朵鲜花正盛开。每当清冷古老的钟声响起，她的灵魂便为之宁静，为之涕泣而歌；孤独，枯燥，抑郁，像几只可怕的猛虎，吞噬着她的花容月貌，只有那天边回旋的诵经之声，才能平静无边心海；只有那如莲花绽开的经文，才能使她领略高蹈云端的佛国之美妙。两年之后，太子李治登基，她已年近三十。普天之下莫非王土，率土之滨莫非王臣，皇帝拥有六宫粉黛，餐尽天下美色，还记得流落感业寺的心上人吗？她夙夜不寐，辗转反侧，给李治写了一首缠绵哀怨的《如意娘》：

看朱成碧思纷纷，憔悴支离为忆君。
不信比来长下泪，开箱验取石榴裙。

其时，年轻的皇帝也思念着武则天——

霓裳转云路，凤驾俨天潢。
云星凋夜靥，残月落朝璜。
促欢今夕促，长别离后长。
轻梭聊驻织，掩泪独悲伤。

两个人的情感世界，与世俗男女一样，可谓一往情深矣。贵为天子的李治，是怀着一腔纯真深挚的感情，来思念武则天的。武则天在感业寺熬过了两载岁月，晨钟暮鼓，青灯古佛，她远离尘嚣，面壁修佛，恒定不移的，却是那一朵莲花一般娇羞的美丽容颜，和一颗威猛如虎的心灵！

六

高宗永徽二年（公元 651 年）冬天，武则天奉高宗李治诏命，第二次进入了皇宫。入宫的具体时间，史无明载，后人只能根据她的生子日期来推断。那大约是一个白雪皑皑的冬天，瑞雪飘飞，寒气袭人。走出感业寺的武则天，像倦鸟归林一样，回到了高宗皇帝身边。

其实，武则天能够从感业寺回到皇宫，是缘于高宗身边两个美丽动人的女人。一个是高宗的结发之妻王皇后，一个是深得高宗宠爱的后宫花魁萧淑妃。

那时候，王皇后与萧淑妃之间的斗争，已经达到了白热化的炽烈程度。历来后宫女人之间的战争，表面上看似乎只是女人们的醋海翻波，然而，每个女人身后，总是牵连着一个家族，或一个集团的兴与衰，甚至涉及太子之废立，皇位之传承，这就具备了极强的政治属性，就显得极为冷酷与残忍。

皇后王氏是太子李治做晋王时，太宗皇帝亲自选定的儿媳妇，温雅贤淑，纤美秀丽。她的父亲王仁祐是贞观年间河南罗山县令，官爵虽不显赫，祖父却是名望极高的关陇士族，西魏时期的高级将领，从祖母是唐高祖李渊的妹妹同安长公主，舅舅柳奭的叔母是李渊的外孙女。唐高祖李渊之血脉，在王氏玉体里汇流交融，可谓血胤华贵，紫气冲天，加之温婉可人，恭谨勤劳，柔顺自持，深受太宗皇帝喜欢，临终前，太宗将太子李治和太子妃王氏这对“佳儿佳媳”，托付给顾命大臣长孙无忌和褚遂良等人，要他们尽心辅佐，永葆太平。太宗驾崩，李治即位，王氏顺理成章被封为皇后。这样一个根正苗红、母仪天下的正宫娘娘，自然是万众瞩目，万分荣耀。其父很快被封为魏国公，逝世后又被追封为司空，其母柳氏为魏国夫人，舅舅柳奭官至中书侍郎，中书侍郎是中书令的助手，可谓位高权重，再加上太尉长孙无忌、宰相褚遂良等老臣的呵护，其后宫红粉统帅之宝座，应该稳如泰山啊！

令人叹息的是，王皇后沐浴皇恩许多年，肚子却是不争气，始终没有诞下一男半女。这是她个人的不幸，也是王氏家族的悲哀。俗话说，不孝有三，无后为大，这是对凡夫俗子而言；作为皇后，膝下无嗣，不能为皇帝诞下接班人，那罪过可就其大如天了。而她的劲敌萧淑妃，情形则恰恰相反。

关于萧淑妃的身世，无论新旧唐书，似乎都语焉不详，连出生年月也不晓得。据说，萧淑妃乃南朝士族兰陵萧氏族人，齐梁皇室之后裔。门第虽然显赫，不过是海底之月，寒凉如水，朦胧迷离。尽管如此，她却拥有骄人的资本，那就是艳若桃花，姿色脱俗，且体态婀娜，丰乳肥臀，在当时那个以胖为美的时代，令人垂涎三尺。萧淑妃刚强真纯，激情四溢，娇憨可爱，一颦一笑之间，万花影动；一举一动之时，香韵飘逸。这样一个娇滴滴玉体生香的红颜皇妃，不把皇帝弄得魂不守舍才怪。高宗李治沉溺在淑妃的温柔乡里，其卿卿我我痴迷缠绵之状，兀地令人窃笑也。萧淑妃获得了天子专宠，夜夜笙歌，日日生津，王皇后连见皇帝老公一面都不容易了。几年之间，萧淑妃接连为皇帝生下了一男二女，她的儿子，就是高宗第四子雍王李素节，两个女儿是宜阳公主与宣城公主。素节在四个皇子中最受皇帝老爹喜欢，地位也最高，极有可能被立为太子。在母以子贵的封建时代，王皇后的沉沦与萧淑妃的崛起，已经是不可避免的了。

令人叹惋的是，萧淑妃的 3 个孩子，后来随着母亲的惨死，都受到武后戕害。素节天赋英才，日诵古诗 500 余言，6 岁即被封为雍王，成年后屡受武后无情打压，宦海流浪，最后被缢死在洛阳城南伊阙峡谷之龙门驿。两位如花似玉的公主，被幽禁深宫 30 多年，在太子李弘帮助下，才嫁给了两个又老又丑的兵卒。李弘因此触怒母后，为自己埋下了杀身之祸。

为了挽回败局，王皇后的花颜开始失色，平和淡定的心态开始失衡。她知道，长此以往，自己不但后位不保，一生的幸福、家族的荣耀，都将化为灰烬。她在母亲柳氏和舅舅柳奭的大力支持下，打响了自卫反击战，使出浑身解数，挖空心思与萧淑妃激烈搏斗。

王皇后自卫反击战的第一仗，就是拿来他山之石，剪除腹心大患。她先把宫女刘氏所生的儿子李忠收为养子，再谋求立为太子。按年齿计算，李忠是高宗的长子，因为是刘氏宫女庶出，按照古来立嫡不立庶的传承法统，自然与太子无缘。然而，他一旦为皇后收养，可就有了与李素节争夺储位的资本。此后开始的李忠与李素节之间的储位之争，不过是一场代理人战争，其实是王皇后与萧淑妃较量的结果。李忠后来的确时来运转，当上了太子。

王皇后自卫反击战的第二仗，为了彻底打破萧淑妃的专宠，她不惜出让皇后的衾枕之欢与皇帝的龙体，鼓动为情所困的高宗皇帝，尽快接回漂泊在感业寺的武则天，利用高宗对武则天的迷恋，离间高宗与淑妃之间的关系，进而达到把萧淑妃打入冷宫的险恶居心。应该说，王皇后的算盘拨拉得太精妙了！其一，可以博得皇上欢心，赢来贤淑大度之名声；其二呢，武才人从此脱离苦海，必定感恩戴德，成为自己的羽翼与死党。萧淑妃呀，狐狸精，你纵有妖狐诡计，能奈老娘何？

想到这里，王皇后轻启朱唇，扯动眉眼，得瑟地笑了。然而，她的居心太奸险了，机诈诡巧，苍天不佑，其结局之悲惨，也是冥冥之中注定了的。她只知道螳螂捕蝉，唾手可得，却不晓得黄雀在后，一击擒敌。古语云，用心其巧，钩心斗角；居心其险，死水回澜；诛心其谋，未雨绸缪。谋事的确在人，成事可是在天呀。机关算尽太聪明，反误了卿卿性命！

高宗永徽二年（651 年）五月二十六日，是唐太宗驾崩周年忌日。尽管那是一个艳阳天，高宗的心底，却感到万般激动与忐忑。他轻车简从，悄然出宫，来到感业寺，说是为先帝太宗进香祈祷，其实是看望苦守在这里的昔日情人武则天。

高宗带着万般不舍，很晚才回到皇宫，连日里精神恍惚，寝食难安，一怀心事，很快就被皇后察觉了。闻知皇帝情迷武才人，皇后不但不恼，反而巧言相劝，推波助澜，动员皇帝早日接回心上人。她如花一般令人迷醉的说辞，令高宗瞬间感到迷惑，瞅着她柔顺俊美的脸颊，将信将疑。此时此刻，皇后双腿一曲，跪倒在皇帝脚下，涕泗横流，说自己幸备椒房，何德何能，安敢专宠于后宫？皇上乃天下之主，妾辈当以皇上之喜为喜，以皇上之忧为忧。一番肺腑之言，说得高宗柔肠百转，热泪盈眶，当即下定了接回武则天的决心。此后，皇后特事特办，派人前往感业寺，令武才人即日蓄发，准备还宫。

到了这年冬天，武则天终于乘着一袭皇家软轿，悄悄回到了阔别两年之久的皇宫。从此，王皇后用自己美丽纤弱的双手，吱呀一声，为自己和萧淑妃，打开了一扇地狱之门！

武则天回到后宫，难免泪眼迷离，心潮翻涌。宫阙依旧巍峨雄伟，宫人依旧美丽绰约，时光却已经流逝很久很久了。太监们一如既往，低头哈腰连声问着武才人好，说不定转过身，就会冲着阴影吐唾沫；漂亮而机灵的宫女们，有的像姐妹一样亲热，有的却像路人一样冷漠。当天晚上，高宗特地令人置备了一席盛宴，为她接风洗尘。皇帝喜气洋洋的脸上，不经意间闪过了一抹大男孩的羞怯；皇后温柔机巧的媚眼里，偶尔漾出一道月轮似的光波；萧淑妃尽管暗怀抵触情绪，却也拉着她的手，嘘寒问暖，只是这关切之词，听起来却像纸扎的花朵一样，虚假而苍白。

武则天意识到，自己年近而立，肌肤如雪，腰身婉约，性感惹火，必须紧紧拽住转瞬即逝的青春尾巴。她制定了两条基本原则：一是抓住眼下时机，黏住皇上，赶紧制造龙子龙女。没有接班人，你在后宫就没有立足之地，更没有出人头地的任何资本。以高宗皇帝对她的迷恋和依赖，以及性趣之高昂，这一点是没有问题的。二是将计就计，利用皇后与淑妃之间的争斗，各个击破，坐收渔翁之利，晋身皇后之位。不搬掉这两块绊脚石，一切都是竹篮子打水，一场空而已。

回宫不久，武则天就洞悉了王皇后与萧淑妃之间的激烈争斗，也弄明白了皇后如此急切地让她回来的真正图谋。她暗自窃笑了。她在分析后宫局势，揣测皇后与淑妃孰优孰劣，谋划自己每一步的精微策略。眼下，淑妃得宠，皇后失势，世人皆知。王皇后像一块古旧顽石，色泽虽然艳丽，毕竟稍显暗淡了；萧淑妃如一座林木蓊郁的山岳，绿意葱茏，登上顶峰，可连嫦娥，下至深渊，可做蛟龙。武则天制定的后宫之战第一条锦囊妙计，叫做“联王倒萧”，就是利用王皇后这块聪明顽石，击碎萧淑妃这座巍峨山岳。

捷克作家米兰·昆德拉说，人类一思考，上帝就发笑。德意志哲学狂人弗里德里希·威廉·尼采先生却悍然宣称，上帝死了。然而，在大唐王朝永徽二年冬天那个深夜里，武则天的这番思考，虽然没有引得上帝老人家发笑，却引得自己忍不住笑了。

于是，她依计而行，对王皇后躬身奉事，像宫娥一样环绕左右，勤谨服务，处处投其所好，事事乖顺讨巧，像知己一样倾听皇后倾诉心曲。她的笑颜如花朵，流溢着发自肺腑的真诚与真挚；她的举止像燕子，荡漾着来自天地的真纯与快乐。王皇后何等慈悲善良之女子呀，早被武则天忽悠得山呼海啸三魂出窍一塌糊涂了，亲昵地呼之为阿武。在宫人面前，皇后处处呵护她，在皇帝面前，更是鼓动三寸不烂之舌，为阿武大吹枕头风，大唱赞歌，似乎满宫上下，唯有武则天一个德才兼备的完美女子啦！

观察其回宫之后最初的举止进退，可知武则天英雄了得，裙钗胜于须眉也。古来之英雄，懂隐忍，知进退，刚柔兼备，刚可撼山，柔可融冰；胸怀大志而不露，点滴垒土筑高台。你纵然志在九霄，豪情万丈，拿月追云，也必须从脚下的一点一滴做起呀。正如荀卿《劝学篇》所言："不积跬步，无以至千里；不积小流，无以成江海。"武则天的不懈努力，很快收到了奇效。她在短时间内，誉满宫廷，迎来笑脸一片，皇帝降旨封她为昭仪。与此同时，皇帝对萧淑妃的千般恩爱，万般柔情，慢慢地消逝了。

王皇后如愿以偿了。她感激武昭仪拔刀相助，更庆幸自己手段高超，顺水推舟何其妙，借刀杀人戮萧妃，终于把那个万恶的女魔头弄得涕泗横流起来，哼！姓萧的，你不自量力，跟老娘过招，还嫩了点吧？

可是，不久之后的一条消息，惊得王皇后目瞪口呆——武昭仪怀孕了！

闻听喜讯，王皇后差点瘫倒在软榻上，好久说不出话来。这个武昭仪，从萧淑妃那里夺去了皇帝的阳光雨露，早早怀上了龙种，这可是非同小可。想不到呀，想不到，自己铲除了萧淑妃这棵疯长的野花，却滋养出了一棵像罂粟一样更加艳丽的毒草！到了这一刻，她才恍然明白了，自己此前的千般努力，万般经营，却最终为自己树立了一个更可怕的敌手。

但是，以皇后地位之尊崇，以皇后家族势力之强大，以满朝老臣之佑护，王皇后没有任何俯首认输之可能。她很快调整战略，降低身段，悄悄找到萧淑妃，两人尽释前嫌，开始共同对付武昭仪。

王皇后与萧淑妃之关系的迅速转化，再次证明了一条颠扑不破的真理：世界上只有永恒的利益，没有永远的敌与友。在利益面前，敌人与朋友之间，互相移位、转化，都是正常的世态之规律。武昭仪的得意与强大，成了皇后与淑妃重新走到一起的动力。共同的敌人，使她们结成了联盟。然而，王萧联盟祭出的进攻武器，却很古老、无力。两人轮番到皇帝面前，大告御状，述说武昭仪的种种恶行，提示皇帝提高警惕，说到动情处，不免凄然泪下。然而，到了此时此刻，一切都太晚了！高宗对怀上龙种的武昭仪，已是情真意切，难以撼动。如此几番之后，高宗开始明白了，皇后与淑妃化敌为友，团结协作，闹半天不是为了安稳后宫，原来只是为了围攻武昭仪！这令皇帝感到厌恶与恼怒，对她们的喋喋不休，表现出极度不耐烦，或者干脆下令她们闭嘴。

自此，王皇后绝望了。她既没有能力控制武昭仪，也没有能力拉回皇帝的心。她再也无法主动进攻了。在皇后黯淡无神的目光注视下，武昭仪与唐高宗的儿子李弘降生了。这是高宗的第五个儿子。虽然，这个可怜的李弘，后来成了他的老娘攀登皇位的牺牲品，在他降生之时，还是让高宗喜不自胜，昭仪泣泪涟涟。她知道，在偌大宫廷，自己从此站稳了脚跟！

皇宫岁月如流，世间美梦成双。武昭仪既得皇帝专宠，又诞下皇帝麟儿，可谓春风得意也。然而，若说她心满意足，那就错得南辕北辙不靠谱了。她早已经把目标对准了王皇后，确切地说，是对准了皇后之位。身在后宫，独得皇帝专宠，不做母仪天下的皇后，她岂能善罢甘休？在王皇后与萧淑妃只能自叹红颜薄命的时候，武昭仪已经磨刀霍霍，向着下一个目标进军了。

考察武则天进军皇后之位的进程，可以清晰地看到这位超凡女子无与伦比的战略意识。

她首先从笼络人心、操控舆论开始，秘密建立了一套特务系统。古语云，人为财死，鸟为食亡。这是人间与鸟界的通灵法则。武则天拿出自己的金银财宝，天女散花一般暗暗送给宫人们，使之成为自家的谍报员，在宫中撒下了一张无处不在的情报网，全方位监视皇后与淑妃的一举一动，搜集两人的黑材料，加以整理、渲染、捏造，再经过添油加醋、无中生有、无限上纲，然后向高宗皇帝报告。这一狠招果然很给力，高宗听完皇后与淑妃的种种恶言丑行，愤怒，伤心，满脸唾弃之色，再也不愿意搭理她们了。尽管如此，皇帝却闭口不提废后之事。毕竟，高宗与皇后是结发夫妻，曾经情深意重，虽然皇后无子，言行失据，多有龌龊之处，但皇后当初是太宗皇帝亲自选定，临终前还托付长孙无忌与褚遂良等老臣好生照看。这些年来，太尉长孙无忌、宰相褚遂良等当朝大臣，对王皇后呵护有加，鼎力支持，高宗怎么敢轻言废立之事呢?

忽忽一年过去，昭仪又添新禧，她与高宗的小公主，顺利降生了。这个女儿酷似武则天，肤白如雪，玲珑喜人，伶俐活泼，皇帝开心不已，整个后宫为之添了一片洋洋喜气。唉，可怜的孩子呀，天生丽质难自弃，却夭折了。

有人怀疑，武则天为达到废后目的，掐死亲生女，嫁祸王皇后。

她是一个女人，也是一个母亲。舐犊之天性，不可能一丝也无。在她的垂暮之年，遴选武周王朝的接班人时，她没有选择侄子武承嗣，而是选择了儿子李显，这才有了后来的中宗复位，大唐回归。应该说，这是一个母亲在面对江山社稷之传承时的终极选择。谁能说，武则天这个终极选择，不是母亲之大爱的凸显呢?

因此，我们说，武则天虽然是一个女人，更是一个高瞻远瞩的政治家。她在男尊女卑的封建时代里，要突破重围，登上权力之巅，就必须逾越千重山，万道水，一步一步，匍匐前进，从才人、昭仪到皇后、天后、皇帝，其间的每一步，都需要艰难跋涉，排除万难。眼前沟壑纵横，心底万丈惊雷；悬崖边的腾跳，刀刃上的舞蹈，如此惊心动魄，时刻都有倾覆之危。人可以杀无赦，血可以流成河，其终极目标，不可以改变也。然而，即使铁石心肠，也有柔软的一面，武则天最难逾越的，还是亲情关。即使女儿真是她亲手所杀，扼住亲生女儿柔软的脖颈时，肯定会心头滴血，一定痛彻了肺腑。但为了当上皇后，她必须沦为没有人性的政治动物。

其实，世界上的政治家先生们，哪一个不是政治动物呢？武则天的先辈们，譬如秦皇汉武曹孟德，哪个不是杀人不眨眼的恶魔？即如本朝号称雄才大略的唐太宗李世民，为了争夺皇位，不也是伏兵玄武门，残忍地杀掉了自己的同胞哥哥与弟弟吗？武则天当年身为太宗才人，既学习了太宗治国之谋略，也见识了他凌虐手足之冷酷。由此观之，所谓政治家，其实质也就是政治动物。说到底，政治不过是一项只以成败论英雄的活剧。政治之核心，就是权力运作；而权力一旦运作起来，就像奔腾不羁的野马一般，波澜壮阔，席卷天下，摧枯拉朽，泥沙俱下，既无规则，更无人性，只论成败，不论手段。古今中外，概莫能外。

高宗皇帝一见女儿的尸体，脸色煞白，头脑发昏，听说是皇后所为，气得浑身发抖，暴跳如雷，嘶声叫喊："皇后杀吾女！"从此，产生了废黜王皇后之念。

此后的大唐皇宫，已如一艘巨轮，舵手正是悍厉唬人的武则天。她通过一连串的手段，将对手彻底逼入了绝境，后来的巫蛊事件，只是压垮骆驼的最后一根稻草了。巫术在唐代是被严厉禁止的，武昭仪祭出这一杀手锏，给了王皇后致命一击。她派人在皇后卧榻之下搜出一个写有高宗名字的符咒桐木人，然后煞有介事地向皇帝告发，头脑简单的皇帝果然再次中计，亲自带人前往搜查，结果——可想而知。

这件事的另一版本，说失势后的王皇后很是可怜，整日以泪洗面，母亲柳氏于心不忍，鼓动她拜神求佛，祈求心灵安慰。皇后想起武则天的阴毒残苛，恨得咬碎玉牙，绝望之中求助巫术，诅咒武则天碎尸万段，万世不得转世为人。那个作为证据的桐木人身上，写着武则天的名字，并且钉着长长的铁钉。

这起骇人听闻的巫蛊事件，无论因何而起，具体细节如何，一点也不重要了，重要的是，高宗皇帝不分青红皂白，不容置辩，不容置疑，一口咬定是皇后诅咒朕躬，对此深恶痛绝，立刻下令将自己的丈母娘柳氏驱逐出宫，连看都不看皇后一眼，拂袖而去。从此，高宗对王皇后彻底绝情。废后之举，已经不可避免；而王皇后与萧淑妃的悲惨命运，也像山崖之上的滚石一样，沉沉下落，不可逆转了！

七

时光犹如车轮转，转眼就到了光宅元年（684年）。这一年，无论对于唐王朝，还是对于武则天本人，都是极其不平凡的一年。

这年初春，冷风刺骨，淅沥春雨自天而降，飘洒的却是寒凉与萧瑟。高宗李治驾崩的哀伤，依然如漫漫冰雾，弥漫朝堂；中宗李显初登帝位，在母后面前兀自战战兢兢，如履薄冰；皇太后武则天擦干哀悼夫君的泪水，临朝称制，雄心吞月，铁腕如钳，在朝堂鹰视狼顾，意欲剪除任何敢于反对自己执掌朝政之人。惴惴不安地坐在皇帝宝座上的唐中宗李显，不可避免地沦为了母后手中的玩偶。

史载，中宗李显性情柔顺，庸懦无能，置身母后羽翼之下，只能逆来顺受，那种缥缈无依的孤独，高处不胜寒的苍凉，时刻环绕着他。当他作为新皇帝端坐在金銮殿宝座之上，面对着三叩九拜山呼万岁的文武百官，却难以找到君临天下的美妙感觉。无论大事小情，他一概不敢决断。每天带着耳朵上朝，听取大臣们的各种奏议，退朝后一一向母后禀报，听取裁决，第二天上朝时，再以皇帝的名义发表出来。这就形成了一个奇怪的惯例：第一天朝堂上讨论的问题，无论多么重要，多么紧急，必须等到第二天才能得到答案。对于这种莫名其妙的情形，大臣们却不敢怠慢，一个个做出忠心耿耿小心翼翼的样子。因为他们明白，尽管眼前的皇帝低眉顺眼，不置可否，那个决定他们身家性命的无形权威，却一直在冥冥之中盯着他们的一言一行哪！

对于自己的傀儡地位，中宗当然心知肚明，但他不敢流露出一丝一毫不满情绪，每天必须做出承欢母亲膝下的模样。中宗一生，可怜可叹，几起几伏，两登帝位，却先后受制于两个最亲爱的女人，一个是自己的母后武则天，一个是自己的老婆韦氏。母后武则天当初把他扶上皇位，旋即拿下，降为庐陵王，然而，毕竟母子连心，在遴选武周王朝接班人的关键时刻，母后将他召回身边，立为皇储；而韦氏虽然在他流放期间不离不弃，两人可谓患难夫妻，感情深厚，但在他重登帝位之后，其粗鄙性情暴露无遗，要当女皇的狼子野心更是可笑，再加上他的宠妃上官婉儿助纣为虐，以及混账透顶争当“皇太女”的女儿安乐公主，堂堂大唐皇帝，最后竟然被自己的老婆与女儿合谋毒死了。对于这个可悲结局，《旧唐书》著者喟叹不已：“廉士可以律贪夫，贤臣不能辅孱主。诚以志昏近习，心无远图，不知创业之难，唯取当年之乐。”这样一个“纵艳妻之煽党，信妖女以挠权”的昏君，你冀望他有所作为，不是类乎痴人说梦吗？

然而，如果我们一味地指责中宗李显天性窝囊懦弱，懦如豆腐，软如稀泥，“烂泥糊不上墙”，被几个女人玩弄于股掌之间，似乎过于严苛，有失客观公允。毕竟，人的客观存在，决定着人的主观意识。中宗生于深宫之内，长于漩涡之间，从小到大，尽管周围花团锦簇，却是险象环生，尔虞我诈，充满了阴谋与杀戮，眼泪与鲜血。武则天为了争当皇后，在朝廷内外大展拳脚，滥施刑戮。在宫内，她咬牙掐死亲女，残酷虐杀王皇后、萧淑妃，弄得富丽堂皇的后宫鲜血迸流；在朝廷，她利用李义府、许敬宗等奸佞之徒，玩弄阴谋诡计，放逐贞观老臣长孙无忌、褚遂良、韩瑗、来济等人。李义府貌似柔恭，却阴贼褊忌，诨号“笑中刀”；许敬宗是一个见风转舵的投机分子，忝为历史学家，奉命撰修国史，却以篡改历史留下了骂名。他们卖身投靠武则天，爬上高位，操弄权柄，那些反对武则天进位皇后的忠直耿介之臣，如长孙无忌、褚遂良等等，都被他们以各种理由、用各种残忍方式剪除了。

令李显噤若寒蝉的，是母后对王皇后与萧淑妃的虐杀。他虽未亲见，但人们活灵活现的描述，那情景历历如在目前。他仿佛听到了她们的冤魂，在无边长夜里的哀号。

永徽六年（655年）十月十二日，高宗颁布诏令：“王皇后和萧淑妃谋行鸩毒，废为庶人。其母及兄弟除名，流放岭南。”两个艳若桃李的美丽女子，不自量力与武则天较量，失势后被关在暗如枯井的冷宫里，衣食不继，花容惨淡，一副人不人鬼不鬼的模样。一天，高宗忽然念及旧情，偷偷前往冷宫探视，他透过冷森森的小窗，睁大眼睛往漆黑的宫墙里望了半天，居然啥也没看到，于是惊惶地大喊皇后淑妃何在？皇上情深意重的这一声呼唤，却给她们招来了杀身之祸。武后闻讯，勃然震怒，哼！这两个狐狸精，留着必成后患，必须剪除！她断然下令，每人杖打一百，两个女人被打得皮开肉绽，惨不忍睹，然后剁掉手脚，塞进酒瓮之中，任她们哀哀嚎叫，悲惨地气绝身亡。将绝之际，萧淑妃嘶声骂曰："武氏妖孽，害我至此！我来世为猫，使武氏为鼠，我当扼其喉以报！"武后由此下令，宫中禁止养猫，并将王皇后改姓蟒氏，萧淑妃改姓枭氏。

如果说，武则天残酷虐杀王皇后、萧淑妃，放逐杀戮贞观旧臣，令人为之齿寒；那么，她挥舞霍霍屠刀，毫不犹豫地砍向自己的儿子，则是更加可怖了。血淋淋的事实一再证明：任何阻挡武则天的人，无论你官多大、位多高，无论亲疏，无论男女，一律格杀勿论。这一点，尤其令初登皇位的中宗李显战栗生寒。因为，他的五哥李弘、六哥李贤的悲惨下场，就活生生摆在他的眼前。

李弘是高宗与武则天的长子，在高宗诸子中排行第五。他的出生，为当年武则天战胜王皇后与萧淑妃，起到了四两拨千斤的重要作用。显庆元年（656年），随着王皇后在与武则天的较量中惨败，她与舅舅柳奭扶立的太子李忠很快被废黜，4岁的李弘取而代之，被立为太子。史称李弘"仁孝谦谨，上甚爱之；礼接士大夫，中外属心"。经过高宗近20年的悉心栽培，李弘初步具备了接班人的基本素质。

上元二年（675年）四月的一天，太子李弘与父皇母后同游合璧宫，一家三口赏花戏水，其乐融融，可是，就在这天深夜里，太子李弘突然死于宫中的绮云殿。至于死因，说法不一。有病死之说，有被母后鸩杀之说，而御医给出的诊断，却是酒食过量所至，撑死了呗。这个荒唐说法，恐怕连鬼也不信吧？御医肯定是按照指令写的诊断书。至于谁的指令？除了武后，哪个人还有这个胆量呢？有人分析说，武后有四个儿子，杀死一个并不能解决根本问题，况且像她这么一个富有心计、精明过人的大政治家，绝不会愚蠢地在高宗眼皮子底下做出此等事来，云云。其实，此言差矣。武后与对手作战的一个显著特点，就是与眼镜蛇捕杀猎物类似，深谋远虑，瞬间出击，且毫无差池，一击毙命。她既然能亲手扼死女儿，为了当皇帝，鸩杀儿子自然不在话下了。

尽管高宗为太子李弘的死伤心不已，泪水汹涌，但接班人之事如此重大，已经容不得他哭哭啼啼了。李弘死后一个月，22岁的李贤被推上前台，立为太子。史载李贤容止端雅，过目成诵，聪慧异常，深得高宗喜爱。他是高宗诸子中学问素养最深厚者，入主东宫不久，就召集众多学者注释《后汉书》，史称"章怀注"，具有很高的史学价值。他的这一举动，引起了母后的猜忌与警觉。他在书中记载了西汉时期刘邦驾崩之后，大权落在吕后和外戚手中，给国家造成了极大危害。这些记载，虽属史实，无可辩驳，但在高宗与武后"二圣临朝"的敏感时期，以著述的方式谈论这些前朝旧事，其强烈的现实指向性，实在太过明显，武后为此动怒，是可以肯定的。再者，李贤在东宫纠集许多学者名流，著书立说，其实也是在组织自己的太子党集团，为将来执政网罗人才。这一点，更加引起了武后的警觉。李贤的悲剧命运，至此端倪初现。永隆元年（680年）八月，武后的宠臣明崇俨为盗贼所杀，武后极为伤心，怀疑的矛头指向太子。糊涂的高宗不明就里，下令严厉追查。

这个明崇俨，堪称神人，容貌俊秀，风姿神异，精通巫术、相术与医术。高宗有头痛病根儿，招他进宫医病，居然治愈，由此深得高宗信任。武后对他更是情有独钟，据传两人关系暧昧。此说虽属八卦，但他的遇害，却令武后雷霆大怒，当即派人搜查太子府第，居然缴获铠甲300余副，太子随后以谋逆罪被捕下狱，他百口莫辩，引颈就刑，不久被废为庶人，流放巴州（今四川巴中市）。至于这些铠甲的来历，再也没有人追问了。几年后，中宗与睿宗换马，朝政出现动荡，武后担心李贤有所异动，指派左金吾将军丘神绩前往巴州，逼令李贤自杀了。

对于李贤之死，有人认为是丘神绩违背太后旨意，自作主张逼杀了他。武则天则顺水推舟，将李贤之死归罪于老丘，把他贬为叠州（今甘肃迭部县）刺史，以塞天下人之口。其实，这个说法，甚是荒谬。李贤乃太后之子，没有太后旨意，老丘纵然胆大包天，怎敢妄加刑戮？果然，武后对丘大将军的惩罚，只是假惺惺走个过场，他在叠州只是看了看边塞风景，很快就回归朝廷，官复原职了。

中宗李显就在两个哥哥的阴影之下，被立为太子，并在高宗皇帝驾崩之后，继承了帝位。虽然贵为天子，母后的屠刀，依然在他的眼前晃呀晃。俗语云：前有车，后有辙。为了免遭两个哥哥昙花一现之覆辙，他必须夹着尾巴当皇帝，俯首帖耳做傀儡；至于他内心的感受，就没人知道了。

然而，尽管李显千谨慎，万小心，偶尔的一次口舌之误，引来了母后的霹雳雷鸣，他还是被迅速拿下了。可怜的中宗皇帝，从继位登基，到被宣布废黜，还不到两个月。

中宗即位之初的情形，犹如磐石之下一株苍白的小草，摇摇欲折，但他毕竟是一个血气方刚的男人，虽然母后用铁钳剪除了他的政治抱负与反抗意志，一旦登上帝位，他的心底，无法不波浪起伏。对朝政尽管没有发言权与裁决权，他依然拨拉着自己的小算盘，以图将来待机而动。他暗中重用皇后韦氏亲族，试图组成自己的小集团。一天上朝时，中宗试图显示一下皇帝的权威，在朝堂上公然打破惯例，要提拔自己的岳丈大人韦玄贞为侍中（宰相），受到宰相裴炎的强烈反对，被激怒的中宗亢声说道："我以天下给韦玄贞，也无不可，难道还吝惜一侍中吗？"

这样利令智昏的一句话，就注定了李显此番皇帝生涯之短命。太后闻讯，当机立断，召集文武百官齐集于东都乾元殿，宣布废中宗皇帝为庐陵王。当宰相裴炎铁青着脸命令武士将李显押下殿去的时候，这位刚刚被赶下皇帝宝座的庐陵王，满腔哀怨地望了一眼杀气腾腾的母后，眼泪夺眶而出……

"儿臣何罪？"

"你要把大唐江山送给韦玄贞，还敢说无罪吗？"

母子间的这两句简单对话，犹如一只待宰羔羊与一头龇着獠牙的老狼的对话。到了这时候，武则天依然没有登基称帝；她不是不想，是时机不成熟。好饭不怕等啊！向着皇位进军，一步一步的分寸拿捏，她早已胸有成竹。不久，22岁的豫王李旦被立为皇帝，是为唐睿宗。李旦是中宗之弟，高宗第八子。睿宗成了不折不扣的傀儡，空有皇帝之名号，没有丝毫实权，他被安置在旁边一间清冷的别殿里，不许参与朝政，国家的一切大权，完全操控在太后武则天一人手中。

这一幕幕翻云覆雨、惊心动魄的皇帝废立之连续剧，在光宅元年（684年）冬春之际的大唐王朝，不断地惊悚上演，在朝野引起的巨大震荡，可以用两句话来形容：山呼海啸、风起云涌。到了这年的夏秋之交，震惊天下的徐敬业扬州叛乱，更是以其惊天动地的声势、席卷天下的气势，惊得满朝文武目瞪口呆，尤其是骆宾王那篇骋才扬威的《讨武曌檄》，不但令武则天赏叹不已，更成为了古今中外传诵的名篇；叛军喊出的口号——“还我庐陵王”，并不是他们多么喜欢那个被降为庐陵王的懦弱无能的李显先生，而是凝聚了当时朝野的共同心声，预示着社会各阶层对武则天独断朝纲、倾覆大唐的强烈反对与声讨。

八

轰动一时的徐敬业扬州叛乱，对于蒸蒸日上的大唐王朝而言，不过是虚惊一场；而对于沉溺在女皇美梦里的武则天来说，无异于当头棒喝。这场动乱带给她的震动，从最初的内心惶恐、表面镇静，到后来的霹雳手段、泰山压顶，可谓羸弱与强势毕现，惊险与危急共存。虽然安然度过了这次重大危机，然而，诱发叛乱的那些深刻矛盾与冲突，并没有随着乱军的覆没而烟消云散。一个旭日东升的王朝，在其新旧交替之际暴露出来的重大安全隐患，令武则天如坐针毡，寝食难安。到了严峻的历史关头，她必须通过空前绝后的铁血手段，扫平一切障碍。此后，她采取了极其严厉的应对措施，致使大唐帝国这艘浮在历史海洋深处的航空母舰，迅速偏离了航向。

光宅元年（684年），注定成了大唐王朝波翻浪涌、承前启后的一年。随着中宗被逐，睿宗登场，武则天明显加快了改朝换代的步伐。经过这么多年的浴血拼杀，她消灭了朝廷内外一个个对手，终于成为威震天下的“圣母神皇”，祥瑞飘雪花，颂声满天下，乾坤倒转龙凤易位的日子，一天天临近了。这年的年号，犹如变色龙的颜色，不断变幻。中宗继位，改元嗣圣元年；一个月后，随着睿宗上台，改为文明元年；到了九月六日，夜空里出现了一条拖着长长尾巴的彗星，又诏令改为光宅元年，东都洛阳同时改称“神都”，预备作为“神皇”登基之新都。与此同时，追尊武氏五世祖先，建立武氏五代祠庙，更改朝廷官署与官员名称，如尚书省改为文昌台，中书省改称凤阁，等等。太后改“神皇”，东都改“神都”，官衙改新名，一个“改”字，如月轮横空，笼盖天地，这实际上是女皇准备登基称帝而采取的一连串重大步骤。

然而，徐敬业扬州大旗一举，天下影从，叛乱队伍迅速壮大，给头脑发热的武则天兜头浇下了一盆冷水。这是大唐开国以来，出现的第一次重大军事叛乱。她佯装镇定自若，一边欣赏骆宾王的璀璨文采，一边紧急调集 30 万大军平叛。令左卫将军李孝逸为扬州道大总管，率军从洛阳出发，沿着运河汴水南下；左鹰扬大将军黑齿常之为江南道大总管，率军协同作战。徐敬业、骆宾王等虽然在短时间内啸聚了十万之众，不过是一群散兵游勇，加之徐敬业空怀大志，韬略全无，骆宾王文采弥天，不谙兵道，其他同党更是稀松平常，在朝廷大军的追击下，乱军节节败退，仅仅 40 余天，便全军覆没了。徐敬业、骆宾王企图出海逃往高丽（今朝鲜），因海上风高浪险不能出航，徐敬业被乱军所杀，骆宾王不知所终，铸成了千古之谜。

令人叹息的是，李孝逸与黑齿常之，这两位凯旋的大唐枭将，此后的命运却很悲惨。李孝逸乃高祖李渊八叔郑王李亮之孙、淮安王李神通之子，少年好学，颇富文才，克复扬州后，因功晋升镇军大将军，封吴国公，引起炙手可热的武后侄子武承嗣嫉恨，指使爪牙诬告他谋反，武后念其有功，不忍夺命，开恩流放海南岛儋州，不久就客死荒岛了。与李孝逸同时出征扬州的黑齿常之原非唐人，他出生于唐之藩国——百济国（遗址在今朝鲜半岛西南部），身高七尺，膂力过人，善于用兵，史称“骁勇有谋略”。他先在故国任达率（百济官名）兼郡将，官阶相当于唐朝刺史，降唐后数十年，屡立战功，所向披靡，晋封燕国公。可是，扬州平叛有功，难敌酷吏横行。臭名远扬的酷吏周兴诬陷他谋反，武后下令逮捕，他羞愤难当，不久在狱中含冤自缢而亡。

如果说，这两员战功卓著的大将真的要谋反，恐怕连武则天自己也未必相信，然而，她依然顺水推舟，以莫须有的罪名，将他们送上了不归路。或许，扬州战罢，功高震主，武后已对两位统帅心怀疑惧，悄悄下令剪除呢。

这边厢刚刚烟消云散，那边厢却又烽烟腾空。高祖李渊第十一子韩王李元嘉，与其子通州刺史李譔，以“迎还中宗”为号召，呼吁李唐诸王兴兵营救被废黜的中宗李显，保卫李唐江山。豫州刺史越王李贞、博州刺史琅琊王李冲父子率先响应，分别在豫州（今河南汝县）、博州（今山东聊城）同时举兵发难。这一次，武则天嘿然冷笑一声，指派左金吾卫将军丘神绩为清平道大将军，左豹韬卫大将军鞠崇裕为中军大总管，统率两路大军前往镇压，没费多大力气，就平息了这场李唐贵戚策动的叛乱。

两场不期而至的动乱，令武则天清醒地意识到，武周集团要取代李唐天下，至少还面临着三重障碍：其一，李唐宗室势力。自高祖李渊以来，李唐子孙经过多年繁衍，王公贵族众多，势力十分强大，怎会甘心认输？李元嘉等人不过是其中的代表而已。其二，李唐旧臣后裔。扬州叛乱的主谋，主要是大唐名臣之后裔，徐敬业兄弟是开国功臣李绩之孙，杜求仁是高宗朝名相杜正伦之侄，这些人随着先辈辞世，眼看大唐江山将要改天换地，荣华富贵转瞬成空，焉能束手待毙？其三，朝廷内部的反对派。任何堡垒，总是容易从内部攻破，焉能疏忽大意耶？

眼前纵然耸立着三大障碍，丝毫动摇不了武则天发动武周革命的决心。她当即决定采取三项措施：一是严厉整肃朝廷，彻底消灭异己；二是实行告密制度，诛戮潜在对手；三是放手任用酷吏，消灭李唐宗室余党。

其实，当扬州兵乱的消息刚传来时，武则天就已经开始清除朝内异己分子。叛乱发生第十天，就下令逮捕了宰相裴炎。裴炎，字子隆，绛州闻喜（今山西闻喜县）人，勤奋好学，精于《左氏春秋》、《汉书》，史称“寡言笑，有奇节”，历任御史、起居舍人、黄门侍郎等要职，乃李唐武周鼎革之际著名宰相。这样一个不苟言笑的股肱之臣，自然不会溜须拍马顺杆儿爬，武则天欲追尊父祖、立武氏七庙，他直言反对，武后念他在废黜中宗这件事上鼎力相助，不好发作，但心底的不满，却是抟转生烟啦。扬州乱起，武后问计，他居然不同意出兵讨逆，说，只要太后归政，叛乱不讨自平嘛，何必兴师动众祸乱天下？武则天闻言大怒。当此时也，监察御史崔詧落井下石进谗言，说裴炎执掌大权，闻乱不讨，必有异图。一时间，裴炎与叛贼沆瀣一气之说，席卷朝廷。是否众口铄金，不得而知，但裴炎在朝堂一言九鼎之命运，就此逆转。武后断然下令，他转眼间被捕下狱，面对酷刑，刚烈不屈，有狱卒不忍，劝他低头避祸，他苦笑摇头，俯首就戮。十天之后，诏命下达，裴炎被斩于洛阳都亭驿前街。临刑之际，他泪水涟涟向受株连的亲属诀别："兄弟官皆自致，炎无分毫之力，今坐炎流窜，不亦悲乎！"武后尤不解恨，下令抄家，兵卒们稀里哗啦一通查抄，却霍然发现，堂堂宰相之家，竟是一贫如洗！

名相裴炎之死，在当时就引起巨大争议，挺裴之声，翻江倒海；倒裴之论，甚嚣尘上。时至今日，依然是一笔糊涂账。有人言之凿凿，说他与叛贼勾结，意欲废黜武后，被诛乃罪有应得；也有人为之洗冤，说他刚正为人，忠言逆耳，其说未必正确，出发点却是不错的。当时的争议，延续千年，后人对裴炎态度如此之不同，皆缘于新旧唐书所记载的史实互相掐架。《新唐书》认为裴炎曾企图发动兵变，推翻武则天，其记述尽管闪烁其词，似乎也不容置疑；而《旧唐书》对裴炎与叛贼相勾连图谋兵变之事，却无一字记载。宋代史学家司马光在《通鉴考异》中认为，《新唐书》关于裴炎谋反的相关记述，"皆当时构陷炎者所言耳，非其实也"。

裴炎之死真相究竟如何，已成千古谜案；而因该案致死的大唐名将程务挺，却是百分百冤案。程务挺，洺州平恩（今河北曲周）人，其父程名振乃初唐名将，他少时随父作战，以勇力闻名，戎马半生，屡立战功，历任右武威将军、左武威大将军，时任单于道安抚大使，指挥大军与突厥人作战。他得知裴炎被捕，内心惶遽，连夜上书武后，为裴炎申辩，引起武后强烈不满。

有人趁机诬告，说程务挺与叛贼唐之奇、杜求仁关系很铁，暗中勾结，图谋犯上。武后不问青红皂白，随即指派左腾扬将军裴绍业，疾驰军营，将程务挺于军中处斩。突厥人听闻程务挺的死讯，喜出望外，纷纷设宴庆贺；不过，他们敬佩程将军的大将风范，为他建立祠堂，时常祭奠敬拜。述及程务挺之悲剧，《旧唐书》叹曰：“务挺勇力骁果，固有父风，英概辅时，克继洪烈。然而苟预废立，竟陷谗构。古之言曰：‘恶之来也，如火之燎于原，不可向迩。’其是之谓乎！”

裴炎、程务挺之惨死，武则天并不为之难过悲伤，却拿来震慑百官。她把叛贼徐敬业与宰相裴炎、名将程务挺三人的首级，悬挂在朝堂上，令文武百官一一“瞻仰”，并发表了一篇令百官胆寒的重要讲话：“你们中有先朝老臣，倔强难驯有超过裴炎的吗？你们中有社稷干臣，聚众举事有超过徐敬业的吗？你们中有虎将枭雄，领兵打仗有超过程务挺的吗？这三个人，与朕为敌，其下场如何，你们都看清楚了！……你们要识时务，明是非，趋利避害，否则，利欲熏心，一意孤行，悔之晚矣！”

这番话，字字千钧，挟雷驭电，百官震惧，莫敢做声。

“内奸”既除，余波依然汹涌，天下并不太平，绝不可以高枕无忧也。因为，那些潜在的对手，还在蠢蠢欲动；那些李唐余党，还在磨刀霍霍。武则天随后倡导的告密运动，导致酷吏横行，冤狱丛生，大唐历史进入了空前严酷而血腥的历史时期。

侍御史鱼承晔是个血债累累的著名酷吏，他的儿子鱼家保更是青出于蓝，上书武后，建议铸铜匦接受天下密奏。铜匦类似今天的意见箱。武后依计而行，下令制造了四个不同颜色的铜匦，列置于庙堂四周。从此，告密之门洞开，告密之风劲吹。朝野上下，人人自危。极有讽刺意味的是，铜匦的第一个受害者，正是那个献媚者鱼家保。在源源而来的告密信中，有一封举报他心存不轨，为徐敬业制造兵器。这当然是仇家诬陷，武则天不管三七二十一，下令处斩。可怜鱼家保，搬起石头砸断了自己的脚，抡起刀剑削掉了自己的脑袋!

随着告密之风大炽，各种莫名其妙的案件铺天盖地，那些历史上臭名昭著的酷吏，开始走上前台。索元礼、周兴、来俊臣、鱼承晔、王弘义等人，残忍诡诈，成为武后钳制天下的鹰犬。一批势利小人乘风而起，一批无耻之徒乘乱上天。这些人大都是泼皮无赖，性情残忍，专以告密陷害为能事。来俊臣和万国俊等还专门编写了一部告密专著《罗织经》，作为培养酷吏的教材。他们创造了名目繁多富有诗意的审讯酷刑，如“骑驴拔橛”、“犊子悬车”、“仙人献果”、“玉女登梯”、“方梁压髁”、“凤凰晒翅”、“猕猴钻火”，等等；他们发明的十大名枷，可谓花样翻新：定百脉、喘不得、突地吼、着即承、失魂魄、实同反、凡是实、死猪愁、求即死、求破家。

考察一下酷吏的发迹史，其荒唐不着调，令人笑喷。一个大字不识的卖饼人，居然当上了监察百官的御史，成为千古奇闻。

游击将军索元礼家的仆人，名叫侯思止，生的尖嘴猴腮，从前走街串巷卖炊饼，听到主人私下里议论告密可以升官，就偷偷请人代写了一封告密信，诬告舒王元名谋反，武则天不问青红皂白，勒令酷吏周兴审理此案。酷刑之下，任是铁人也会投降，舒王元名叩头泣血，供认不讳，最后被削掉王号，流放和州，其子女被悉数诛杀。武后随后下令召见告密者，侯思止以为要追查陷害舒王之事，吓得魂飞魄散，岂料太后一见他，就称赞他忠心耿耿，随口封为游击将军，五品大员。侯思止一听，乐得差点晕过去，叩头如捣蒜，贼胆陡增，居然嫌游击将军官小，张口要当侍御史。武后听了哈哈大笑，说你大字不认得一个，怎么能当御史啊？侯思止红着脸争辩说，小人不认字，对陛下可是一片忠心啊！

见武后沉吟不语，侯思止眨眨蛤蟆眼，说：“陛下知道獬豸吧？它忠心耿耿，专门为主子顶触邪人。小人可以像獬豸那样，惩治陛下的仇人啊！”

武则天点点头。她认为这个小丑凶险可用，便破格封他为朝散大夫、侍御史，并赐宅第一座。一个大字不识的流氓无赖，就这样名列公侯了。

武则天重用的酷吏王弘义，也是一个靠告密起家的市井无赖。他向邻居讨瓜吃，邻居没给，就向县官密报说，邻家瓜田里有许多神奇的白兔出没，县官立刻派兵卒到地里去捕捉，把硕果累累的瓜田糟蹋得一片狼藉。有一次，他到赵州出游，看见村落里一群老人在做斋戒，就跑到官府告密说，这些老家伙纠集在一起图谋不轨呢！官军随后像一群恶狼一样蜂拥而来，近百老人悉数被抓，未加审理便被处死了。其荒谬残酷，以至于斯！

唐中宗李显在复位之后的神龙元年（705 年），平反武则天酷吏时代的冤假错案，清算酷吏们的滔天罪恶，在诏书中，他将 27 名罪大恶极的酷吏列名公布，把他们永远钉在了历史的耻辱柱上。周兴、来俊臣、索元礼、鱼承晔、王弘义等罪行累累恶迹昭彰的酷吏，皆榜上有名，从此遗臭万年了。

那时候，武则天专制的刀斧，已经对准了自己的一切政敌，以及那些可能对自己登基称帝当女皇造成威胁的人。而李唐宗室诸王，乃是李唐王朝支柱，必须斫伐殆尽。武后对李唐宗室诸王的无情杀戮，惨不忍睹，绵延不绝，其浩浩血流，汹涌喷溅，染透史册。《旧唐书》的记载是——“韩王元嘉、鲁王灵夔、元嘉子黄国公譔、灵夔子左散骑常侍范阳王蔼、霍王元轨及子江都王绪、故虢王元凤子东莞公融坐与贞通谋，元嘉、灵夔自杀，元轨配流黔州，譔等伏诛，改姓虺氏。自是宗室诸王相继诛死者，殆将尽矣。其子孙年幼者咸配流岭外，诛其亲党数百余家。”

《新唐书》对这场绵延不绝的大屠杀，记载得尤为血腥，纸页上血花四溅，哀声凄绝，除了延续《旧唐书》之余绪，还记载了许多杀戮事件——四月甲辰，杀汝南王玮、鄱阳郡公湮、广汉郡公谧、汶山郡公蓁、零陵郡王俊；乙酉，杀天官侍郎刘玄挺；丙子，杀阎温古；甲申，杀张光辅、洛州司马弓嗣业、洛阳令弓嗣明、陕州参军弓嗣古；丁未，杀相州刺史弓志远、蒲州刺史弓彭祖、尚方监王陵基；九月庚戌，杀衡山郡王承乾之子厥；闰月戊申，杀魏玄同、夏官侍郎崔察；戊申，杀彭州长史刘易从；十月癸丑，杀凉州都督李光谊；丁巳，杀陕州刺史刘易从；戊午，杀右武威卫大将军黑齿常之、右鹰扬大将军赵怀节……

以上内容，只是截取了两部唐书的只言片叶，就听到了杀声一片，闻到了血雨横飞。这场殃及全国的大屠杀，早已超越了李唐宗室之界限，无限扩展，荼毒全国。所有这一切，武则天主要是通过告密与酷吏来完成的。大唐上下，告密之妖风劲吹，酷吏之魔影肆虐，无数生命湮灭，恐怖与惊骇的政治气氛，像一层沉重的黑云，笼罩着国家上空，神都洛阳更是危机四伏。司马光在《资治通鉴》中的记载，简洁而给力："朝士人人自危，相见莫敢交言，道路以目。或因入朝密遭掩捕，每朝，辄与家人诀曰：'未知复相见否？'"

九

天授元年（690年）九月十九日，武则天在神都洛阳皇宫之明堂举行登基大典。明堂历来是国家的政治中心，是皇帝发布政令、祭祀天地的吉祥宝地。这一天，明堂里金碧辉煌，绚丽夺目，人们喜气洋洋，笑逐颜开。只见67岁的武则天头戴朱红花冠，身穿黄色龙纹衮袍，佩十三环金玉革带，神采奕奕，端坐在御座之上。经过30余年浴血搏斗与血腥屠杀，她终于修成正果，正式登基称帝，加尊号为圣神皇帝，成为中国历史上唯一的女皇帝。三声号炮响过，十二面金鼓齐鸣，主持盛典的宫廷纳言朗声宣读新皇帝即位诏书，宣布改唐为周，改元天授。同时宣布大赦天下，普天同庆，全国大宴七天。睿宗李旦降为皇嗣，她的侄子武承嗣为魏王，武三思为梁孝王，武攸宁为建昌王，武氏一门，尽为王侯；改她的家乡并州文水县为武兴县，百姓世世免役。

武则天穷毕生精力建立的武周王朝，就此拉开了序幕。尽管，武周王朝在历史上不过是昙花一现，即使在唐帝国发展史上也是转瞬即逝；然而，女皇登基，李武唐周易帜，毕竟开启了中国历史上女人君临天下亘古未有之新篇章。女皇耳际，缭绕着此起彼伏、不绝如缕的万岁之声。

在大唐王朝290年的历史上，近半个世纪的文治武功大戏，是由女皇武则天导演并主演的。女皇时代，上承"贞观之治"之辉煌，下启"开元盛世"之灿烂，血腥与堂皇交融，堕落与蓬勃齐飞。作为跨越"贞观之治"与"开元盛世"之桥的设计者与建设者，女皇的功与过，自有青史论说。

武则天是一个女人，更是一个政治家。如何历史客观地评价一位政治家，大抵应该有以下几条原则：其一，夺取政权，并巩固政权。夺取政权是政治家的首要目标，不能夺得天下，上台执政，遑论其他？夺权之后，如何巩固政权，更是个难倒古今中外无数英雄好汉的重大课题。其二，促进发展经济，实现国富民强。没有经济发展，一切都要玩完；不能实现国富民强，再强大的政权，也要很快走向没落。其三，傲然屹立东方，扬威五洲四海。一个国家，在世界上不能傲视群雄，扬威天下，所谓屹立崛起云云，统统都是废话。

从以上几条出发，我们来讨论女皇武则天的功与过，似乎就有迹可循了。她宵衣旰食，励精图治，承前启后，开创盛唐之赫赫功业，未必空前绝后，却也硕果累累。她的不拘一格用贤才、不念旧恶开言路、收复失地扬国威、强军固边保家国、整饬吏治反腐败、文星灿烂扬美名，都是史有明载的，著者在此不必一一掉书袋抄历史了。她为了争夺皇后之位，进而登基称帝，一路荆棘，一路斩杀，一路凯歌声里，人头滚滚落地……她大搞顺我者昌逆我者亡，不择手段滥杀对手，甚至滥杀无辜，残暴苛虐，恐怖暴虐，其面目凶残可憎，其手腕凶险可怖，其心地奸险可诛，而其作为呢，则未必罄竹难书也。因为，作为一个政治家，为了达到自己的政治目的，是可以不遵循任何游戏规则无所不用其极的。

在著者看来，至少四项重大措施，堪称女皇之创举：其一是设立自举制度，规定九品以上官员以及普通百姓，都可以自己举荐自己，请求升官；其二是设立殿试制度，由皇帝在金銮殿亲自识拔杰出人才；其三是设立南选制度，为岭南偏远地区人才的脱颖而出，架设了一个升官阶梯；其四是设立武举制度，将武艺高强之人才擢拔上来，为国家选拔将帅打下了基础，肃宗时代的大将郭子仪，即是武举出身……

当然，暮年的武则天，在致力于维护帝位、强盛国家的同时，一刻也没忘记享乐。她大兴土木，营造了一座座离宫别馆，纵情游玩，盛宴不歇。她喜玩鹦鹉，宫殿里到处挂满了鹦鹉笼；她嗜餐美色，身边帅哥如云。她的女儿太平公主举荐的薛小宝，即薛怀义，独占鳌头，其淫风蝶浪，让女皇快慰无比；然而他恃宠而骄，与御医沈南蓼争风吃醋，至于无法无天，令女皇忍无可忍，下令乱棍打死。太平公主又向女皇推荐了玉貌雪肤、眉目如画的张昌宗。据说，这次公主颇下苦功，先令侍女与昌宗一试云雨，感觉如南海鲜荔枝，入口光嫩异常，这才奉送女皇。张昌宗又把其兄张易之举荐入宫，共同侍奉女皇。张氏兄弟乃中山义丰（今河北安国县）人，他们整天涂脂抹粉，描眉画眼，以求宠幸。女皇封昌宗为云麾将军，行左千牛中郎将，封易之为司卫少卿，并赐给他们豪华宅第、奴婢、鸵鸟；赠其亡父为襄州长史，其母臧氏为太夫人，赏赐极富。因其父早死，女皇怕其母臧氏孤独，敕令凤阁侍郎李迥秀为臧氏"私夫"，即情人也。女皇性观念之"革命"，由此可见。据说，女皇对张氏兄弟之溺爱，可谓深至入骨。每次他们回家，都派专人跟踪侍奉，不许他们与妻子哪怕说一句话。二张登上楼阁，便要撤掉楼梯。

圣历二年（699 年），女皇设立控鹤监，令张易之做长官。控鹤监就是女皇的"后宫"，其官员都是女皇的男宠与轻薄文人。每逢朝中设宴，控鹤监官员必到，以嘲笑戏弄公卿为乐。著名诗人宋之问、沈佺期、杜审言、阎朝隐等人，整日混迹于控鹤监，百般献媚取宠。宋之问自谓仪表堂堂，出类拔萃，眼见二张宠绝后宫，女皇却始终不肯让他亲侍枕席，心有不甘，就写了一首艳诗呈上，自荐侍寝，女皇读了，莞尔一笑，说："宋卿哪方面都不错，就是有口臭啊。"宋之问闻言，羞愧无比，从此，人们就经常看见他口含丁香，以解其臭味。

无情岁月催人老，苒苒物华草木凋。武则天纵然经天纬地，才冠巾帼，毕竟也难以抵御岁月之剥蚀。盘桓在神都洛阳迎仙宫里的女皇，脸上沟壑纵横，身上筋脉萎蔫，思维时常出现短暂空白。她不可避免地衰老了。

在武则天晚年，经历了两次重大考验，一次是遴选接班人，一次是迎仙宫政变。选择武周王朝的接班人时，她历经忐忑，反复，犹豫，最后终于做出了正确决定，摒弃侄子武承嗣、武三思，迎回了流放在湖北房州（今湖北房县）

的儿子庐陵王李显，立为太子，使大唐王朝的法统传承，重新回到了李唐之轨道；而爆发于神龙元年（705 年）的迎仙宫政变，其实就是随着武则天年老体弱，统治力急遽衰退，社会上回归李唐法统的呼声愈来愈强烈，最后促成了宰相张柬之等人发动宫廷政变，诛杀了她宠爱的男宠张氏兄弟，永远结束了她的统治。

这天上午，神都洛阳城天津桥南侧的一片空场上，走来一队威武雄壮的羽林军。队伍前面，趔趔趄趄走着三个五花大绑、垂头丧气的囚犯，他们是张易之、张昌宗的兄弟：昌期、同休、昌仪。一个时辰之前，他们还在各自的豪宅里，花天酒地，醉生梦死。此时此刻，随着迎仙宫政变的成功，张易之、张昌宗被诛，女皇武则天退位，太子李显登基，是为唐中宗。转瞬之间，天翻地覆，张氏家族这几个混账小子，被迅速捉拿归案，押上了刑场，张易之、张昌宗的尸体也被弄到刑场上，准备同时枭首示众。

迎仙宫，是武则天晚年的寝宫。就在那里，宰相张柬之率领政变军人，杀死垂死挣扎的二张，逼迫女皇逊位。82 岁的女皇，此刻正身患重病，她环顾满脸杀气腾腾的军卒，和林立的刀枪剑戟，明白大势已去，轻轻地挥了挥手，无力地闭上了眼睛……

这年的正月二十六日，武则天迁居上阳宫，次日，中宗皇帝率领百官到上阳宫，上太后尊号为则天大圣皇帝。那年的冬天，寒冷而漫长。上阳宫里的阳光，斑斑驳驳，浸染了几丝荒寒色。垂暮之年的女皇，白发惨然，目光凝滞。恍惚之中，她仿佛瞥见了光宅元年（684 年）那一道道凛冽的霞光，与闪烁不定的诡影。也许，自己在那一年的临朝称制，钳制天下，就已经注定了，如今的凄凉与落寞。从权力之巅的跌落，身如自由落体，魂魄似乎已经永远留在了那些雄姿英发的岁月里了。

十二月二十六日，武则天在孤独寂寞中走完了人生的最后一刻，凄然长逝。

（2012 年 8 月 28 日）

铁木真：射雕英雄寂寞归

一

假如你是一位统帅，愿意任用一个差点置自己于死地的壮士吗？

一旦真的面对如此严峻的问题，平庸像吾辈一样的俗人，肯定会纠结再三，权衡再四，然后小心翼翼地“摸着石头过河”，采取既任用、又防备的诡诈手腕，既要他忠心耿耿为老子卖命，又要随时剪除他野马一般奔腾不羁的虎狼本性——应当说，这一猜忌并用、恩威并重的驾驭之道，是历代封建统治者钳制臣下的通常策略。

然而，这个问题，在成吉思汗铁木真眼里，根本就不是什么问题。

公元1202年，威震蒙古大草原的元太祖孛儿只斤·铁木真，就面对着这样一种匪夷所思的尴尬局面。

那时候，40岁的铁木真还不是蒙古大汗，只是一个蒙古部族乞颜部的首领，在他和他的部族周围，环绕着塔塔儿部、泰赤乌部、蔑儿乞部等几个势力强大骁勇善战的草原部落，都是铁木真家族的世仇与死敌，无论哪一只虎狼咆哮起来，其血盆大口，都足以吞噬乞颜部落，万万不可小觑。

正是面对这样时刻有倾覆之虞的危局，早年的铁木真，尽管犹如一只威猛幼虎，野气冲天，雄心吞海，毕竟力量弱小，不得不寻求保护伞，他在母亲诃额仑夫人的指点下，投靠了两位草原霸主，以为依赖与屏障，逐渐壮大乞颜部落的实力。铁木真的两位早年佑护者，一位是札只剌部首领札木合，一位是克烈部首领王汗。札木合号称“薛禅”，乃“贤者”之意；王汗又称大汗，《元史》称作汪罕，名脱里。这两位草原枭雄，都与早年铁木真有着非同寻常的关系：札木合与铁木真幼年结拜为安答（结义兄弟），不说情同手足，毕竟曾经有缘；

而王汗与铁木真的老爹也速该是安达，铁木真称之为义父，也算顺理成章。札只剌部与克烈部，这两支实力强大的草原部落，无形当中成了铁木真的左右两翼，佑护着他的成长之路。到了后来，铁木真的野心随着实力暴涨，欲以武力鲸吞蒙古全境的时候，札木合与王汗，他的义兄与义父，就不可避免地成了他的敌人；他在统一蒙古的过程中，与两者武力相抗，最后逐一消灭，也实在是势所必然。——那当然是后话了。

在公元1202年那个春天，铁木真那颗沸腾的复仇之心，开始随着春光咆哮，他的首要目标是彻底消灭仇敌泰赤乌部落。他自然明白，凭乞颜部的实力，这根本就是不可能完成的任务，于是，他邀请了自己的义父、克烈部首领王汗，在肯特山附近的萨里川秘密相会，决定联合出兵，全力剿灭泰赤乌人。

肯特山是一座威名远播的蒙古圣山，位于今蒙古国北部中央省和肯特省之间，古称不儿罕山，号称蒙古帝国的发源地，也就是铁木真赖以起家的“革命圣地”。汉代称狼居胥山，并在这里展示了金戈铁马之大汉雄风。汉武帝元狩四年（公元前119年），汉武帝令大将霍去病北击匈奴，至狼居胥山，并在这里举行祭祀天地大典，史称“封狼居胥”。千载以下，霍去病的威名尽管远播万里，这里早已不见了中原王朝的踪迹，草原上驰骋着一批批蒙古部落的战马与悍将。铁木真与王汗在这里鏖兵复仇，再次将这一片浩瀚的茫茫牧草推入了兵燹烈焰之中。泰赤乌部首领阿兀出把阿秃儿闻听凶讯，立即联合了铁木真的另一个仇敌蔑儿乞部首领脱脱别乞，共同抗击铁木真与王汗联军的进攻。脱脱别乞指派他的儿子忽都率领部族大军，一路呼啸前进，奔赴萨里川一带，与气势汹汹的泰赤乌人会合，张弓搭箭，严阵以待。

战斗开始后，铁木真与王汗联军的将士奋勇杀敌，战马扬鬣嘶吼，犹如汹涌铁流，排山倒海，迅速席卷战场，泰赤乌人与蔑儿乞联军抵挡不住，节节败退，双方在斡难河（今鄂嫩河）畔追逐厮杀，战况无比惨烈。令铁木真做梦也没想到的是，正是在这次战役中，他被泰赤乌部族的勇士只儿豁阿歹一箭射中颈部，箭头扎在一根大血管上，血流如注，瞬间跌落马下，昏死过去。若不是他的忠实部将者勒篾舍命相救，口吮淤血，包扎伤口，冒死偷回一桶酸奶救急，恐怕早就呜呼哀哉了。因此，我们可以说，者勒篾在那个血雨腥风的黑夜里，挽救的岂止是一条鲜活沸腾的生命，而是一位前无古人的蒙古大汗，一位指挥千军万马横扫欧亚大陆的伟大的战士与统帅！

这位在危难时刻拼死营救铁木真的者勒篾，从此深受信任，被称为“有福的伴当”，后来成为蒙元帝国名将，与哲别、速不台、忽必来并称为成吉思汗麾下“四狗”，拥有九次犯罪不罚的特权。

战斗结束后，泰赤乌部落人马被全歼，王汗像往常一样，放纵手下兵马大肆抢掠，掳掠了大批战利品，牲畜、武器、财物、妇女等等，得意洋洋地率领大军返回了自己的驻牧地。铁木真受伤的颈部，依然剧痛甚烈。他一定要亲自找到射伤自己的那个歹毒的家伙，亲手处以极刑。一大群俘虏被押到他的面前，神箭手只儿豁阿歹也混在其中。铁木真的猎猎目光，像凛冽刀锋掠过俘虏脸颊，他厉声喝问：“刚才在战斗中，用箭射伤我的人是谁？”

刹那之间，只见只儿豁阿歹挺直身躯，目光浸冷如猎豹，亢声回答：“那个神箭手就是我，只儿豁阿歹！我当时就是要大汗您死！大汗您现在可以将我处死。不过，我死了，您的伤口依然会很疼。假如大汗饶我不死，我愿意做您的战马，为您横断黑水，粉碎岩石，斩杀鼍龙，诛灭强敌。您指到哪里，我就打到哪里，粉身碎骨，以报大汗不杀之恩！”

铁木真闻言，霍地站起身来，凛然说道：“自古人们做了坏事，都是百般遮掩。你如此坦白相告，就足以成为我铁木真的忠实朋友。”那一刻，辽阔的天空里，正有一只兀鹰展翅飞过，时而俯冲，时而高扬，它那铁翅钢喙，利箭一样划过碧蓝的天空，铁木真抬眼看看空中那只兀鹰，拍拍只儿豁阿歹的肩膀说：“我最恨暗箭伤人的家伙，本来要亲手杀死你。但是，我决不会杀死一位壮士。从现在开始，我命令你成为我的哲别，在我跟前保护我。”

在蒙古语中，“哲别”的涵义就是“箭镞”。从此之后，只儿豁阿歹改名哲别，成为了铁木真帐前一员骁勇善战的大将，为他登上蒙古大汗宝座、横扫欧亚大陆，立下了汗马功劳。

二

论及铁木真与王汗联手实施的这次血腥的部族仇杀，以及铁木真的蒙古乞颜部落与塔塔儿部、泰赤乌部、蔑儿乞部的世代恩仇，就要追根溯源，从遥远的11~12世纪说起。

那时候，草原上众多的蒙古部落，逐鹿在苍莽的蒙古高原上。蒙古、塔塔儿、克烈、蔑儿乞、乃蛮，并称为五大“兀鲁思”，还有泰赤乌、弘吉剌、札只剌、汪古、乞颜等部落族群，像白垩纪时代的恐龙一样，在绿浪如烟的草原上进行着残酷的生存竞逐。这情形，犹如战国时代的七雄争霸，又如三国时代的十八路诸侯逐鹿中原。这些游牧民族部落之间，结构松散，勇武好斗，好酒嗜血，其兄弟意气足可移山填海，其残酷苛虐则是诛宗灭祖。广袤的蒙古草原深处，到处充满了背叛、陷阱、劫掠与屠杀，部族之间的血腥仇杀，更是司空见惯。

所谓“兀鲁思”，是一个蒙古语词，意为“人众”。五大“兀鲁思”，无疑是草原上实力最强大的五个部族，而其余的大小部族，也是横陈罗列，杂沓争斗在大草原上，把个漠北高原搅得天昏地暗，血肉横飞。部族之间，因为利益而结盟，大碗喝酒，大口吃肉；又因为利益而背叛，互相攻伐，互相仇杀。如此恶性循环的结盟与背叛，逐鹿与绞杀，使许多部族之间成为世代仇敌。塔塔儿部、泰赤乌部、蔑儿乞部，与铁木真家族乞颜部落结成世仇的过程，则演绎了草原上弱肉强食的铁血法则。

铁木真乞颜部族的三大仇敌，个个实力强劲。塔塔儿部与蔑儿乞部，名列五大“兀鲁思”，其实力之强，可见一斑。泰赤乌部虽然相对较弱，也属于强悍善战之族群，不容轻视。泰赤乌部是12世纪蒙古草原上的一个突厥语族部落，其活动区域在今蒙古国中部与东南部。蔑儿乞部是一个古老的游牧民族，生活在鄂尔浑河流域与色楞格河流域。鄂尔浑河是蒙古国最长的河流，发源于杭爱山脉，色楞格河是流经蒙古与俄罗斯中东部的一条河流。据《新五代史》记载，蔑儿乞部是一个凶悍的部族，作战善用大弓长箭，杀死他族人再生食其肉。塔塔儿部又称鞑靼部，是蒙古兴起之前漠北地区人数众多、势力极为强大的一个部族，驻牧地主要分布在阔连海子（今呼伦湖）、捕鱼儿海子（今贝加尔湖）一带，与汪古部、弘吉剌部一起，被称为金国看守北疆大门的三只“猎犬”，为金国守御边疆。汪古部是沙陀人的后裔，驻牧地在蒙古高原东南部，其中心为黑水两岸；弘吉剌部实力比较弱小，他们没有统一的领袖，只是由几个不同氏族的首领进行自由松散的统治；塔塔儿部是三只猎犬之中最为凶悍威猛的一只，在草原上气焰极为嚣张。

铁木真家族所属的蒙古乞颜部落，是当时蒙古草原上实力较为弱小的一个部族。他们与泰赤乌部、蔑儿乞部、塔塔儿部三大部族结怨，可以追溯到蒙古历史上的首任大汗——合不勒汗。

合不勒汗，《元史》称葛不勒汗，蒙古孛儿只斤氏可汗，也速该的祖父，成吉思汗的曾祖父。他身材魁梧，目光如炬，胆识过人，纵横驰奔，在大草原上威名赫赫，早年多次率领部众击败前来进犯的金国军队。金太宗完颜晟是金太祖完颜阿骨打的四弟，金朝第二代皇帝，公元1123年登基继位后，刀锋南指，欲灭北宋，于天会三年（1125年）十月派出两路大军，从东西方向进逼北宋首都汴京，迫使北宋王朝订立了屈辱的“城下之盟”。为避免腹背受敌，他将刀剑化作橄榄枝，赔着笑脸拉拢合不勒汗，册封他为蒙兀国王。一次，合不勒汗应邀来到金国都城，金太宗大摆筵席，并令朝廷百官前来敬酒，合不勒汗喝得酩酊大醉，竟摇摇晃晃走上前来，伸手去捋金太宗的飘飘美髯，满座金人目瞪口呆，他却兀自哈哈大笑。元世祖忽必烈建立元朝后，追尊他为功哲皇帝，庙号宣祖。

合不勒汗有七个儿子，都是哈日力古夫人所生。夫人来自弘吉剌部，生得花容月貌，百媚千娇，深得大汗宠爱。她有一个弟弟，名叫赛因的斤。正是合不勒汗这个小舅子之死，酿成了两个部族之间的巨大伤痕。有一天，赛因的斤忽然患病，痛得满头大汗，满地打滚，哈日力古夫人一看，心疼得眼泪哗哗流，下令不惜重金从近邻塔塔儿部请来一个名叫察儿乞勒讷都亦的萨满。这位眉粗眼斜举止怪异的巫师先生颇为拉风，只见他敲鼓筛锣，一番折腾下来，病人不但没见好，反而急转直下，居然呜呼哀哉了！哈日力古夫人嚎啕大哭，呼天抢地，合不勒汗见此情形，勃然大怒，抡起手里的蒙古大刀，咔嚓一声，竟然砍断了巫师的脖颈。当巫师的脑袋骨碌碌滚到吠叫不止的鬣狗脚下时，众人惊恐不已，合不勒汗也猛然间意识到，这颗塔塔儿巫师的脑袋，肯定会给部族带来一场灾难！——乞颜部落与塔塔儿部落之间的部族仇杀，由此拉开了帷幕。

对于与塔塔儿人的死磕，合不勒汗一点也不担心。他的七个儿子，如铁塔，似骏马，矗立帐下，摩拳擦掌，磨刀霍霍，随时准备出击杀敌。尤其是大汗的四子忽图剌目光灼灼，声如雷震，臂膊强劲一如熊爪虎蹄，能把人像折箭一样喀吧一声折为两截。他后来接替俺巴孩汗，延续了乃祖乃兄的英雄气概。

尽管自己有七个如狼似虎的儿子，合不勒汗在选择继承人时，竟然放弃自己的儿子，把汗位传给了自己的远房侄子俺巴孩。此举令整个蒙古乞颜部落所有人眼珠子瞪得掉了一地，也没想明白究竟为何。虽然如此，也没有一个人表示异议，部落众人对俺巴孩汗的忠诚，如铁似钢。

俺巴孩汗是个颇有谋略的首领，他继承汗位之后，极力想弥合乞颜人与塔塔儿人之间的裂痕，他说，草原上的人群本来就是一家，大家和谐相处才能丰衣足食嘛。他提议将自己的女儿嫁给塔塔儿的一个部落首领，希望通过这种古老的联姻方式，实现双方化干戈为玉帛，世代友好。对于这个很好的提议，塔塔儿人假惺惺表示同意，却心怀鬼胎暗布杀机。义薄云天的俺巴孩汗，为了表示和亲的真诚与信义，不惧危险，亲自带领着浩浩荡荡的送亲队伍，把自己的女儿送到了塔塔儿部，岂料塔塔儿人背信弃义，趁机抓捕俺巴孩汗，并采用借刀杀人之计，把他押送到了中原宗主国——金国。

那时候，金太宗完颜晟墓木已拱，金熙宗完颜亶执掌朝政。完颜亶是金朝第三代皇帝，金太祖完颜阿骨打的嫡长孙，其父为金太祖嫡长子完颜宗峻。他登基后推进汉制改革，重用汉人，还算有所作为，到了后期，他开始骄奢淫逸，暴虐嗜杀，致使众叛亲离，最后被右丞相海陵王完颜亮所杀，终年只有31岁。

金熙宗一见被五花大绑的俺巴孩汗倔犟地挺立在眼前，登时勃然大怒，喝令跪下。俺巴孩汗毕竟英雄了得，哈哈大笑，嘲骂金熙宗“厚颜无耻”，悍然声明，蒙古人哪怕只剩下一个黄口小儿，也一定要向金人讨还血债！金熙宗被骂的天灵盖充血，当场下令放走俺巴孩汗的一个那可儿（随从），说是让他回去向蒙古人报信，然后咬牙切齿下令施以酷刑——骑木驴！临死之前，俺巴孩汗悲愤交加地对亲随说：“我是万民的可汗，竟因为送自己的女儿出嫁和亲，遭此毒手。你们要以我为戒！今后，你们就是把五个手指甲都磨掉，十个手指头都磨断，也要给我报仇！”

其实，对于自己送亲之行的凶险难测，俺巴孩汗是有所预料的。临行前，他指定堂弟忽图剌为自己的接班人，并制定了危机应对之策。当初，合不勒汗舍弃自己的七个儿子，把汗位传给自己，俺巴孩汗一直心存感恩，投桃报李，在安排自己的继承人时，又把汗位传给了堂弟、合不勒汗第四子忽图剌。俺巴孩汗遇害后，乞颜部众泪流滔滔，自动集合起来，拥立忽图剌为汗，誓言复仇。

此后，乞颜部落新任大汗忽图剌为了给俺巴孩汗报仇雪恨，举全族之兵先后 13 次大规模讨伐塔塔儿部，因为实力薄弱，均不能取胜。尽管战果一点也不辉煌，但忽图剌汗并不气馁，又屡次出兵进攻金国，双方展开浴血大战，然而，因为实力过于悬殊，差别之大犹如天壤之别，乞颜部落要想取得胜利，无疑是异想天开。

人们往往嘲笑说，拿着鸡蛋撞石头，是一种可笑不自量的幼稚举动。然而，如果我们换一个角度看问题，谁能说拿着鸡蛋撞石头，不是以弱胜强的壮烈之举呢？这当然不是鲁迅笔下的阿 Q 先生的“精神胜利法”，而是强大的精神力量在重压之下形成的一种核裂变式的大爆发。乞颜部与金朝和塔塔儿人的复仇之战，无疑属于拿着鸡蛋撞石头之举动，不能取胜是可以预料的。然而，在这些血流遍地的激战中，却锤炼了乞颜部众的血性与战斗精神。正是在与塔塔儿人和金人的连年血战中，一马当先的蒙古英雄也速该，取得了两大成就：一是树立了他的英雄形象，他作为新首领忽图剌汗的侄子，在复仇之战中奋勇杀敌，神勇无敌，被人们称为“勇士”，威名犹如猎豹飞扬草原，吸引了大批部众，势力不断增强；二是战斗期间，他意外地得到了一只苍天赐予的大漠雄鹰——铁木真。

三

公元 1162 年冬天，在蒙古斡难河畔的迭里温盘陀山脚下，一座风雪吹打的蒙古包里，一个婴儿呱呱落地了。他的厉声嚎哭，随着风吼雪飘，几乎撕破了这座颤巍巍的蒙古包。这个哭声震天的婴儿，就是后来震撼全球的蒙古大英雄铁木真。

铁木真出生的那天，他的老爹也速该正率领着乞颜部落一干兵马，与宿敌塔塔儿人大战，并取得了前所未有的辉煌胜利，一举擒获了塔塔儿部首领铁木真兀格。也速该胜利归来之际，得知自己的老婆诃额仑生了一个儿子，喜得手舞足蹈，便用他所俘获的塔塔儿部首领为儿子命名，从此，草原上就开始了“铁木真”的传奇。在蒙古语中，“铁木真”一词，喻谓“像铁一样坚强”。铁木真无疑是上天赐予大草原的一个独特眷顾，为世代生活在草原上的人们送来了举世无双的射雕神侠——他注定将成为蒙古草原的大英雄、欧亚大陆的统治者、世界上辽阔伟大的帝国——蒙古帝国的缔造者！

据《蒙古秘史》记载，铁木真9岁那年，老爹也速该带着他到母亲诃额仑的家族弘吉剌部落去聘婚。说是聘婚，其实就是撞大运，因为草原茫茫无际，哪里就那么容易遇见两情相悦的有情人呢。事有凑巧，途中居然遇到了铁木真未来的岳丈德薛禅。这位德薛禅可谓慧眼识英雄，见铁木真“其目有烨，其面有光”，惊为天人，一听说要去聘婚，就说：“我有小女，亲家请婚之。”于是，也速该就带着儿子来到了弘吉剌部落德薛禅家里，见到了他的女儿孛儿帖。这位草原美女，自然是花容月貌，落雁沉鱼，也速该一见之下，便点头同意了这桩婚事，并留下一匹骏马作为聘礼。铁木真与孛儿帖从此之后，两人便情定一生，不离不弃了。

这次聘婚之旅，铁木真遇到了自己的终身伴侣，可谓天降吉祥，可喜可贺。按照蒙古族习俗，定亲之后，女婿要在岳父家住一年。于是，铁木真留在了孛儿帖身边；心满意足的也速该则带着一名侍从，踏上了漫漫归程。他回家的路线，像一条蟒蛇一样盘绕在草原上，中途需要穿越塔塔儿人的地盘。这时候的塔塔儿首领，正是被也速该擒杀的塔塔儿部老可汗铁木真兀格之子扎邻木合。扎邻木合侦知也速该的行程，就在路上摆设了丰盛的宴会，以借机谋杀仇敌也速该。按照蒙古人的习俗，如果见到有人家在附近举行宴会而不参加，就是不礼貌；而宴会的主人，无论亲疏仇雠，必须热情款待每一位客人。当然，也速该本可以绕过塔塔儿人的宴会，躲过暗杀阴谋，可是，一方面他的警惕性不够，对塔塔儿人的险恶居心没有察觉；另一方面，他作为一名乞颜勇士，也不屑于像缩头乌龟一样为顾及自身安危而绕行，由此破坏祖宗留下的传统。——也速该就这样带着一半清醒一半醉，糊里糊涂参加了仇敌塔塔儿人设下的“鸿门宴”。扎邻木合一看敌人上钩，脸上热情如火，心底磨刀霍霍，下令快拿酒来，亲自擎着大碗的马奶子酒，与也速该咕咚咕咚豪饮起来。也速该哪里晓得，他喝下的马奶酒里，早被塔塔儿人投下了毒药。中毒后的也速该回到家中，立即派人赶到弘吉剌部落，召回铁木真。当铁木真心急火燎赶到家的时候，父亲也速该已经大限将至，大汗淋漓，喘息着叮嘱他：“铁木真，你若是草原英雄，一定要记得为我报仇，消灭塔塔儿人，只要高于车轮的男子，一律杀掉。”生命垂危的也速该一语成谶。若干年之后，铁木真利用金人与塔塔儿部的矛盾，一举击溃了不可一世的塔塔儿部落，为了执行父亲的遗言，他后来付出了极为沉重的代价。

追溯铁木真后来指挥千军万马驰骋草原，毫不留情地屠戮对手，极其残忍地诛杀敌人，宁肯血流成河，也不放过一个——所有这一切，皆源于他从出生开始，就生活在一个弱肉强食的世界，生活的苦难与艰辛磨炼了他的坚忍不拔，从小背负的血海深仇使他内心燃烧着复仇的火焰。他不会放过任何一个置敌人于死地的机会，也不会给任何人以东山再起的机会。为了胜利者的安宁，需要战败者死亡！俗语云：世界上没有无缘无故的爱，当然也没有无缘无故的恨。让我们沿着爱与恨之经脉，来回顾铁木真早年经历的炼狱一般的凄厉岁月。

铁木真幼年失怙，9 岁即开始独自面对凶险万端的大草原，面对弱肉强食的冷酷现实，他不但要养活自己，养活家人，还要时刻防备敌人斩草除根。稚嫩的肩膀要扛起家族兴败，孤苦的日子要尝尽千般磨难，对他而言，除了咬紧牙关死扛之外，实在别无选择。这个时候，同为蒙古部族的泰赤乌人，则显露出了阴狠奸诈的嘴脸。他们当年嫉恨也速该家族势力强大，在一次蒙古部族的汗位竞争中，由于也速该的坚决反对，泰赤乌氏族的首领遭到失败，因此对他恨之入骨。也速该被害死后，他们对也速该留下的孤儿寡母落井下石，百般迫害，有一天，竟然悄悄率领着蒙古部众沿着斡难河迁徙，却不通知铁木真母子，把他们抛弃在荒凉的草原上，一下子陷入了绝境。

也速该被塔塔儿人毒死之后，共留下了6个男孩，弟兄六人并非一母所生，他们之中，铁木真、合撒儿、合赤温、铁木哥斡赤斤，是诃额仑夫人所生，别克帖儿、别勒古台两兄弟乃别妻所生。作为长子的铁木真，那时候也只有9岁。在竞争激烈的大草原上，家族没有成年男子，犹如大海航行缺少了罗盘，就要面对四处漂泊的凄凉景象。在被泰赤乌人抛弃的那个清晨，母亲诃额仑心有不甘，她疯子一样飞身跃上马背，举着氏族大旗，大声嚎叫着去追赶自己的部众，尽管她的啼血呼唤，在波浪翻涌的斡难河里激起了澎湃的涛声，却丝毫也打动不了泰赤乌人的铁石心肠。有些部众虽然调转马头回来了，但一见他们孤儿寡母，自顾尚且难保，哪里可以作为靠山呢？无奈之下，又陆续悄悄散去，投奔了泰赤乌、札只剌等部落。铁木真和自己的5个兄弟，与母亲诃额仑相依为命，在斡难河上游的不儿罕山附近的荒原上，一家人赶着少得可怜的牲畜在流浪。全家只剩下了9匹马，这是他们作为蒙古贵族的唯一财产了。垂垂欲落夕阳晚，烈烈萧瑟荒原风。嗖嗖的冷风，起伏的荒草，哭泣的翰难河水，天上飞过了一只只哀哀欲绝的白色鸟。一家人采野果，挖草根，捕飞鸟，艰难度日。

这一段哀泣欲绝、蚀筋磨骨的苦难岁月，肯定像熊熊燃烧的熔炉一样，锤炼了铁木真的钢铁意志，冻结了他心头仇恨决绝冷酷之寒霜，也在他深渊一般幽深难测的心海里，播下了诛灭对手、征服世界之火种。他要用自己凛凛的铁骑蹂躏天下，用敌人喷涌的鲜血血洗世界；他要做草原之王、世界之王！

虽说是自古英雄出少年，然而，那些少不更事的种种混账举动，有时候实在荒谬绝伦，可歌可泣，可以赋之以诗歌，赋之以舞蹈，也可以赋之以苛责与鞭挞，怒斥与责骂。唉唉，少年时光的错误，那是连上帝他老人家也可以原谅的啊！——可是，就在那时候，铁木真却犯下了一个令他悔恨终生的错误。

据《元史》记载，这起家庭悲剧，源于铁木真与亲弟合撒儿射下了一只云雀，被身强力壮的别克帖儿夺了去。不久，铁木真和合撒儿，与异母弟别克帖儿、别勒古台一起在斡难河里钓鱼，他们钓到了一条很漂亮的小鱼，名曰金色石。为了鱼的归属问题四人起了争执，铁木真与亲弟合撒儿为一方，别克帖儿与别勒古台为一方，双方很快打起架来，别克帖儿身强力壮，最后夺得金色石。铁木真气咻咻不肯罢休，受到母亲责备。母亲告诫他们说，咱家如今“影外无其友，尾外无其缨”，你们兄弟务必同心协力，时刻铭记向泰赤乌人复仇，怎可为了一只小鱼而争斗？可是，铁木真认为别克帖儿仗势欺人，必须受到惩罚。他没有听从母亲的教导，伙同合撒儿寻机复仇，乘着别克帖儿放牧之机，把他射杀了。母亲诃额仑闻听凶讯，勃然大怒，大骂铁木真是杀人魔鬼——“汝等如下山之猛虎焉；如难抑其怒之狮焉；如欲生吞猎物之莽魔焉；如自冲其影之海青焉；如窃吞其他鱼类之狗鱼焉；如食其羔踵之雄驼焉；如乘风雪而袭之狼焉；如难控其仔而食之狠鹘焉；如护其卧巢之豺焉；如捕物不二之虎焉；如狂奔驰冲之猛兽焉。汝等忘却泰赤乌对吾等之凌辱，无能复此仇矣！”

伴随着这一阵暴风雨般的责骂，一顿噼噼啪啪的马鞭，恶狠狠地抽在铁木真与合撒儿身上。母亲诃额仑的暴怒与愤恨，犹如肯特山之崩摧，翰难河之决堤，砸得铁木真一瞬间头晕目眩，醍醐灌顶。他恍然间意识到，自己犯了一个终身难以挽回的巨大错误：他是用自己的愚昧与混账，杀死了一个兄弟，斩断了乞颜家族一只复仇的手臂！他跪在母亲面前，承受着这一声声仿佛来自上天、来自已故老父亲也速该的严厉惩罚。手足相残，害莫大焉；亲者至痛，仇者欣快。这种愚昧透顶的事，是长生天不能容忍的啊！

随着草原上的日升日落，铁木真在冷酷如铁的环境中渐渐长大了。13岁的他，骑着烈马在大草原上纵横驰骋，手搏野兽，擒拿敌手，初步显露了霸主气度，引起了许多人的羡慕与惊骇，也引起了泰赤乌首领塔儿忽台的惊恐。他对铁木真渐露峥嵘怕得要命，恨得要死，料定他一旦长大成人，必定会报仇雪恨。他说：“鸟儿的翅膀硬了，羔羊的身体壮了，该是我们进攻的时候了！”他要求部众全力围剿铁木真，务必斩草除根，以绝后患。

母亲诃额仑听到泰赤乌人前来围剿，急忙吩咐孩子们躲进不儿罕山深处。铁木真指挥着合撒儿、别勒古台，将母亲、妹妹和两个年幼的弟弟藏进山石褶皱之中，砍木头，筑工事，严阵以待，准备迎敌。泰赤乌人包围了不儿罕山，因为山高林密，难以搜索，就在山下拼命鼓噪，大声呐喊：

"只要交出铁木真，保你全家一切平安！"

"铁木真，你要是男子汉，就快来投降，不要连累家人！"

铁木真听到敌人呐喊，怒发冲冠。母亲低声告诫他，留得青山在，不怕没柴烧。铁木真跃上马背，直奔山巅而去，泰赤乌人发现踪迹，拼命追赶，无奈嶙峋山崖乱木横，犬牙交错掩英雄，哪里还寻得半点蛛丝马迹？泰赤乌首领塔儿忽台决定采用铁壁合围以逸待劳战术，重重包围铁木真藏身的峰峻，封锁所有出口，逼迫他自己走出来。铁木真在深山密林中一直潜藏了9天，最后饥寒交迫，只好冒险突围，还是落入了守株待兔的泰赤乌人手里。塔儿忽台下令将铁木真用木枷锁起来，像牵野狗一样用绳子拽着，在斡难河畔的草原上招摇，从一个营地到另一个营地，四处示众，以此昭告乞颜家族的彻底覆灭。铁木真所经过之处，人群躁动，牧草飞扬，兀鹰盘旋。

这天晚上，泰赤乌首领塔儿忽台举行盛大宴会，庆祝铁木真落网，和乞颜部落之覆灭。许多人摇摇晃晃喝酒，呼呼喝喝啸叫，只留了一个小孩子看守铁木真。铁木真瞅准机会，抡起木枷啪叽一下击晕看守小孩，飞奔而去，迅速躲进一片林木蓊郁的山林。泰赤乌人的大营里炸了锅，像一群野狼一样嚎叫着四处搜索追击，火把犹如移动的星河遍布草原。忽然，一支火把摇摇晃晃趋近了铁木真藏身的山林，铁木真恍惚间看见一个泰赤乌男子走近自己，心儿扑通扑通要跳了出来。那个人见了他，但并不呐喊，只是趁着夜色端详了片刻，喃喃说道："你眼睛发亮，面泛红光，英雄之相啊！你好好藏着吧，我不会出卖你。"

这个危急时刻救了他的人，名叫锁儿罕失剌。恍然之间的一刹那，尽管短暂，却是苍天佑护铁木真雄魂不灭的一道霞光。后边的追击者，都被锁儿罕失剌拦了过去，铁木真这才躲过这个恐怖的夜晚。第二天他走出这片山林，摸索着跑到了锁儿罕失剌家里，在一家人的百般保护之下，辗转逃回了家，见到了为他的安危日夜惶恐的母亲和弟弟妹妹。全家人喜出望外，为躲避泰赤乌人的追杀，他们迁到了更远的古连勒古山中，继续艰难的生活。家财已被泰赤乌人劫掠一空，所有的牲畜丢失殆尽，幸亏锁儿罕失剌送了他一匹马。一家人顾不得悲伤流泪，为了生计四处奔波，上山伐木，下河捞鱼，举弓射猎，采野果，挖野菜，捕食旱獭和野鼠充饥，历尽苦难，财物渐渐增多，不久又恢复了9匹马。

可是，屋漏偏逢连阴雨。一天夜晚，一伙盗马贼前来劫掠，偷走了8匹马，这对于喘息未定的铁木真一家而言，无异于灭顶之灾。马匹是游牧民族的生命，是他们赖以生存的重要财产。没了马匹，他们就根本无法进行狩猎、迁徙，也无法出行。绝望的铁木真不顾母亲阻拦，跨上家里仅剩的那匹马，一路呼啸着去追赶那帮该死的盗马贼，根本不考虑自己是不是人家的对手。

就在这次追击盗马贼的途中，铁木真遇到了他人生第一个真正的朋友——阿鲁剌氏族那忽·伯颜的儿子博尔术。这位英俊少年博尔术，与铁木真年齿相侔，两人可谓一见如故。这次意外邂逅，无论对于他们两人，还是对于蒙古高原，都具有重大意义。博尔术后来成为蒙古名将，与木华黎、博尔忽、赤老温一起，被称为成吉思汗的开国“四俊”。《元史》称，博尔术“志意沉雄，善战知兵，事太祖于潜邸，共履艰危，义均同气，征伐四出，无往不从。”

当年铁木真在追击盗马贼的征途上，邂逅博尔术。博尔术闻听铁木真大名，立刻眼放亮光，说终于见到了自己的偶像，差点膜拜于地。铁木真仰天大笑，连说咱俩真是缘分啊！两个年轻人互相欣赏，互相倾慕，手舞足蹈一番，便上马狂奔而去，追踪盗马贼。几天之后，终于在一个不起眼的山隘里，发现了盗马贼的营帐。那群家伙大白天正在狂喝滥饮，还为了争执几乎动刀打斗起来。为了避免打草惊蛇，铁木真决定傍晚时再动手，一举掳走自家的马匹。为消磨漫长的白日时光，两个从小即精于骑射的少年，决定切磋技艺，比赛箭术射大雕。

所谓“大雕”，又称“空中霸王”，是蒙古高原上一种特别凶猛的雕。又长又厚的鹰钩铁嘴、锋利遒劲的钢牙利爪、强健搏云的如轮双翼，是这种致命大雕的三件法宝。它们的飞行速度如利箭离弦，炫恍中直冲云天，直如铁线，弯如圆环，滑翔于高空，凛冽嘶雄风。它们筑巢于人迹罕至的悬崖之上，与星辉冷月为邻，以鸟类与兽类为食；其捕食进攻，疾如闪电，力能拔骨；其躲避箭镞，滑如泥鳅，闪若流星。只有草原上真正的射猎高手，才能射落这种不可一世的空中霸王。

铁木真与博尔术比赛的箭术，就是射大雕。只见博尔术张弓搭箭，大吼一声，一支利箭冲天而去，一只大雕应声而落。铁木真惊叹一声，随即右膝跪地，举弓如月，搭箭如悬，直指苍穹。两头黑雕正从右侧长空掠过，铁木真怒吼一声，长箭呼啸而起，穿云破雾，直插黑雕脖颈，箭杆穿颈而过，杀力不减，嘶啸向前，射入了第二头黑雕腹内。铁木真一箭双雕，博尔术看得目瞪口呆！

那天傍晚，铁木真与博尔术择机出击，神不知鬼不觉之间，就把马群赶出了盗马贼盘踞的磳磴山隘。等群贼发觉呐喊追赶之时，早就被两位神箭手噼噼啪啪一阵乱箭射了回去。

当铁木真赶着自家失而复得的马群，沿着牧草连天的地平线，嘚嘚嘚向着母亲和弟弟身边飞奔之时，此前此后所遭遇的一切痛苦与悲喜，忽然化作了心底的万丈巨澜，像眼前连绵无际的草原一样奔腾不息。作为一个 13 岁的失怙少年，他独对人生，独撑家业，面临着生活的艰难困苦与敌人的血腥追杀，曾经的嚎哭与眼泪，只能打湿脚下的一小片茵茵牧草；曾经的犹豫与彷徨，只能迷蒙自己与命运抗争的意志与决心。铁木真被泰赤乌人追杀，几近命绝，幸得锁儿罕失剌拼死相救，捡回了生命；他追击盗马贼，匹马难以成功，幸遇博尔术喋血相助。——命运啊，命运！你赐给了我多少苦难，就赐给了我多少品尝人生况味的美酒，多少与苦难搏斗的机遇，多少攀登悬崖峭壁的绝壮之美！

四

此后，大难不死的铁木真，开始高举乞颜部落的白旄大纛，召集原来的部众，重建自己的部落武装。大旗一举，四方震动，牧草摇首，牧马嘶吼，群山低昂，乞颜族群的人们，犹如草原波涛之起伏，纷纷来归。

这时候，铁木真的种种神奇传说，正沿着起伏的草尖滚动，在千里蒙古高原上回荡。人们都在盛传，铁木真出生时手握凝血，烫如赤石，艳若凝脂，神秘而吉祥，赤诚而疯狂。在他们看来，奇异之人，必有异于常人之处。你不能希望天神长得像蒙古兵卒；你不能希望英雄长得像草民百姓。他独自与泰赤乌人搏斗九死一生的惨烈故事，更是风传万里，令人们顶礼膜拜。游牧民族历来崇拜英雄，牧草、羊群、骏马、烈酒、美女，草原上拥有的这些天赐圣物，都是为了供奉铁木真这位天赐大英雄啊！

在纷纷来归的人群中，有一位老者，引起了众人的惊异。他叫扎儿赤兀，来自蒙古高原一个古老的森林部落乌梁海。据波斯人拉夫德所著《史集》记载，兀良哈（乌梁海）人原来栖居于巴尔古真滩的森林，后来徙至不儿罕山一带。据《蒙古秘史》记载，扎儿赤兀与铁木真的老爹也速该曾为挚友，当他听说老友的儿子铁木真召集草原群雄的消息时，当即决定带着自己的两个儿子前来投奔。这位扎儿赤兀老先生，可谓草原智叟矣。他在携子前往乞颜部落途中，把自己装扮成一个老铁匠，背负着打铁用的风匣，以示自己只晓得游走江湖叮叮当当打铁，根本不懂啥政治；可是，那风匣里却藏着一件貂鼠皮袄，是送给铁木真的见面礼。这是草原上非常贵重的礼物。当然，比这件貂鼠皮袄更贵重的礼物，是扎儿赤兀的两个儿子：者勒篾与察孛儿罕，两人后来都成了铁木真的手下名将。者勒篾作为铁木真的贴身"伴当"，曾经三次救过铁木真的性命，第一次就是本文开始叙述的哲别用利箭射伤铁木真那一回，惨烈而悲壮。者勒篾因此而成为蒙元帝国的股肱之臣，成吉思汗封他为第九位千户那颜（首领），特赐他九次犯罪而不罚，后来，成吉思汗又将女儿花茵公主嫁给者勒篾之子吉伯格，吉伯格由此成了人人羡慕的"塔布囊"（驸马）。

此时的铁木真，已经表现出令万顷牧草弯腰、万道霞光止流的领袖气质与枭雄气魄。他像一块巨型磁铁，引得八方英才纷纷来归；又像大西洋上的百慕大魔鬼三角区的漩涡一样，以令人恐惧的巨大魅力，倾覆了所有来到他身边的人。在他的周围，伴着霹雳与雷电，随着狂风与骤雨，很快就聚集了一群群草原英杰，形成了一股奔腾不息的铁流，他也因此成了令世人瞩目的大漠英豪。

其实，这时候，铁木真才只有 18 岁。到了这个年龄，在草原上已经该娶妻成家啦。母亲诃额仑不断催促，铁木真也开始想念自己的未婚妻孛儿帖。当初，老爹也速该带着他到弘吉剌部的德薛禅家里去求婚，转眼已近十载，如今老爹辞世已久，家道一落千丈，创业前程艰难，境况今非昔比。然而，他的岳丈大人德薛禅却信守承诺，孛儿帖姑娘对他依旧一往情深。当铁木真与弟弟别勒古台奉母亲诃额仑之命，前往弘吉剌部的岳丈家前来迎亲时，受到了全家人的热烈欢迎，德薛禅老人喜气洋洋，孛儿帖姑娘含羞滴露，不时偷觑着铁木真伟岸的身影。德薛禅陪嫁给女儿一大群牛羊，还有一件珍贵的黑貂鼠皮袄，孛儿帖把它当做礼物，送给了自己的婆婆诃额仑夫人。

此时的铁木真，是如此的青春勃发、激情四射，宛如一片血红朝霞，从遥远如梦幻般的东方地平线，喷薄而出！

随着铁木真的喜讯飞遍蒙古高原，迎来一声声祝福的同时，也引来了一支报仇雪恨的队伍。那就是以跋扈残忍著称草原的蔑儿乞人。在公元1179年的那个大雾弥漫的早晨，一千余名凶悍的蔑儿乞人仿佛神兵天降，突袭乞颜部落，掳走了铁木真的新娘孛儿帖。

追根溯源，乞颜部落与蔑儿乞部落之结怨，以至于铁木真的新婚娇妻被抢，实在是大有蹊跷。此事的肇事祸根，还在铁木真的老爹也速该身上。当年，色胆包天的也速该见色起歹念，掳掠了一个蔑儿乞人的新娘，导致两个部落由此成为不共戴天之仇雠。那个不幸的蔑儿乞新郎，名曰也客赤列都；那位可怜的被掳新娘，就是后来也速该的妻子、铁木真的生母诃额仑！

应当说，青年时代的也速该，是一个勇冠草原的凶猛斗士。在草尖如剑、河水如针的蒙古高原上，生存条件如此恶劣、粗粝，铸成了他们粗犷豪爽蛮野之性情。也速该除了自身这些基本特征之外，还具备政治家的谋略，他一生做过的三件大事，在一定程度上决定了铁木真的命运，也影响了北方中国的历史演变。一是他见色起歹念，抢了一个蔑儿乞人的新娘诃额仑做自己的老婆，生下了盖世英豪铁木真；二是他行侠仗义，与强盛的克烈部落首领王汗歃血结盟，成为结义兄弟，为铁木真早年发展留下了一根坚强支柱；三是带着9岁的铁木真到母亲诃额仑的故乡弘吉剌部求亲，在加强部落联盟的同时，也为铁木真找到了一个好老婆孛儿帖，这个女子与诃额仑相比，毫不逊色，从某种意义上说，她为中国历史生下了一个大元朝，一个在中国历史上煊赫而重要的朝代。

诃额仑出生于蒙古高原弘吉剌部落，美艳如花，清凌如月，早年以善良、聪明、贤惠闻名，后来变成了一位强悍、刚毅、智慧，颇有领袖气质的女人。在如花似玉的年纪，诃额仑嫁给了蔑儿乞人也客赤列都为妻。新婚燕尔之际，也客赤列都带着自己美丽的新娘到斡难河边徜徉，看着滔滔河水与连天牧草，两人不禁春心荡漾肆情嬉乐起来，被跑到河边狩猎的也速该瞧个正着，他那时正是光棍一条，对男女之事充满了鼻腔喷血的幻想，此刻一见新娘子如此漂亮性感，只觉得心底欲火腾腾，浑身燥热，于是，他快马加鞭赶回家，叫来了自己的哥哥和弟弟，一拥而上劫掠新娘子，俗称抢亲。

抢亲，就是男子抢劫自己喜欢的女子，以暴力手段达到娶老婆成家之目的。这是蒙古高原上一种古老的习俗，既是生存艰难所逼，也是野蛮粗鄙所致，是弱肉强食的森林法则在男女婚姻上的体现。至今在蒙古族的婚礼中，还保留着抢亲的某些烙印。如科尔沁人的婚礼，在婚嫁日前的晚宴中，新娘的姐妹会与新郎争夺“沙恩吐”（羊胫骨），当地人叫“沙恩吐宴”；鄂尔多斯人会在婚宴上进行折羊脖子的游戏。如今，抢亲陋习早已淹没青史，这些游戏只是为了增添婚礼的喜庆气氛。

当时，面对三个如狼似虎的彪悍男人，新郎官也客赤列都吓得不知所措，他或许早就知道，诃额仑的美丽，会让他面临灭顶之灾。在性命与美丽之间，隔着如此一道血淋淋的鸿沟啊。机警的诃额仑已经意识到了巨大的危险，一边挣扎，一边冲他大喊快跑啊他们要杀死你啦！正在发愣的新郎官如梦初醒，立刻抛下自己的新娘子，打马飞奔而去。《蒙古秘史》对此情此景的记述，很是煽情，临别之际，诃额仑对也客赤列都深情款款地说道——“汝见彼三人之面色乎？吾观彼三人颜色，好生不善，似有害汝性命之意。汝若相信吾，可快逃性命。但得保住性命，何愁再娶不着好女美妇？……若再娶得妻室，可以吾名诃额仑名之，算汝未能忘吾。快逃性命！离开此地！带去此物，以使汝记起吾时，可闻见吾之气息。”说完，诃额仑脱下自己身上的一件花衣衫，扔给也客赤列都，催他赶快逃走！

这段记载，史实可信，但其情其景，值得推敲。在抢亲那么激烈搏斗的时刻，也速该三兄弟杀气腾腾，哪里还容许诃额仑与也客赤列都演绎一段十八里相送一般的深情缠绵啊！

正是当年也速该的抢亲行为，导致了1179年这个北国早晨，铁木真正与自己的新娘孛儿帖温柔缠绵之际，蔑儿乞人在首领脱脱别乞的率领下，大举突袭乞颜部落，以报也速该当初抢走其族人也客赤列都的新娘诃额仑之仇。有仇必报，愿赌服输，这是大草原上通行的铁血法则。

大地在震动，战马在嘶鸣，蔑儿乞人的铁蹄，已经逼近乞颜部落，飞舞的长矛大刀，在阳光下闪着凛冽的寒光。母亲诃额仑知道铁木真是敌人追杀的主要目标，命令他赶快骑马逃进不儿罕山，她与几个儿子也策马奔向山林，慌乱中却犯下了一个致命错误：家里只有几匹战马，她与铁木真和几个儿子骑马而去，铁木真的新娘孛儿帖、别勒古台之母等几个女眷无马可骑，处境十分危急。女仆眼见敌骑临近，只好驾起一辆老牛车，慢吞吞向着山林逃亡。蔑儿乞人野牛一般冲进大营，吼叫，狂笑，纵火，到处搜罗铁木真，眼前空空如也，人已不知去向，脱脱别乞下令四面追击，很快就拦住了那辆慢腾腾吱吱呀呀逃跑的老牛车，俘获了乞颜部落的一干女眷。

当蔑儿乞人知道铁木真的新娘子孛儿帖被虏获时，立刻一片欢腾，大声呼吼。因为，他们终于报了几十年前的深仇大恨！他们对新娘子百般耍弄，戏谑。从这个时候开始，铁木真的新娘孛儿帖，已经成为了蔑儿乞人的女奴。蔑儿乞人大获全胜，押着掳掠的大批战利品，呼啸而去。等铁木真第二天下山回到家时，看到的是满目疮痍，房子已被夷为废墟，牛羊被抢走，营帐被彻底毁坏。忽然，他意识到孛儿帖不见了，立刻疯子一样四处寻找，嘶声嚎叫，可是，哪里还有孛儿帖的影子啊？——她被蔑儿乞人劫走了！一想到亲爱的妻子落入虎口，被凶残的敌人百般蹂躏，铁木真浑身的血液都在沸腾！

“巍峨的不儿罕山啊，你像保护虱子一样保护了我，辉煌无极的太阳啊，你像照耀马儿一样照耀着我！今天我实在是惊恐不已。从此我每天清晨向你祈祷，每天祭祀你，子子孙孙，永志不忘！”

在这个血泪涌流的早晨，铁木真来到世代庇荫着乞颜人的不儿罕山脚下，把腰带挂到脖颈之上，向着初升的太阳，虔诚地行九拜之礼，并把马奶子酒洒向苍茫大地，向着神力无边的九重天祷告，感谢它的保佑，并祈求获得永恒的力量！

杀父之仇，夺妻之恨，历来是男人的奇耻大辱。铁木真未出生之前，便已经与塔塔儿人有了杀父之仇，先被杀的是他的堂祖父俺巴孩汗；后来被毒杀的是他的父亲也速该。杀父之仇未报，塔塔儿人未灭，如今的铁木真，又不得不面对蔑儿乞人的夺妻之恨。蔑儿乞人用自己的恶毒长矛，直刺他的心窝，令他难以喘息，坐卧不宁，寝食难安，几近崩溃。母亲诃额仑告诫他说，你能保住性命，东山再起，何愁找不到好女人啊！这个早年被抢掠到乞颜部落的奇女子，早已从自身的经历中，见证了乞颜部落男人之雄奇壮烈，当然还有野蛮霸道，他们不应该为了一个女子而奋不顾身。因为，那样只会是以卵击石，自取灭亡。铁木真似乎被母亲说服了，咬牙吞下了妻子被掳这一剂惨烈的致命苦药。

此后，经过一个时期的恢复，尽管乞颜部落依然伤痕累累，毕竟渐渐强盛，初步具备了从前的战力。对蔑儿乞人的这场战争，已然不可避免。这是复仇之战，也是名誉之战。可是，在铁木真眼前，依然横着三只猛虎：塔塔儿部人多势重、威猛苛虐；蔑儿乞人强悍善战、残苛强暴；泰赤乌人兵强马壮、蠢蠢欲动。面对这三只猛虎，铁木真的力量依然是微不足道。拳头不硬，何谈决斗？力量薄弱，何谈报仇？面对如此严峻的局面，铁木真与母亲诃额仑反复计议，决定采取“借力移山，借刀杀虎”之计，借助别人的力量，来实现自己的战略目标。他借用的“两把大刀”，正是两位草原枭雄：一个是他的老爹也速该当年的结拜兄弟、克烈部首领王汗，一个是自己早年的结拜兄弟、札只剌部首领札木合。

五

借力移山，借刀杀虎，向谁借？如何借？可是大有讲究。

铁木真首先选择克烈部首领王汗，是考虑到两个关键因素：其一，王汗与铁木真老爹也速该是结拜兄弟，当年在他走投无路之际，也速该为他两肋插刀，不但救了他的命，还派兵帮他夺回了汗位，可以说是他的大恩人。如今，他是草原一霸，自己危难之际求他相助，自然顺理成章。其二，克烈王汗与塔塔儿人、蔑儿乞人都有仇恨，王汗 7 岁时，克烈部落受到蔑儿乞人抢掠，王汗与母亲都被掳去，母亲受到百般凌辱，王汗作为奴隶受到万端摧折，他对蔑儿乞人的仇恨，可谓刻骨铭心。而札只剌部首领札木合与蔑儿乞部的恩怨，更是一波三折。札只剌部从前曾受到蔑儿乞人的野蛮侵略，札木合被追杀的只剩下 30 多人，在草原上到处流浪。走投无路之际，他铤而走险，大胆投靠了自己的仇敌蔑儿乞人，并用自己的狡诈与聪明，博得了蔑儿乞部落首领的信赖，渐渐放松了警惕。一天深夜，札木合率领30名死党发动袭击，悄悄摸进了蔑儿乞首领的大帐，用寒光闪闪的刀剑，逼迫他交出部众与财产。就这样，札木合又神奇地恢复了自己的力量，如今已是草原上的霸主了。

铁木真携带着妻子孛儿帖送给母亲的貂鼠皮袄作为见面礼，前来拜见克烈部首领王汗，并以父汗相称，极尽恭敬。王汗抚着珍贵的貂鼠皮袄，老脸笑成一朵菊花，再听铁木真一声声叫着父汗，更是十分受用。他一边向铁木真回忆与也速该的深情往事，不免动情，慨然允诺，一旦有难，定当尽力相助。至此，乞颜部落与克烈部落结盟已成定局，铁木真与克烈王汗由此开始以父子相称。

乞颜部落与克烈部落之结盟，是铁木真告别单打独斗，联合削平诸路草原豪强的开始。他随后去拜见自己的结义兄长——札只剌部首领札木合。札木合听着他诉说夺妻之恨，自是愤恨难平。毕竟是结义兄弟，在如此重要的时刻，两肋插刀是必须的。三位英豪，一拍即合。乞颜部、克烈部、札只剌部，三支力量聚集在一起，痛宰蔑儿乞人，胜券当然在握。三人商议决定，克烈部王汗出兵2万，札只剌部札木合出兵2万，铁木真出兵1万，组成联合大军，由札木合担任总指挥，分两路袭击蔑儿乞人的营盘不兀剌川（今恰克图南布拉河地）。这场战斗，虽然激烈残酷，却是异常顺利，当联合大军攻入蔑儿乞部落的时候，蔑儿乞首领脱脱别乞一见三家的大旗迎风猎猎飘扬，自知难以抵敌，只得丢下部众，带着少数随从仓皇逃命，沿着薛良格河逃入八儿忽真峡谷。

这场复仇之战，就这样略显简单地结束了。王汗与札木合的军队，开始大肆抢掠战利品，铁木真冲进敌营，四处搜寻妻子孛儿帖，“孛儿帖！孛儿帖！”他的声声呼唤，急迫，苍凉，凄切。最后，在一个角落里，他找到了泪流满面的孛儿帖，他冲上前去，一把将她抱住了！此时此刻，铁木真哪里知道，亲爱的孛儿帖的肚子里，早已经怀上了敌人的孩子。不久，孛儿帖生下了蔑儿乞人的孩子，也就是铁木真的长子——术赤。对于妻子在敌营遭受的苦难，蒙受的耻辱，铁木真十分同情，毫无怨言；对于这个不请自到的孩子术赤，他一生视如己出，信任有加。

此刻，还有一个历史细节，令人心底脆弱地泛起了丝丝疼痛。铁木真的异母弟别勒古台的母亲，也就是铁木真的庶母，与孛儿帖一起被掳，并关押在一起。她见到自己的儿子前来营救，不但没有丝毫兴奋，反而羞愧万分，掩面而去，哭泣着跑进了深山老林之中，再也没有出来。从此，这个不幸而倔强的女人，永远消失在历史的烟云之中了。

这场复仇之战，铁木真大获全胜：他打垮了蔑儿乞人，报了夺妻之恨，俘获了大批蔑儿乞人。他开始了疯狂的报复，把当初围困不儿罕山搜捕自己的300余名蔑儿乞人连同他们的子孙一起斩杀，并将俘虏的蔑儿乞妇女儿童变为家族奴隶，增强了自己的实力。更为重要的是，通过这场战役，铁木真同时得到了两位草原霸主的鼎力支持，一位是他的义父、克烈部首领王汗，一位是他的义兄、札只剌部首领札木合。一个“义”字如长缨，拴住了三位大英雄。不过，所谓“拴住”，即保持这个三足鼎立的均衡局势，是需要条件的，其一，要有共同的敌人，这是三方互相依存的基础；其二，铁木真实力弱小，他的义兄义父作为强者，对他自有呵护之态。然而，随着后来铁木真的势力逐渐强大，霸业逐渐崛起，他的义兄与义父，便渐渐地心生猜忌，呈现出敌对之态，最后导致刀兵相见，互相攻杀，他的义兄与义父，先后为他所攻灭。世事如此冷酷，令人无语凝噎！

公元1184年，蒙古部族召开忽里勒台大会，进行大汗的推举。22岁的铁木真击败所有竞争对手，被推举为蒙古大汗。所谓“忽里勒台”，蒙古语意为“盛大集会”，是古代蒙古的一个贵族会议，负责推举部落首长与可汗。蒙古帝国的所有大汗，包括成吉思汗自己，从形式上来说，都是由忽里勒台大会所推选出来的。尽管，会议底下的权力角逐，充满了无情争斗与残忍诛杀，闪烁着令人胆寒的刀光剑影。

这时候，铁木真统帅下的蒙古乞颜部落，已经拥有了部众数万，精兵万余人，马匹无数。铁木真的赫赫威名，如旭日东升，流霞万道，照耀着草原的千山万水。为了巩固自己的汗位，他创建了一套以内宿卫、外宿卫、散班巡察、物品供应四种部队为主体的军国体制。这四种部队，就是他指挥一切、驾驭一切的行政核心团队，其行政主官，称为队长、总队长，均由他的侍卫官担任，这些核心团队的核心人物，都是他的心腹大将。严密的组织，严明的纪律，不仅可以保证他的命令得到有效的贯彻执行，而且可以把政治、军事、经济大权，都集中在大汗一人之手。核心团队之下，还大规模组建了两种组织，一种是军事组织，组成 13 个“古兰”，作为一线作战部队，古兰又称“翼”，意为“圈子”，每个古兰 1000 人，由一个千夫长指挥。千夫长有亲兵 999 人，他自己兼任一个百夫长，下辖 9 个百夫长；每个百夫长之下有 99 人，分为 10 个组，百夫长自兼一个十夫长，下辖 9 个十夫长；每个十夫长率领骑士 9 名。另一种是行政组织，分设了带弓箭的、管饮膳的、掌管牧羊的、管修造车辆的、管家内人口的、带刀的、掌驭马的、管牧养马群的、负责远哨近哨的、守卫宫帐的 10 种职务。担任这些职务的，除了铁木真的兄弟，就是如狼似虎忠心耿耿的鹰犬，铁木真“用人肉养着，用铁索拴着”它们，随时可以纵放出去，搏噬猎物，吞灭敌人。

新建立的以铁木真为首的乞颜氏蒙古政权，尽管如猛虎出山，骁勇可怖，毕竟只控制着怯绿连河上游一块不大的地盘，部众也不是很多。

怯绿连河，又称为驴驹河、龙居河，发源于蒙古圣山肯特山之东南，在漠北高原上蜿蜒 3000 余里，注入呼伦贝尔一带的呼伦湖。铁木真瞭望着怯绿连河荡漾的河水，内心却感到了焦灼不安。因为，他建立的乞颜部族政权，面临着深刻的内忧外患。他可以用霹雳手段镇压部族内部那些心怀叵测的权贵，却无法以武力扫平外部强大势力的觊觎。因为，眼下他最大的敌人不是别人，正是他曾经依附的义兄、札只剌部首领札木合。而札只剌部族的力量，要比他的乞颜部落强盛很多。札只剌部历代盘踞在蒙古东北部高原斡难河发源地肯特山东麓一带，势力十分强盛。札只剌部首领札木合，被称为“草原雄鹰”。

铁木真登上汗位之初，就派出使者前往通告自己的义父、克烈部首领王汗，义兄、札只剌部首领札木合。王汗闻讯，甚为高兴，说：“汝等立吾子为汗，甚是！汝蒙古岂可无汗而居乎？”表示与铁木真情同父子，当然要世代友好。而札木合听到这个消息时，心里却是五味翻腾，难以抑制，便把一腔不满发泄到前来报喜的使者阿勒坦、忽察儿两人身上：“你们当初无端挑拨我和铁木真的关系，在我胸前砍一刀，后背刺一枪，然后离我而去，岂不是背叛么？”

其实，札木合的责难，并非空穴来风。当初，铁木真联合克烈王汗与札木合消灭蔑儿乞人之后，便率领乞颜部众离开原来的营地，跟随札木合来到斡难河流域的豁儿豁纳黑川，依附札只剌部落谋求更大的生存空间。这两个结义兄弟，犹如两只猛虎，危难时可以两肋插刀，互相支持，一旦共同生活，必然互相猜忌，互相撕咬。因为，枭雄的最高目标，就是唯我独尊，独霸江湖。铁木真与札木合，都堪称大草原上不世之枭雄，此时走到一起，却是各怀心思：札木合希望借助乞颜部众以壮声势，并利用铁木真的声威吸引更多的蒙古人前来归顺；岂料铁木真采用“挖墙脚”的谋略，借助义兄的平台，构筑诱人的鹰巢，来充实壮大自己的力量。后来的事实证明，铁木真的“挖墙脚”策略大获成功，草原上的蒙古部众，纷纷来归，一些依附札木合的蒙古人，也悄悄聚拢到了他的周围。扎木合偷鸡不成蚀把米，只得下了逐客令——这一对结义兄弟，就此各奔天涯路。

如今，铁木真登上蒙古汗位的消息，犹如一声霹雳，震惊了札木合。在他眼里，这莽莽无边的漠北高原，当然属于札木合，岂容他人分享？无论是谁，只要敢与他争夺大草原的霸主地位，就是不共戴天之仇敌，就属于必须消灭之列。札木合决心利用铁木真霸气侧漏羽翼未丰之际，发动一场大规模的歼灭战，一举消灭铁木真。这就是著名的“十三翼之战”。

公元 1193 年秋天一个漆黑的夜晚，札木合的弟弟给察儿潜入铁木真家臣的牧场里偷盗马群，被察觉敌情的主人一箭射杀。蓄谋已久的札木合咆哮如雷，说你铁木真小崽子狗胆包天，竟敢杀害我的弟弟！他以此为借口，联合了塔塔儿、泰赤乌、蔑儿乞等 13 个部族的 3 万余人，向铁木真发动进攻。铁木真得到线人密报，也将自己的部众与各家贵族的兵力组成 13 翼军队，紧急部署在答兰版朱思之野（今蒙古温都尔罕西北），准备迎战。在 13 翼军队中，铁木真的母亲诃额仑统率着由亲属、臣民、奴婢组成的第一翼，铁木真自己统率的直属部队为第二翼，其中包括那可儿（亲兵）和护卫军；从第三翼到第十一翼，都是乞颜部贵族们的部众，其首领都是拱卫在铁木真周围的得力干将，如答里台、阿勒坦、忽察儿、撒察儿别乞等；第十二翼与第十三翼，是新近归附的旁支氏族的部众，即杂牌军。至于 13 翼军队的总人数，历来说法不一，有人说是3万，与札木合联军大体相当；有人说是1.3万，相当于联军兵力的三分之一。无论如何，当时铁木真的军队处于相对弱势，却是可以肯定的。

札木合率领联军浩浩荡荡杀奔而来，滚滚尘烟蔽天，刚越过土儿合兀岭，就发现了铁木真的侦察兵；抵达答兰巴勒主特时，觑见了铁木真的敢死队；再策马前进片时，霍然发现铁木真像一尊钢浇铁铸的战士，危峰一般矗立马上，目如刀剑，哗哗扫视着万里荒野。在他身后，自山脚到山崖，部队自上而下，横列如梁，战马嘶鸣，长箭弯弓，严阵以待。札木合知道奇袭之计已经泄露，只得下令联军冒险强攻。双方经过几轮激战，乞颜部队渐渐露出颓势，第十三翼杂牌军被杀得溃不成军。铁木真为了保存实力，下令撤退到斡难河畔的哲列涅峡谷，坚守哲列谷口。札木合率领大军赶到后，因为谷口地势狭窄，关隘险要，易守难攻，每次冲锋，都只能在谷口前的斜坡上留下一批尸体，丝毫前进不得。札木合无奈，只好下令退军。他这一次临阵退兵，可以说就此退出了争霸草原的政治舞台。他本来携着优势之兵力，假如他果断下令，挺白刃，踏鲜血，冒死进攻，即使不能掳获铁木真，也会重创他的乞颜部政权，就此确立自己的霸主地位。可是……

十三翼之战，在古代著名战役中，实在算不得经典，对阵双方还没来得及展开惊心动魄的搏斗，就令人泄气地结束了。因为对阵双方的无所作为，此役被后人讥为“温吞水似的大战”。然而，双方力量的此消彼长之势，却意外地在战后凸显出来。札木合因为自己携13部联军之威，却没有取得战争的胜利而气急败坏，下令严厉追查泄露战争机密的内奸。蒙古人称狼为大王，那些有泄密嫌疑的奸人也被称为大王，这次行动的暗号就是“捕大王，除恶狼”。经过对本部之外的12个部落严密搜查，东打狼，西抓虎，折腾个底朝天，间谍究竟在哪里？只有天晓得。最后抓了70多名嫌疑分子，札木合下令准备了72口大锅，把这些“恶狼”当众烹杀。札木合的苛虐残暴行径，天怒人怨，人神共愤，不但激起了其他12个部落的愤恨，也令札只剌部落的人们心胆俱丧，忧惧惶恐。从此，札木合更加不得人心，铁木真乘机大肆笼络人心，把周围各种势力尽收囊中，甚至把当初的敌人，也吸引到自己身边。十三翼之战结束后不久，札木合麾下的干将兀鲁兀部术赤台、莽忽不唯答儿，就先后率领部属投奔了铁木真，这两人后来都成了铁木真的手下骁将；跟随札木合多时的晃豁坛部的蒙力克，也连夜跑到了铁木真这里。据说，在很短时间内，就有30多个部落的50余名贵族，站到了铁木真一边。这些贵族本来与札木合结盟，现在却反戈一击，站到他的对立面，成了铁木真的忠实盟友。

铁木真与其义兄札木合分道扬镳后的第一次较量，即十三翼之战，居然以如此奇异之结局，而留痕青史：其一，占尽优势的札木合，似乎并没有取得胜利，而处于劣势的铁木真，似乎也没有遭到失败。其二，战前携13部之威的札木合，战后却因为自己的残暴，而众叛亲离；战前孤军奋战的铁木真，战后却由于自己的宽仁之举，赢得了草原上的浩浩人心。所谓“得道多助，失道寡助”，此之谓耶？

历史地看，十三翼之战，正是札木合与铁木真人生轨迹的重大转折点：札木合的人生抛物线，因为拥有13部族联军的指挥权，而升至最高点，此后却急转直下，被抛进了人生的低谷；而铁木真的人生却就此雄起，驶入了独霸蒙古大草原的快车道。此后的十载岁月，尽管日升日落，波涛依旧，两人的人生境遇却迥然不同，其落差之大，犹如天上与地下。铁木真与克烈王汗结成联盟，东征西杀，屡获成功；札木合纠集各个部落与铁木真角逐，虽偶有斩获，却每况愈下。到了1201年，札木合的麾下劲旅终于被铁木真与王汗联军彻底击败，从此一蹶不振，先后依附克烈王汗与乃蛮部落首领太阳汗，混迹江湖，惨淡度日。三年后，铁木真击败乃蛮部落太阳汗，寄身于此的札木合，做了最后一次逃亡，可是，札木合的随从乘他困顿之际绑架了他，捆起来送到了铁木真那里——至此，这两个血腥搏杀了大半生的结义兄弟，终于又见面了！

当铁木真看到像缚虎一样被紧紧捆绑的札木合时，心头闪过的不是喜悦，却是莫名的哀伤与悲悯。他下令松绑，让侍卫端上大碗马奶子酒，为他解渴。铁木真没有像对待俘虏那样粗暴地审讯他，而是娓娓道来，讲起了两人此生种种悲欣交集的往事。

铁木真劝札木合顺势而为，归降自己，重新做自己的安答。札木合并不答话，只是坚决地摇了摇头。

关于札木合的死，有三种说法：其一说他是断背而死；其二说他被包裹在毛毯里，然后被马蹄踏死；其三说他是被长绳勒死，那其实是一种绞刑，把四肢用绳子捆绑在木架上呈倒栽葱状，绳套勒住脖颈，绳子另一端绑着一块巨石，忽然间木架倾倒，重石落下，札木合如他所愿，没流一滴血，气绝身亡，尸骨无损。死法虽然各异，惨烈却是相同。当年太史公司马迁在《报任安书》中说过，人固有一死，或重于泰山，或轻于鸿毛。这几句话，因为曾经被伟大领袖毛泽东所引用，从而弄得家喻户晓。其实，人类之死，并非都像泰山与鸿毛那样泾渭分明，有许多许多人的死，既非泰山，也非鸿毛，不过自然界万物之轮回也。只以泰山与鸿毛“二元论”来讨论生死大事，显然有失偏颇。

六

十三翼之战，无论结局如何，总是难以抹去那一抹兄弟阋墙的悲剧色彩。铁木真手里那把寒光闪闪的刀剑，应该在仇敌的头上飞舞，并砍断他们的脖颈。他心中的仇敌，塔塔儿人首当其冲。他的堂祖父俺巴孩汗、父亲也速该，都死于塔塔儿人之手，这样的血海深仇，像一把青光凛冽的匕首，时刻刺击着他滴血的心弦。

为了告慰父祖，报仇雪恨，铁木真精心导演了一场围剿塔塔儿人的大戏。这场大戏，可以分为两折：第一折叫做“离间计”，利用金国与塔塔儿之间的矛盾，斩断他们的联盟；第二折是“借刀杀人”，利用金国的力量，号令草原各部落联合出兵，一举消灭塔塔儿人。这场连番大戏，充分展示了铁木真的足智多谋与凶险诡诈。

蒙古高原上的各个部落，当时属于金国的附属国。金国朝廷统治北疆之战略，一是“以夷制夷”，依靠塔塔儿部、汪古部、弘吉剌部，作为守卫北方大门的三只“猎犬”，镇抚桀骜不驯的大小部落，使他们不敢对金国后方存有觊觎之心；二是“分而治之”，严令各个部落之间不许结盟，以防止他们联合抗金。塔塔儿部与札只剌部结盟，参与札木合指挥的13路联军围剿乞颜部落，对金国而言，无疑属于一种背叛行为。铁木真决定抓住这个金人最害怕的问题，实行“离间计”。他的第一步棋，是派人赶赴金国都城会宁府（今黑龙江省哈尔滨市阿城区），向金廷告发塔塔儿人的背叛行为，吁请金人出兵镇压。他的第二步棋，就是派遣小股别动队，装扮成塔塔儿人模样，四处袭扰金国边境，制造塔塔儿与金国的边境纠纷，以激怒金国朝廷。金国皇帝一旦决定杀一儆百惩罚塔塔儿人，必将在草原大漠各部落征兵，铁木真就可以乘势而上，假借金国的命令，勒令蒙古各部落出兵助金，有敢违令不从者，就用金国之命讨伐。如此一来，神不知鬼不觉之间，铁木真就顺理成章成为了草原各个部落的领袖。

铁木真的战略谋划，可谓与时俱进，环环相扣，且妙算如神，天衣无缝，堪称英明之举也。此后，金国皇帝金章宗完颜璟便不断接到报告，说塔塔儿人不断进犯边界，烧杀抢掠，无恶不作。章宗深感疑惑。完颜璟是金国一代明君金世宗完颜雍之孙、金显宗完颜允恭之子，自幼对祖父的文韬武略耳濡目染，对中原文化情有独钟，在位期间，他一方面继承祖父完颜雍的"仁政"理念，为政宽和，另一方面实行汉化改革，不断完善各种政治、经济制度，然而，即使贤明如此，章宗皇帝也没能识破铁木真玩弄的借刀杀人之鬼蜮伎俩。在此之前，乞颜人前来报告，说塔塔儿人行为不端，背叛朝廷，他并不甚在意。塔塔儿这只恶犬，不过狂吠几声而已，还能翻天不成？可是，边境警报接二连三，雪片一般飞来，令他暗暗吃惊。因为塔塔儿人身手敏捷，狡诈机警，飘忽不定，金军迄今未能擒获俘虏，难以查明详情。章宗哪里晓得，这一切都是铁木真搞的鬼把戏啊！

接连不断的袭扰事件，终于令章宗皇帝雷霆震怒，他认定塔塔儿人心怀叵测，图谋叛乱，必须予以弹压。1196 年，章宗任命左丞相完颜襄率军巡视北疆，征讨塔塔儿人。完颜襄的大军进驻漠北重镇临潢（今内蒙古巴林左旗东南波罗城），虎视眈眈盯着塔塔儿人，先是派人严词问责，说你塔塔儿人作为大金卫士，却屡屡进犯边境，究竟是何居心？塔塔儿人急得指天戳地，却百口莫辩，他们明知是铁木真栽赃陷害，却苦无证据，直气得七窍冒烟。完颜襄命令塔塔儿首领蔑古真薛兀勒图前来大营，当面澄清，这个色厉内荏的家伙害怕金人翻脸无情，遭到俺巴孩汗当年骑木驴的悲惨下场，哪敢前来引颈就戮？完颜襄勃然大怒，认定他心怀不臣，图谋叛乱，于是宣布其累累罪状，通令蒙古各部落出兵征讨——至此，铁木真精心谋划的"借刀杀人"之局势，终于浮出大草原。

完颜襄率金军自南向北，直劈要害，蒙古各部落四面出击，围剿塔塔儿人。一时之间，塔塔儿人犹如一群群落入陷阱的草原蛮牛，四面喊杀声，头顶响霹雳，几近覆亡了。

铁木真接到金人的讨伐通令，立刻出兵响应，乞颜部落大军雷动，像钢铁洪流冲向塔塔儿人。同时，铁木真派出使者，奔赴各部落传达金人号令，勒令各部落出兵杀敌。克烈部首领王汗接到通令，摩拳擦掌，马上出兵，前来会合铁木真。当年，王汗的爷爷麻儿忽司不亦鲁被塔塔儿人捕获，献给金国皇帝，与铁木真的堂爷爷俺巴孩汗一起，遭到钉木驴的酷刑而惨死。麻儿忽司不亦鲁的妻子，就是王汗的奶奶，为了给丈夫报仇雪恨，乃佯装投降，给塔塔儿首领纳兀儿献上了 100 只羊、100 匹马、100 袋马奶酒，每个袋中都暗藏了一名克烈勇士，他们身怀利刃，乘塔塔儿人得意忘形狂喝滥饮之际，从袋中跳出来，杀死了塔塔儿首领纳兀儿与在场的所有塔塔儿人。身背如此血债，难怪克烈王汗如此杀气冲天了。

从前骄横跋扈不可一世的塔塔儿人，在金国大军与乞颜部、克烈部联军的夹击之下，很快就溃不成军，首领蔑古真薛兀勒图只好带领残兵败将逃入茫茫山林，企图利用遮天蔽日的大森林做屏障，以抵挡联军的攻杀。困兽犹斗，只不过是垂死挣扎而已。塔塔儿人的森林营寨很快陷落，塔塔儿首领蔑古真薛兀勒图被杀死，无数塔塔儿人被屠戮。这个彪悍血腥的草原部落，就此沉浸于血泊之中了。

然而，百足之虫，死而不僵。一个强悍的部族，生存本能脉绪相传，尽管遭受重创，其绵延血胤，却很难被彻底掐灭，正所谓“野火烧不尽，春风吹又生”。

公元 1202 年，铁木真再一次统率自己的虎狼之师，进攻塔塔儿人，务求一举歼灭之。这时候的铁木真，已经成为蒙古大草原上赫赫有名的统帅，他的铁骑所到之处，所向披靡，万物摧折，人头滚落；而这时候的塔塔儿人，虽然经过几年喘息，实力略有恢复，但经过上一次的毁灭性痛击，毕竟已是夕阳西下，只余下辉煌之悲凉，难以再现当年的跋扈与骄横了。大军临行之际，胜券在握的铁木真已经不再专注于胜与败，而是思考着草原兵道与草原治道。所谓草原兵道，无非就是攻城略地，杀人如麻，以胜利为最高目标；所谓草原治道，就是兵燹过后，如何恢复草原生机，治理茫茫草原上历朝历代不断上演的诛戮杀伐之乱象了。

铁木真与麾下诸将约法三章：一，不许因贪恋财物，而放弃对敌人的追击。二，如果出师不利，退到最初冲锋的出发之地时，就要反攻，敢有违令不攻者，一律处斩。三，所缴获的财物，一律归部落所有，由部民共同分配，任何人不得私自占有。这个“约法三章”的前两条，是关于作战的，其要害是抑制贪婪，“不许贪恋财物”，第三条，“一切缴获要归公”，集体所有，共同分配。

这次歼灭塔塔儿之战，尽管十分惨烈，由于双方实力过于悬殊，铁木真的大军犹如砍瓜切菜一般，迅即击溃了敌人。此时的塔塔儿部落武装，已如强弩之末，难以刺穿鲁缟了。关于战斗的具体情形，不必再耗费笔墨，倒是战斗结束之后如何处置俘虏的问题，引起了人们的极大关注。

当清扫战场之后，大批塔塔儿俘虏被成群结队押解过来时，铁木真这才确信，不可一世的塔塔儿部落，至此可以宣告灭亡了。许多年来，这个可恶的塔塔儿，带给他的是无数的噩梦，与淋漓的鲜血。他这些年来的强烈愿望之一，就是从草原上永远抹去这个令人寝食不安的巨大梦魇。如今，历经千难万险，将士们流血牺牲，终于取得了初步胜利。然而，如何处置这些塔塔儿俘虏，却成了一个难题。铁木真下令召开乞颜贵族秘密会议，研究处置办法。其实，地球人都晓得，这个问题，不必讨论，大汗自有裁决。会议最后的决定是：为了给祖先们报仇雪恨，凡是够车轮高的塔塔儿男子，一律诛杀，妇女和儿童，一律为奴。

铁木真的异母弟别勒古台是参加会议者之一，不晓得他是因为心存慈悲，还是漫不经心，会议一结束，他就泄露了这个冷血决定，一下子激起了塔塔儿人的强烈反抗，乞颜部的人们也感到了极大的恐慌。眼看就要惨遭屠戮的塔塔儿人，怒潮像地火一样涌动，他们断然做出了一个鱼死网破的决定：以暴抗暴，拼死一个够本，拼死俩赚一个！——他们每人袖里藏了一把利刃，在铁木真的军队执行屠杀任务时，一齐呼号，发动暴乱，一时间鬼哭狼嚎，血肉横飞，不少猝不及防的行刑兵卒被捅死。

铁木真对于弟弟泄露天机勃然震怒，当面予以怒叱，并下令，今后开会商议军国大事，一律不准别勒古台参加。从此之后，别勒古台只能从事一些微不足道的工作，再也不能参加任何重大会议，参与重大决策了。这个命令，一直持续到他离开人世。

令人啼笑皆非的是，铁木真一边下令屠戮塔塔儿人，一边却抱着塔塔儿美女，咧开大嘴，呵呵傻笑。在剿灭塔塔儿的战争中，铁木真得到了两位绝色塔塔儿美女，那是一对姊妹花，也遂和也速干姐妹。也遂是铁木真诸多妃子中最重要的一位，她的才华、品德、权谋，不仅影响着铁木真，也影响着那个时期的蒙古历史。她被史家称为是继铁木真的母亲诃额仑夫人之后，蒙元帝国第二个伟大的后宫管理者。

铁木真得到这对姊妹花的过程，可谓铁血美丽，令人叹惋。在铁木真绞杀塔塔儿人的战斗中，姐妹俩的父亲也客扯连率领一群英勇的塔塔儿人浴血奋战，最后全部战死，铁木真下令搜寻也客扯连，却生不见人，死不见尸，却意外地捕获了也客扯连的女儿也速干，铁木真被也速干的美色所迷，当下占为己有。也速干向大汗推荐了妹妹也遂，说妹妹比自己美丽千百倍。此时的也遂，正随着丈夫和一群落败的塔塔尔人藏身山林，躲避乞颜人的追杀。铁木真随即下令，加紧搜捕也遂，并严令不许伤害她的一根毫毛。不久，也遂落网，被纤毫无损地送到了铁木真面前。史载，也遂姑娘玉貌花容，玲珑如月，颖悟翩然，淑质胜雪。据说，也遂姑娘起初惦念丈夫，不肯就范，经过妹妹也速干再三劝说，这才含着热泪，答应做了铁木真的妃子。

传说，围绕着也遂姑娘，还发生过一个凄绝的故事。说有一天铁木真在野外设宴，开怀畅饮，他注意到也遂不住地叹息，陡然起了疑心，于是严令在场者回归本部，只有一个目光灼灼的塔塔儿英俊少年抗命不归。铁木真喝问："你是何人？怎敢违抗我的命令？" 少年怒视着他，亢声回答："我是也遂的丈夫，你身为大汗，不顾廉耻，灭我部落，夺我爱妻！今天被你抓住，要杀要剐随便！" 铁木真霍然震怒，喝令拿下。不一会儿，少年鲜活的人头，就被刽子手送到了眼前，也遂强忍着悲痛，不敢吱声……

千载以下，我们揣想其情其景，依然感到楚楚可怜。

七

随着塔塔儿部落的彻底覆灭，铁木真及其乞颜部落的三大敌人，蔑儿乞、泰赤乌、塔塔儿，都随着他的蒙古铁骑响彻寰宇的马蹄声，烟消云散了。虽然，这些古老部族之薪火，永远不会湮灭，他们会随着历史的烟云，转化成另外一些云片，成为漂移在历史时空里的其他族群；但至少，他们作为铁木真强大对手的历史，至此已经结束了。与其说这是铁木真诛戮杀伐政策之必然结果，不如说这是历史的必然选择。

这年冬天的一个傍晚，铁木真矗立在大草原上，眺望着西方天空里的一轮沉沉欲落的夕阳，凝神遐想。他的亲爱的义父、克烈部落首领王汗，如今已经成为他长剑所指的下一个目标。他曾经真心诚意地，要避免出现这种令人尴尬而痛苦的局面，可是，就像青山迟早要涌出乌云一样，这样一个万古难题，依然浮现在他的眼前。因为，王汗在他的儿子桑昆的挑唆下，已经向他举起了屠刀。

克烈部，又称克列亦惕部、怯列部、凯列部，是蒙古历史上的一个神秘民族，民众大部分信奉基督教。据记载，公元1000年左右，一位克烈国王在茫茫沙漠中迷了路，饥渴难耐，奄奄待毙，忽然，一位景教教士飘然而至，赐之饮水食物，挽救了他哀哀欲绝的生命。他刚要说声感谢，教士早已倏忽之间没了踪影。起死回生的克烈国王对教士的慈悲感念于心，发誓寻找，可是沙海茫茫啊，哪里还有踪迹？由此，他记住了这位教士，以及他信奉的景教。景教是基督教的一支，被称为聂斯脱里派。景教创始人是叙利亚人聂斯脱里（386年—451年），君士坦丁堡牧首，他坚信基督有两个位格，一个是人，一个是神，他由此提出了“基督二性二位说”，认为圣母玛利亚只是生育耶稣肉体，并没有授予她神性，因此反对将她作为神祇膜拜。尽管景教一度被视为异端邪说，却在波斯地区很受欢迎。公元635年，景教叙利亚主教阿罗本来到唐朝首都长安，受到唐太宗李世民的热情接待，景教开始在长安一带传播，不过，其信奉者多为少数部族民众。据说，那位沙漠遇险的克烈国王此后不遗余力推行景教，部众纷纷效仿，有20万克烈牧民同他们的国王一起接受了洗礼。这就是克烈部族信奉基督教的由来。

尽管信奉颇为神秘的景教，然而，克烈部落首领王汗，并不是一个虔诚的教徒，贪财嗜杀，见利忘义，像蛀虫一样啃噬着他的灵魂。猛然间，铁木真又想起了几天前，王汗导演的那场惊心动魄的鸿门宴。

那一天，王汗盛情邀请铁木真一起共进晚餐。那是一场丰盛而热烈的晚宴。满桌的牛羊肉。大桶马奶子酒。王汗的老脸上，荡漾着难以捉摸的笑纹，其子桑昆飘忽来去，形如鬼魅。铁木真被义父的热情打动，开始豪饮起来。他做梦也没想到，王汗竟然事先布置了杀手，要在酒酣耳热之际将他一举拿下。出席酒宴的巴阿邻部落的阿速那颜与铁木真素来友好，他感觉宴会气氛异常，恐怕生变，为防不测，就故意当众将一把犀利的短刀插在靴筒里，起身坐到王汗与铁木真中间，一边吃喝谈笑，两眼却不断扫视着左右。王汗见此情形，知道自己的阴谋已经败露，如果霸王硬上弓，恐怕阿速那颜会伤害自己，这才打消了这个愚蠢的念头。事后，铁木真一经阿速那颜提示，即刻恍然大悟，深恨自己疏忽大意，差点儿被自己的这位义父暗算。

其实，铁木真未必没有察觉鸿门宴上的危险情形，只是潜意识里不愿意承认罢了。无论如何，他实在不愿意相信，他与王汗，名为父子，恩义深重，可以说，没有王汗的鼎力相助，就没有他铁木真的崛起。铁木真与王汗，是父子两代用鲜血与生命凝成的深情啊，他怎么会对王汗做如此恶毒的推想呢?

追想前事，百感奔临。当年，王汗在他的父亲忽儿札胡思死后，继承克烈部汗位，初掌大权，滥施淫威，杀死了自己的两个弟弟，被暴怒的叔叔举兵击败，逃亡山谷，铁木真的老爹也速该两肋插刀，出兵救助他，并为他夺回了汗位，从此结为兄弟。王汗重掌政权后，凶相毕露，企图杀掉另一个弟弟额儿客合剌。额儿客合剌被迫投奔了乃蛮部落的亦难察必勒格汗。这位乃蛮部落可汗早就觊觎克烈部落的富饶牧场与滚滚财富，不但欣然接纳了无家可归的额儿客合剌，还悍然出兵，击败王汗，一举夺得了克烈部落的老巢。王汗的不义之举，终于把自己抛到了绝境。他被乃蛮大军追击，向西奔逃，一直逃到了荒无人烟的西辽地区，在那里流落一年有余，衣食不继，饥寒交迫，不得不踏上了返程。

漫漫长路，寂寂荒野，这位昔日的克烈部可汗，骑在一峰瘦骨嶙峋的骆驼上，只带着5只母山羊，在西部荒漠上艰难跋涉，渴饮山羊乳，饥餐骆驼血，穷困潦倒，脚步趔趄，来到了漠北高原古泄兀儿湖附近游荡。古泄兀儿湖是戈壁滩上的一个小水塘，位于今甘肃河套地区。这里正是当初王汗落难之际，与前来救援的也速该一起住过的地方。想不到时光轮转，他王汗又一次流落此地了。英雄末路，如此无奈与苍凉啊！

这时候，铁木真的老爹也速该早已被塔塔儿人毒杀，英气勃勃的铁木真像一只凌空雏凤，在大草原上空开始翱翔。他听到王汗的悲惨遭遇，内心不忍，连忙指派塔孩巴阿秃儿、速客该者温两人前往古泄兀儿湖去营救，自己又亲自到克鲁伦河上游去迎接王汗归来。在铁木真的全力帮助下，王汗的势力，渐渐得到恢复，他又逐步重新掌控了强大的克烈部落。对铁木真的无私帮助，王汗自然铭记不忘，曾经大摆筵席庆贺，并当众抒发对也速该、铁木真父子救命之恩的感激之情，重新确立了他和铁木真的父子关系。

铁木真与王汗，可谓情深意重，相辅相成。在铁木真刚刚崛起的时候，处境极其险恶，四周虎狼成群，时刻有灭顶之虞。为了安身立命，他继承老爹也速该的衣钵，拜王汗为义父，借助这位草原雄鹰的力量，逐步地走出了万丈荒草之掩埋，露出了狰狞面目，成为蒙古草原上群雄逐鹿中的一支凶悍的生力军。可以说，如果没有王汗的呵护与支持，铁木真不仅无法在弱肉强食的大漠上立足，甚至有可能在泰赤乌人、蔑儿乞人、塔塔儿人的追杀下，或伤或死，总之，他就可能被群兽撕咬，吞噬，哪里还谈得上统一草原、征服天下啊！

公元1189年，铁木真被推举为乞颜部落可汗，尽管在部落内部，他是万人之上的可汗，可是放眼草原江湖，乞颜部落的实力依然相对弱小，无法独自抵挡周围仇敌的猖狂围攻。在那些岁月里，铁木真命运多舛，登山遇山鬼，涉水遭水蛇，放牧遇鬣狗，与群雄豪饮，不免滔滔大醉矣！为了摆脱窘境，他不惜收敛傲气，放低腰身，小心翼翼地维持着与王汗义父义子的结盟关系。尽管他明白，野马总要脱缰，猛虎总要吃人，他与王汗，迟早要遭遇一场不可避免的互相吞并之惨烈战斗；但于情于理，他总是强烈地渴望着，把两人深海一般的友谊，拉得很长很长，把互相对峙刀兵相向的时刻，推得很远很远。为了赢得王汗的信任，他恪守子臣之道，极尽恭敬，百事谨慎，每次征战，凡有缴获，必先贡献给亲爱的父汗。

铁木真的努力，也得到了丰厚的回报。每一次关键战役，王汗都与他联合出兵，并肩作战。在铁木真与仇敌泰赤乌人、蔑儿乞人、塔塔儿人的连番战争中，总是能看到王汗的颟顸身影，他作为铁木真的义父一起参战，克烈部士兵作为乞颜部落的同盟军，与他们一起杀敌。尽管，王汗的贪婪、狡诈、欲壑难填，那时候已经暴露无遗，每次战斗结束后，他总是纵容士兵大肆掳掠，无所顾忌地抢夺战利品。作为一位老迈颟顸的可汗，他一如夕阳，垂垂欲落；然而，他的猜忌多疑、奸险卑劣、阴毒残苛之本性，也渐渐地凸显出来了。随着铁木真的强势崛起，他的嫉恨之心开始沸腾，铁木真与王汗的生死较量，不可避免地爆发了。

那一年，铁木真与王汗联合出兵，远征乃蛮部落的不亦鲁黑汗，取得胜利之后共同率部踏上归程，穿越阿尔泰山北坡与杭爱山南坡之间，沿着狭窄的拜达里格河谷行进，遭遇埋伏在这里的乃蛮大将可克薛兀—撒卜剌黑。两军相遇，一场惨烈厮杀迫在眉睫。当时天色已晚，铁木真与王汗商定，暂且休息，明日再战。

岂料此后王汗的举动，令铁木真目瞪口呆。王汗半夜里令人点起一堆堆篝火，制造宿营假象，暗地里下令撤军，连声招呼都不打，神不知鬼不觉溜走了，直把铁木真和他的乞颜军队孤零零甩给了如狼似虎的乃蛮强敌。铁木真第二天才查知真相，气得牙根直疼，急忙下令撤军。他内心的恼怒，翻江倒海，只是做声不得。也许是苍天有眼吧。王汗背信弃义的龌龊举动，早被乃蛮大将可克薛兀—撒卜剌黑侦知，连夜挥军追击，很快就击溃了王汗的军队，俘获了大量克烈人，缴获了大批食物牲畜等战利品，王汗之子桑昆的妻子女儿也被乃蛮人掳去。王汗搬起石头砸了自己的脚，本想悄悄溜走，岂料反而成了铁木真大军的掩护。

王汗被乃蛮大军追杀得走投无路，只好厚着脸皮向被他抛弃的铁木真求救。铁木真并不计较，立即派出他的重将四杰博尔术、木华黎、博尔忽、赤老温，火速前往救援。当此之际，王汗被乃蛮人四面围困，危在旦夕，其子桑昆被流箭射伤，不幸落马，乃蛮人蜂拥而上，正要活捉他——说时迟，那时快，铁木真帐下大将博尔术率领部众拍马赶到，杀退乃蛮人，救下桑昆，眼看就要成为俘虏的王汗父子，这才转危为安。对于铁木真以德报怨之举，王汗感激不尽，涕泗涟涟地表示："从前你的父亲也速该为救我，不顾危险，如今他的儿子为救我，不计前嫌。今生今世，我王汗何以报答你们父子的大恩大德啊！"

王汗也许为了自己的忘恩负义、背信弃义，而内疚、惭愧；也许为了铁木真的胸襟开阔、大度厚道，而感动、感恩。但是，他的奸险诡诈之本性，并不会为了自己的内疚惭愧而稍作改变，也不会为了铁木真的大度厚道而幡然悔悟。所谓江山易改，本性难移。即使如此，铁木真依然渴望改变与王汗的关系，巩固双方的战略联盟。大敌在前，小隙不必计较；大厦摩天，自会淹没阴影。为了达到目的，铁木真主动示好，提出将自己的女儿嫁给王汗的孙子，希望用联姻的方式给彼此的同盟关系加上一层黏合剂。这个美好的提议，岂料遭到桑昆一口拒绝。这个家伙早就忘了铁木真的救命之恩，傲慢地说："他的女儿嫁到我家，只能站在门后做婢妾。我的女儿要是嫁到他家，肯定要坐上正位当主子！"

桑昆如此狂悖无礼，激怒了铁木真的帐下大将，纷纷要求解除婚约，严厉惩罚这个无礼狂徒。铁木真一时间觉得如骨鲠在喉，犹如刀插静脉，他咬紧牙关，吞下了这枚苦果。

铁木真的让步，被桑昆解读为退缩，因此更加得意忘形；而铁木真的逐步强大，则令他日夜不安。他似乎听到了一只猛虎在不远处的咆哮之声；他断定，那是铁木真复仇的声音。王汗的猜疑之心大起，加上桑昆不断挑唆，他对铁木真的信任逐渐消失，克烈部落与乞颜部落严峻的对峙局面，逐渐形成，从肉体上消灭铁木真的恶念，慢慢地占据了王汗的头脑。

经过长期谋划，王汗决定采纳桑昆的计策，以答应铁木真的求婚为由，请他赴宴，在宴会上将他一举除掉。这样的鸿门宴，王汗已有先例，叵耐铁木真警惕性不够，依然准备了丰盛的礼物，浩浩荡荡去赴宴，队伍刚出大营，就遇上了本族老者蒙力克，提醒他小心有诈，此行凶多吉少。一语提醒梦中人。铁木真猛然想起了王汗上回的那场鸿门宴，立刻转身回营，遣使回复王汗说春天马瘦，不便长途奔波，等秋天马肥之时再去赴宴。桑昆知道奸计泄漏，决定偷袭铁木真。这一消息被铁木真的间谍探知，连夜飞马来报。王汗下令组成四支主力纵队长途奔袭，铁木真仓促应战，双方大战于合兰真沙陀之地。此时的王汗部队势力强盛，铁木真明显处于劣势。王汗的四路纵队轮番发动进攻，铁木真采用声东击西的战术，以勇敢善战的兀鲁兀人做先锋，在猛将术赤台等人的率领下，接连击退了王汗的轮番攻势，还射伤了王汗之子桑昆。唉，当初乃蛮人射伤桑昆，是铁木真大将博尔术挽救了他的性命；今天，还是这个桑昆，却倒在了乞颜人的利箭之下，虽然没有毙命，却令王汗心惊，他的大举进攻，就此打住了。

“合兰真沙陀之战”是铁木真平生最艰苦的一场战斗，他率领乞颜部队，单独与蒙古高原上最强大的贵族势力进行了激烈较量，虽然英勇奋战，毕竟实力不济，损失惨重，队伍溃散，退至克鲁伦河下游的班朱泥河时，铁木真麾下只剩了 2600 余人，只有 19 名将领跟随在他身边。河水湍急而咆哮；天上有大块的云在飞；头顶的秃鹫也许闻到了血腥，不停地怪叫，盘旋。所有辎重都被抛弃，众人疲惫不堪，饥肠辘辘，许多人瘫倒在草地上。这时，一只野马忽然旋风一样奔过来。铁木真张弓搭箭，野马应声而倒。他与将士们吃马肉，饮马血，弄得满脸满嘴鲜血淋漓。他与 19 名将领，一起跪在班朱泥河边，对天庄严发誓——“苍天作证！如果我铁木真取得天下，一定与诸位同甘苦，共命运，倘若违背此盟，就让我变作这河中的污泥浊水！”

这就是在蒙古大草原上盛传的“班朱泥河之盟”。铁木真泪流满面。他苍凉寒冽的声音，在天地间回荡，19 名将士热泪横流，许多战士也洒下了滚滚热泪。后来，这 19 名将士都成了蒙元帝国的开国功臣，无一背叛。

在班朱泥河畔，铁木真与他的乞颜兵马，休养生息，酝酿着改天换地之神力。他派出使者，向王汗表明忠心，请求媾和，并责之以大义，动之以真情：“父汗啊，儿臣何罪，遭此严惩？父汗听信小人之言，屡次背弃盟约，儿臣心头痛悔的血水，浩浩汤汤就像这班朱泥河水啊……”

听着铁木真一声声呼唤父汗，王汗面露愧色；面对铁木真的一声声责备，王汗更是无言以对，连声说自己老糊涂啦。与此同时，铁木真施展拳脚，对克烈部落进行分化瓦解，使王汗手下诸将离心离德，各怀心思，难成合力。

这时候的王汗阵营里，却发生了内乱，札木合、阿勒坦、忽察儿、答里台等人，密谋发动叛乱，废除王汗。王汗察觉，发兵围剿。答里台等人投奔了铁木真，札木合逃向了乃蛮部落。这位曾经的札只剌部首领札木合，自此逃亡天涯，投奔乃蛮部落太阳汗，在铁木真大军横扫乃蛮部落之后，最后辗转亡命路上，被自己的随从擒拿，献给了铁木真。

此时，王汗陶醉于自己的胜利，铁木真的示弱求和，令他感到极大的心理满足。铁木真这头桀骜不驯的雪豹，如今终于被自己征服了。那个成事不足败事有余的投机分子札木合，早就该滚蛋啦！王汗下令，在折折运都山大营大摆筵席庆贺大捷！——此时，铁木真的偷袭大军已经秘密突进折折运都山，包围了王汗大营，骤然发动袭击。经过三昼夜激战，王汗与儿子桑昆抵敌不住，落荒而逃。王汗只身逃往乃蛮边界，饥渴难耐，在借水喝时被乃蛮守将捕杀；其子桑昆逃到西夏后被逐出，又辗转逃往曲先（今新疆库车），被当地人所杀。强盛一时不可一世的克烈部落首领王汗父子，至此灰飞烟灭！

八

公元1206年春天，铁木真在斡难河源起伏如浪涛的草原上召集贵族首领们举行“忽里勒台”大会，建九脚白旄纛，即蒙古大汗位。萨满教巫师阔阔出声称求得了上天的启示，对铁木真说：“如今地上各称古尔罕之诸国君均为你所服，其领土均归你治下，因此你亦应有普天下之汗、诸王之王的尊号。上天旨意，你的称号应为成吉思汗。”

这时候，铁木真才成为了真正意义上的“成吉思汗”，成为蒙古草原各部落的大汗。“成吉思”乃“大海”之意，“汗”即“皇帝”。成吉思汗建立的国家，称为“也客·蒙古·兀鲁思”，即大蒙古国。至此，蒙古各部落都统一在大蒙古国的统治之下，按照千户制度组织起来，一个统一的蒙古民族共同体，从此登上了历史的舞台。

应当说，千户制度是成吉思汗作为国家管理者的一个伟大创举。他把全蒙古百姓划分为 95 千户，分别授予那些曾经与他同甘共苦的贵戚勋臣，任命他们为千户那颜（千户长），世袭享有。千户之下分为若干百户，百户之下分为十户。千户的组成形式有两种，一是由同族结合而成，二是由不同部族混合组成。千户作为基本军事和地方行政单位，取代旧时的部落或氏族结构，可以说是国家管理体制的一个重大进步。通过分编千户，全国百姓都在指定牧地居住，不许随意变动。国家按千户征派赋役和签调军队，所有民户都在本千户内登记户口，负担兵役等。

蒙古汗国的最高利益集团，当然是成吉思汗和他的“黄金家庭”，全国百姓都是他家的臣民。受到大汗册封的贵戚勋臣，被称为“投下”。最为成吉思汗倚重的 10 个亲信，博尔忽、木华黎、赤老温、博尔术、哲别、忽必来、速不台、者勒篾、术赤台、畏答儿，被世人称为“十投下”。成吉思汗的一条铁律是：即使再显要的贵戚勋臣，也不许与他的“黄金家庭”相抗衡。萨满教巫师阔阔出以所谓“天意”忽悠天下人，“成吉思汗”的大号就是拜他所赐，因授大汗封号有功，颇受大汗器重，他日益专横跋扈起来，居然与“黄金家庭”争夺百姓，许多人都投到他的麾下。成吉思汗的小弟弟翰赤斤大为恼火，派人前往索要，竟被恶言詈骂，成吉思汗随即派出三名大力士，一下子折断了阔阔出的脊梁骨，当场悲惨丧命。成吉思汗说：“阔阔出辱骂我的兄弟，违背了天意，所以苍天把他的生命和尸体都收回去了。”阔阔出丧命，权贵们无不震恐。成吉思汗借阔阔出的尸体，明白无误地告诫那些目空一切的勋臣与权贵：无论是谁，胆敢与“黄金家庭”叫板，只能是自取灭亡！

成吉思汗建立大蒙古帝国之后，铁蹄猎猎，势如猛兽，征西夏，伐金国，席卷欧亚大陆，在全世界形成了一股令人谈之色变的风暴。

开始于 1205 年的征讨西夏的战争，是成吉思汗谋划已久的进攻宿敌金国之前奏。成吉思汗与中原金朝的关系，可谓一波三折。他的堂祖父俺巴孩汗当年被金人用钉木驴的酷刑残忍处死，点燃了他最初的仇恨之火；后来，他与金人联合攻灭塔塔儿人，从此接受金国封号，纳贡称臣，暗地里却时刻准备伺机报仇，进攻金国。为了解除与金国开战后西夏可能构成的军事威胁，铁木真先后于1205—1209年发动了三次攻夏战争，迫使西夏臣服。1205年三月，成吉思汗灭亡乃蛮部落后，第一次率军入侵西夏，攻破边境城堡力吉里寨，掠夺了大量战利品和无数骆驼、牛羊；1207年秋，第二次入侵西夏，围攻边境重镇斡罗孩城，遭到西夏军民顽强抗击，双方激战40多天，城池才告陷落，成吉思汗一怒之下，下令屠城，使这里转眼之间变成了一座死城。两年之后，成吉思汗的蒙古军团又大规模入侵西夏，占领兀剌海城后，长驱直入河西地区，直逼西夏都城中兴府。惶恐不安的西夏皇帝李安全眼见京城难保，回天乏力，只好派出使臣向金国求救。

这时候的金国皇帝完颜永济史称“卫绍王”，显然不是帝号，是死后的谥号。完颜永济是金世宗完颜雍第七子，金世宗作为一代明君，可惜龙种生出了跳蚤，这位完颜永济被史家讥为“柔弱鲜智能”，优柔寡断，庸碌无能，自保尚且不足，何以安邦治国？《金史》批评说：“卫绍王政乱于内，兵败于外，其灭亡已有征矣！”完颜永济听罢西夏求救使者的泣血哀告，居然幸灾乐祸地说：“蒙夏两国相攻，吾国可以从中渔利，岂不是吾国之福吗？”西夏使者闻言，当场嚎啕大哭，西夏皇帝李安全孤立无援，呼天天不应，喊地地不灵，被迫向蒙古纳贡称臣，并将公主嫁给成吉思汗，他这才罢兵休战，带兵返回了蒙古草原。

1214年，铁木真在为祖先复仇的旗号下，发动了对金国的全面战争，他亲率术赤、察合台、窝阔台、托雷四个儿子和数万虎狼之师，从怯绿连河起兵，经草原汹涌南下，连克昌州（今内蒙古太仆寺旗九连城）、桓州（今内蒙古正蓝旗西北四郎城）、抚州（今张家口张北县）。在野狐岭要塞（今张家口万全县膳房堡乡），蒙古军遭遇30万金军守军，双方杀得天昏地暗，金军大败，尸横遍野，蒙古军前锋突入居庸关，剑指金国都城中都（今北京市）。接着，蒙古大军先后攻取了山西、河北、山东、东北广大地区。蒙古军向来残暴成性，所到之处，烧杀抢掠，无恶不作，许多房屋被焚毁，许多城郭化为废墟。两河山东数千里之内，人民几乎被诛杀殆尽。

此后，铁木真把占领的中原广大地区交给亲信木华黎治理，并封他为国王，叮嘱道：“太行以北，朕亲自治理；太行以南，由你治理。”他留木华黎经略中原，自己于公元1219年，扬鞭策马踏上了万里西征之路。

铁木真这次万里西征，源于中亚古国花剌子模国王摩诃末的不断挑衅。

花剌子模国，位于中亚母亲河阿姆河下游三角洲，阿姆河下游、咸海南岸，即今日乌兹别克斯坦与土库曼斯坦两国的土地上，是中亚文明发育最早的地区之一。古代阿姆河丰富的水资源为其提供了灌溉便利，花剌子模成为农业生产高度发达的地区。强盛的经济实力，弄得国王摩诃末不知天高地厚起来，竟然梦想向东扩张，征服中国，创造一个世界帝国。岂料他的勃勃野心，正遇到了铁木真征服天下的霍霍刀锋。摩诃末不断挑衅，先抓捕成吉思汗派出的商队，又诛杀他派出交涉的使者，成吉思汗大怒弥天，悍然西征。

公元1219年，成吉思汗统率15万大军，越过阿勒泰山，途经别失八里（今新疆吉木萨尔北破城子）、仰吉八里（今新疆马纳斯县西北）、天池（今新疆赛里木湖）、畏兀儿（今新疆东南地区）、阿力麻里（今新疆霍城县西北）、哈剌鲁（今哈萨克斯坦伊犁河以北），进入花剌子模国境内。

蒙古大军进入敌境，势如破竹，很快就兵临锡尔河畔的重镇讹答剌城。锡尔河是亚洲中部的内陆河，全长3019公里，源于天山山脉，流经图兰低地后注入咸海。图兰低地是中亚哈萨克斯坦西南部和乌兹别克斯坦、土库曼斯坦西北部的广袤低地，北起哈萨克丘陵，东接天山山脉和帕米尔高原，南抵伊朗高原北部的科彼特达格山脉，西临里海，面积达150万平方公里。讹答剌又称奥特拉尔，位于今天哈萨克斯坦奇姆肯特市阿雷思河与锡尔河交汇处。在这里，成吉思汗下令兵分四路，展开大规模攻势——第一路由皇子察合台、窝阔台指挥，扫清讹答剌地区，经6个月苦战，最后占领讹答剌城，活捉敌酋亦难出；第二路由皇子术赤指挥，顺锡尔河西进，攻占昔格那克（今哈萨克斯坦契伊利东南）、讹迹邗（今吉尔吉斯斯坦乌支根）、巴耳赤邗（今契伊利西北）、毡的（今哈萨克斯坦克齐尔·奥尔达东南）；第三路由将军阿剌黑、速亦客秃、塔孩指挥，沿锡尔河南下，攻占伯纳克特（今乌兹别克斯坦塔什干西南）、忽禅（今塔吉克斯坦之列宁纳巴德）。成吉思汗与小儿子拖雷率领主力部队，以速不台为先锋，渡过锡尔河，越过600公里宽的基吉尔库姆沙漠，直取中亚重镇不花剌（今乌兹别克斯坦布哈拉城）、直捣花国都城撒麻耳干（今乌兹别克斯坦撒马尔罕城），切断国王摩诃末向受围各城派遣援军的通道。

在蒙古大军席卷而来的时候，花剌子模国王摩诃末正在都城撒麻耳干王宫里大摆筵席，与嫔妃们嬉闹调笑。他哪里晓得，他当初的孟浪之举，已经引来了蒙古大军的凛凛铁蹄！

阿拉乌丁·摩诃末先生无疑属于好高骛远、好大喜功之辈，野心勃勃却不肯研磨制胜之道，妄想一统江湖却兀自贪图享乐，懈怠弛弭。凡是给他带来好消息的人，一律重赏；凡是给他带来坏消息的人，一律拉去喂老虎。国王如此，导致臣下变成了一群马屁精：凡有好事，朝臣们争先恐后打破脑袋来报喜；凡有坏消息，则一个个溜之大吉，哪怕天塌地陷，也没人肯向国王禀报。蒙古大军杀来的惊天噩耗，尽管弄得朝臣们心惊肉跳，国王却一直被蒙在鼓里。其实，当时花国拥有40万军队，实力远远高于蒙古人的15万劲旅，如果指挥得当，顽强抗击，战争的胜负，实在很难预料。叵耐国王摩诃末的昏庸导致万马齐喑，贻误战机，等到他得到密报的时候，蒙古大军已经兵临城下，他怕得发抖，脸孔煞白，茫然失措，他的御敌之策，居然是传令各城，“坚壁清野，不得出战”。下完这道坐以待毙式的命令，他便仓皇弃城逃命去了。

花剌子模国边境重镇讹答剌、中亚大城市不花剌、花国都城撒马耳干，这些中亚地区的繁华城市，像沿途许多城市一样，都被成吉思汗的铁骑先后占领，抢掠蹂躏之后，最后遭到屠城噩运，全城男女老幼，都被悉数屠杀。在蒙古军队围攻克鲁多安城时，久攻不下，战况胶着，成吉思汗的孙子——察合台的儿子木秃坚不幸中流箭身亡，成吉思汗勃然震怒，暴跳如雷，下令把那一带的一切生物，不论男女老幼，无论是鸟是兽，一律斩尽杀绝，化为死境！

成吉思汗平定了蒙古铁骑所到之处的欧亚大陆各个地区，将沿途一个个国家纳入到蒙古帝国疆域之中，人类历史上一个疆域辽阔无垠的大帝国，就这样轰隆隆横空出世了！

尽管由于自己的昏庸颟顸，导致无数人头落地，花剌子模国王摩诃末与他的儿子札兰丁的命运，依然令人喟叹。在成吉思汗铁拳的打击之下，摩诃末及其国家机器很快被碾为齑粉，从前威风凛凛不可一世的摩诃末，沦为了一条可怜的丧家犬。面对势如霹雳的蒙古大军，他所能做的，似乎就是带着一群铁杆死党拼命逃亡，先是逃到阿富汗境内的巴尔赫地区，进入阿富汗北部重镇马扎里沙里夫，还没来得及擦干脸上的血迹，就听到了蒙古追兵哒哒哒的马蹄声，慌忙连夜逃遁，途经纳克休普（位于马扎里沙里夫城北）、巴里黑（位于马扎里沙里夫城西），辗转进入伊朗东北部呼罗珊地区。呼罗珊又称“霍拉桑”，意为“太阳升起的地方”，这里地处伊朗、阿富汗、土库曼斯坦交界地带，山高林密，河谷纵横，科佩特山、比纳卢德山，岭壑峻拔，卡沙夫河谷地、阿特腊克河谷地，低洼逶迤。他在这里喘息未定，就被追杀的蒙古铁骑的喊杀声吓破了胆，只得继续逃窜，潜入尼沙不儿（今伊朗东北部内沙布尔城）、可疾云（今伊朗德黑兰西北加兹温城）、哈马丹（今伊朗德黑兰西南哈马丹城）、马三德兰（今伊朗东北部马赞德兰省），直到里海岸边的戈尔甘河口，泅水渡海，来到位于戈尔甘河口西部的阿疏儿·阿迭岛上，这里虽然是个水雾弥漫的海天世界，惊魂未定的摩诃末依然觉得离陆地太近，于是继续向深海逃亡，抵达了他最后的藏身之地——阿必思浑岛。这座荒岛，如今已不可考，或许已经沉入茫茫大海了。

万里追杀摩诃末的这支蒙古铁骑的统帅，就是成吉思汗帐下的铁血战将哲别与速不台。这两位在血水里泡大、在刀锋上蹦跳的蒙古勇士，奉了成吉思汗严令，无论摩诃末逃到天涯海角，也要将他置于死地！这正是成吉思汗对待敌人的特有方式。他绝对不会枪口抬高一寸，也不会产生丝毫怜悯，他说，“他们最好的去处，就是坟墓。”哲别、速不台指挥着一支嗜血的草原铁骑，一路跟踪追击，一路滥杀无辜，一路血流成河。

公元1220年12月，在里海阿必思浑岛上苟延残喘的摩诃末一病不起，哀哀欲绝。至于病因，肯定与连续逃亡惊魂不定，导致精力衰竭，以至于心胆俱裂有关。其实，他应该庆幸自己没有被蒙古大刀砍得粉身碎骨，得以全尸西行。在被恶浪吞噬、被疾病吞没的垂危时刻，他是否为了当初的狂妄自大愚蠢颟顸而悔恨，为了给国家与臣民造成的悲惨命运而哀痛，只有天晓得。

摩诃末逃亡之前，流着眼泪授权给儿子札兰丁，要求他继续组织抵抗。札兰丁叩头流血，发誓复仇，他也因此成为了花剌子模国的末代国王。札兰丁身材低矮，面容黧黑，却膂力过人，骁勇善战。1221 年，为了报仇复国，札兰丁到波斯一带招募兵马近 10 万人，进占八鲁湾川（今阿富汗喀布尔北），两次击败了前来剿杀的蒙古军队。札兰丁的胜利，在呼罗珊地区引起一片山呼海啸，许多城市群起响应，反抗浪潮如洪波涌起。在此之前，蒙古大军堪称战无不胜，如今连吃败仗，成吉思汗极为震撼，他没有诛杀打了败仗的将领，却对札兰丁赞叹不已，说假如自己的儿子如此神勇，何愁马蹄不能踏碎世界？听了他的话，矗立帐下的蒙古战将们一个个面红耳赤，头上犹如被抽了万道神鞭，纷纷请求出战。成吉思汗宣布自己要御驾亲征，一举扫平花剌子模国残余势力。

1221 年 10 月，成吉思汗亲自率领的蒙古大军，与札兰丁指挥的复仇军团，在印度河北岸展开了一场殊死大战。电闪雷鸣。天地翻覆。最后结果，再一次强有力地论证了成吉思汗的战无不胜。札兰丁眼见败局已定，回天无术，最后纵马跃入波涛滚滚的印度河，泅水进入了印度境内。至此，几乎整个中亚，包括帕米尔高原，现今的阿富汗、伊朗、伊拉克，以及前苏联境内的穆斯林地区，尽属蒙古帝国所有。1225 年，成吉思汗回到蒙古大草原，带回了 10 万之众的各种手艺工匠，以及无数的金银财宝，他自豪地宣称：“无论东西南北，对于我们蒙古铁骑来说，从这头打到那头，不过一年时间罢了！”

然而，札兰丁与蒙古人的较量，还远没有结束。意志如钢的札兰丁此后由印度回到波斯，重振雄风，继续战斗，直到成吉思汗辞世之后的 1231 年，蒙古大将拔都奉窝阔台大汗之命，出兵征讨札兰丁，双方在波斯境内的帖必力思城外展开激战，札兰丁兵败遁逃。据法国历史学家雷纳·格鲁塞《蒙古帝国史》记载，公元 1231 年 8 月 15 日，札兰丁死于迪亚儿别克儿山中。

不过，关于札兰丁的最后结局，却流传着三个不同版本：其一，被蒙古军队杀死。其二，被自己的手下将领杀死。其三，当时未死。帖必力思城大战之后数年，有人传说札兰丁国王当初根本没死，曾在好几个地方神秘现身，有个神人还到处宣称自己就是札兰丁大帅，蒙古驻军将他抓住，最后证实不过是个冒充者，随即处死了。

九

如果说，战场上的成吉思汗是一头凶暴的老虎，那么，对待自己的手下将士，他却是一个情深义重、至情至性的兄长。这种深刻的矛盾，既是他人格撕裂之表征，也是他内心善与恶之冲突、情与理之悖论，映射着他前世今生的幸运与苦难。

成吉思汗对下属情深义重的传说，铸成了无数麾下将士誓死效忠的决心，至今依旧令人怦然心动。骁勇战将木华黎、博尔术，曾经撑着毛毡，站在雪地里为他挡寒；忠诚伴当者勒篾在他受伤时，为他吮血疗伤，光着身子到敌营盗取马奶；神箭手哲别曾经是他的敌人，战斗中一箭射伤了他，他照样称之为朋友——成吉思汗这几位忠心耿耿的兄弟，一生对他誓死效忠，忠义慷慨，他对他们也是信任有加，加官晋爵自不在话下。对于手下将士，他的慷慨仗义，也是令人动容，他甚至把整座城市、整个部落赐给有功之臣。对于自己的士兵，他爱护备至，关爱有加，他曾下达军令：战场上不能遗弃伤员，一旦有伤员被遗弃，该伤员所在百人队官兵，全部处死！为了避免部队出现过多伤亡，他在战斗中善于进行迂回作战，闪转腾挪，偷袭奇袭，出其不意，攻其不备，用最小的损失，给敌人以最大的打击。

作为一代枭雄，成吉思汗绝对属于军事天才，但他身上没有那些天才人物常见的狂妄自大，目空一切。我们毋宁说，他是个草根英雄，他崛起于垄土，成长于苦难，成熟于炼狱般的磨难历程。他的身上，兼具着天纵之才与平凡草根的所有优点与缺点，激烈狂暴与敦厚温柔，如风雨交加，不时地变幻。狂暴时杀人嗜血，不惜毁坏璀璨城池与万里江山；温柔时春风怡荡，关心着下属的细微心事与纤毫律动。当年，札剌亦尔部落的勇士古温兀阿，作为成吉思汗的超级粉丝，带着自己的两个儿子木华黎和不合来前来投奔，为他送来了一员勇猛无敌的战将，后来成了经略中原地区的“权皇帝”木华黎；古温兀阿的两个弟弟赤剌温孩亦赤和者卜客，也随着哥哥前来，者卜客还带来了一个流浪儿孛罗忽勒，他把这个可爱的小男孩献给了铁木真的母亲诃额仑夫人，这样，仁慈的诃额仑就在战争期间收养了4个孤儿，他们是：曲出（来自蔑儿乞部）、阔阔出（来自泰赤乌部）、失吉忽秃忽（来自塔塔儿部）、孛罗忽勒（来自主儿勤部）。

成吉思汗对亲人的情深意重，集中表现在对妻子孛儿帖的理解、包容与爱护上。当年妻子被蔑儿乞人所掳，被迫做了蔑儿乞人赤勒格儿孛阔的女奴，第二年被解救回来不久，就生下了蔑儿乞人的儿子——术赤。成吉思汗同情妻子的屈辱，理解她内心的悲苦与忐忑，对此从无怨言，对术赤也一直视如己出，当做自己的亲生长子对待，自幼悉心教导，长大后授予他重要兵权，分封其重要封国，足见其性格之豁达，处世之仁厚。这一点，是天下无数凡俗男子，难以望其项背的。

对亲人情深意重，对敌人诛杀殆尽，这两条截然相反的行为方式，交融于成吉思汗的灵魂深处，令他具备了某种难以揣测难以描述的迷人风骨。然而，他还有一条重要的人生准则，那就是——忠诚。无论是敌人还是朋友，只有对主人绝对忠诚，对父母、家人、战友绝对忠诚，才是可交之人，才可以信赖并托以大事。他对于忠诚的推崇，是纯粹的，绝对的，几乎到了痴迷的程度，容不得半丝含糊。当年他拜克烈部首领王汗为义父，一直忠心耿耿，恪守子臣之道，恭敬顺从，宽怀大度，不肯计较王汗的自私贪婪与背信弃义，直到王汗父子设计谋害他，并把他的部队击溃，忍无可忍之后，才与他们毅然决裂，并予以痛击，一举消灭。克烈部落被成吉思汗击溃后，王汗之子桑昆与马夫逃了出来，马夫为求活命，抛弃桑昆前来投奔，成吉思汗骂他背主求生，不忠不义，下令处斩。马夫之妻曾劝丈夫不要抛弃主子，成吉思汗感其忠义，不仅不杀，还对她予以通令嘉奖。成吉思汗打败泰赤乌人后，却找不到泰赤乌首领塔儿忽台的踪影，有人报告说，泰赤乌旧部纳牙阿父子发现了塔儿忽台的行踪，念及旧情，不报告，不捕获，却私自放跑了他，该当何罪？成吉思汗闻言，不但不追究罪责，还对他们忠于旧主的行为大加赞赏，说他们忠贞旧主，何罪之有？与此相反，札只剌部首领札木合在最后的逃亡路上，被自己的5名随从擒拿，绑了来献给成吉思汗，本想得到荣华富贵，却被他大骂一顿，叱责他们卖主求荣，罪该万死，下令全部处死。

如果说，这些慷慨悲烈的忠诚故事，回旋着凛冽肃杀的疆场血勇意味，那么，成吉思汗义娶合答安的美丽传说，则荡漾着细腻感人的真挚情愫。那是铁木真消灭泰赤乌部之后，开始收编泰赤乌残兵败将，一天他从一座小山下经过，忽然看见一个红衣女子冲他大喊："铁木真！铁木真！"他停住脚步，惊问其故，女子被带到他面前，痛哭失声。原来，她叫合答安，是泰赤乌部锁儿罕失剌的女儿，当年与她的父兄一起，帮助铁木真逃脱了泰赤乌人的追捕，如今她的丈夫却被铁木真的手下捉了去，眼看就要被杀了！铁木真恍然记起了当年死里逃生的往事，立刻下令放人，可是晚了，合答安的丈夫已经遇害。铁木真愧疚得泪流满面，他拥抱着合答安，以安抚她的痛苦与悲伤。尔后，他把合答安请进大帐，回忆往昔，倍感伤心。当年他遇难时，受到锁儿罕失剌一家救助，合答安曾经冒着危险，为他送茶送饭，如今自己居然杀了她的丈夫！如此恩将仇报，他无法容忍自己的恶行，万分煎熬，寝食难安。为了补救自己的罪过，他做出了一个惊人决定：娶合答安为妻，把她留在自己身边，终生照顾。

夕阳有余辉，英雄叹迟暮。

成吉思汗的最后岁月，是在征讨西夏的动荡征途中度过的。公元1226年春天，成吉思汗以西夏政权接纳仇人桑昆、拒绝征调为由，再一次兴兵大举入侵西夏。这一年，成吉思汗已经64岁，常年战火纷飞的战争生涯，令这位威猛如虎的草原雄鹰，不可避免地容颜憔悴了。常年的征战，颠沛流离，损害了他的强健肌体，使他感到了满身慵倦与疲惫。难填之欲壑，一如高山峡谷，乱石滚滚，砰然轰鸣，乱草挺拔，冷风作吼，一世之贪婪，毕生之追求，究竟何物是心灵所系，魂魄所依，实在难以蠡测。成吉思汗只是顺应着自己奔腾咆哮之野心，经天纬地之宏愿，跨骏马，嘶雄风，抡利剑，弯长弓，征讨天下，消灭对手。糟糕的是，他在打猎时不慎坠下马来，伤痛锥心刺骨，皇子与大臣们主张暂且后撤，但对成吉思汗来说，开弓哪有回头箭，前进杀敌才是硬道理！

年过花甲的蒙古老鹰成吉思汗，率领着天下无敌的蒙古铁骑，对西夏展开了猛烈攻击。四月，围攻肃州城（今甘肃酒泉），遭遇顽强抵抗，月余城破，成吉思汗下令屠城，只有106户临阵通敌者获得赦免；六月，围攻甘州城（今甘肃张掖），不久，城破，诛杀顽抗者 36 人……

蒙古大军一路呼啸，一路屠戮，鲜血足以漂杵，残暴罄竹难书。西征战争，像成吉思汗往常指挥过的无数战役一样，是如此的残暴血腥，天地为之失色。他和他的蒙古铁骑，就这样一路呼啸，一路屠戮，进入了公元 1227 年，来到了西夏都城中兴府城（今宁夏银川市），展开了激烈的围攻。这是一次历时半年的艰苦卓绝的攻防大战，双方激烈拼杀，蒙古人虽然得势，却始终无法取胜。转眼到了这年夏天，阳光开始炙烤大地，中兴府城内几乎弹尽粮绝，强烈的地震导致街巷扭曲，房屋倒塌，大批难民无家可归，瘟疫开始肆意蔓延……面对如此凄惨之绝境，西夏末帝李晛起用三朝老臣、右丞相高良惠，令他挽救国家危亡，可是，高山滚石，谁能阻挡？大厦已倾，谁能扶之？高良惠强驱老迈病羸之躯，"内镇百官，外厉将士"，不过是垂死挣扎。有人劝他保重，他说："我世受国恩，不能芟除祸乱，使寇深若此，何用生为？"言罢痛哭流涕，不能自已。不久，高良惠病死。末帝李晛闻听噩耗，眼前一黑，栽倒在地。中兴府城中的悲泣之声，一如黄河之波涛。此后，满脸灰败的末帝李晛派出使者，奉上祖传金佛和金银财宝，出城向成吉思汗请降，百般哀求宽限一个月，"以备贡物，迁民户"，然后举国献城投降。

1227 年 8 月 25 日，一代天骄成吉思汗的伤病急性发作，在蒙古大军驻扎的清水县大营里，溘然长逝。清水县古称上邽，以上陇"清泉四注"得其名，是古代中原与西北之通道，素有陇上要冲、关中屏障之称。县境东部为陇山余脉盘龙山，南部有盘龙山之笔架峰，西部是弓形高峰科山梁，北部为化岭山与封山；在山梁内外，形成了以牛头河为中心的汤浴河、樊河、后川河四大水系。如此险峻峭拔、碧水环绕的一座山城，作为成吉思汗的晏驾之所，也算得其所哉！

临终前，他将三子窝阔台、幼子托雷召到床边，叮嘱他们兄弟要和睦团结，共襄盛业，并吩咐自己死后秘不发丧，等西夏末帝李晛献城投降时，乘虚而入，进行屠城，将城内军民全部杀光。这是成吉思汗一生下达的最后一道屠城命令，也是他冷酷无情铁血一生的回光返照。窝阔台兄弟遵循大汗遗命，诛杀了出城投降的西夏末帝李晛，以及一干朝臣，并挥军入城进行了一番惨绝人寰的大屠杀。西夏立国190年，至此彻底灭亡。

遵照成吉思汗的遗嘱，他的尸体被运回蒙古故土，埋葬在斡难河、怯绿连河、图拉河三河发源之圣山——不儿罕山上。当年，这座圣山曾经多次庇护遭难的铁木真，如今，当年的铁木真又回来了，长眠在不儿罕山的连绵群峰与蓊郁林木之中。陵墓向北深埋，以万马轰隆踏平，后人在鄂尔多斯（伊克昭盟）修建了“八间白室”等遗帐、遗物，来缅怀这位叱咤风云万古不朽的伟大人物。

关于成吉思汗之死，历来多有争议。一种说法是他死于征讨西夏前的狩猎活动，说他有一天狩猎野马，坐骑为野马所惊，他落马受伤，久治不愈，不幸身亡；还有一种说法是，他外出时偶尔遭遇雷击，导致巨星意外陨落；中世纪意大利旅行家马可·波罗认为铁木真是在攻打一座城堡时膝部中箭，箭伤发作而暴亡。还有一种民间传说，颇具浪漫色彩。说成吉思汗在征伐西夏时，俘获了西夏王妃库别鲁锦霍阿，王妃陪伴成吉思汗缠绵了一夜，两人之间的情似烈火颠鸾倒凤，自不在话下。可恨的是王妃乘大汗熟睡之机刺死了他，自己也投黄河而死。

至于成吉思汗的埋骨之地，也有不少版本。较有代表性的说法，除了不儿罕山之外，还有伊金霍洛旗的成吉思汗陵。伊金霍洛，蒙语的意思就是安放成吉思汗与孛儿帖灵柩之地，伊金霍洛旗，便是由成吉思汗陵而得名。关于这个地方，还有一个意味深长的传说。成吉思汗最后一次征伐西夏时，大军行进到一个叫做布尔陶勒盖的地方，他手中的马鞭突然啪唧一声掉在地上，马夫低头要捡起来时，被成吉思汗阻止，他环顾四周，若有所思地说：“我看这里啊，乃是花角金鹿栖息之所，戴胜鸟儿育雏之乡，衰落王朝振兴之地，白发老翁享乐之邦。这里真是风水宝地呀，我死之后，一定要把我葬在这里！”

成吉思汗死后，送丧的车队迤逦前行，经过这里时，车轮忽然陷入泥泽之中，任众人再三推拉，车子纹丝不动。人们忽然想起他曾经说过的话，随即决定把他安葬在这里。这个传说，《蒙古秘史》与《蒙古黄金史纲》均有记载，如此看来，似乎还是有一定可信度的。

伟大的蒙古英雄成吉思汗，是无可挽回地魂归大地，魂归蒙古高原了。无论是在峰岭奔涌如涛的不儿罕山上，还是在浑厚辽阔的伊金霍洛，千百年来，成吉思汗都在寂寞而安详地长睡着。不管世界上多少人在传颂他的英勇故事，不论世界上多少人在寻找他的缥缈踪迹，对于这位黯然长睡的英雄而言，这一切只不过是微不足道的鸿毛而已。说是英雄逝去，魂魄仍在，不过是活着的人们的一种精神寄托与安慰吧。

愿伟大的成吉思汗安息！

（2012 年 11 月 1 日）

后 记

这本书的产生，缘于一个普通的饭局。

那是一个夏天的晚上，我与河北著名出版家陈新先生、文友刘峰先生，在石家庄和平东路上的一家火锅店一起吃饭，席间，陈新老师说起他的一个出版创意。这是一套著名历史人物系列丛书。他指着我和刘峰说，你俩都是我预定的作者啊。我俩闻言，频频点头。从此，我就进入了一个颇为艰难的写作周期。写作的结果，就是这本书。

起初，陈新老师命我筛选古今中外10位大政治家，为他们每人作一篇小传，算作丛书的一个分册。其实，这类图书在市场上是不少的，我也约略读过一些，基本属于资料的汇编与删减。按照我的理解，那些人物纵然高名垂宇宙，功业惊天地，但毕竟也曾经是一个个活生生有血有肉的人，有着自己的喜怒哀乐与七情六欲。如果你只是把他们的历史功业罗列一番，把他们的历史资料删减润色捣腾一遍，那其实意思并不大。因为，那些汗牛充栋的历史资料，早就淹没了人们的视线，你打开任何一本史书，都会比你罗列得更详尽、更周全、更浩瀚。因此，你必须写出他们的喜怒哀乐、悲欢离合，与他们同呼吸、共命运，悲哀着他们的悲哀，欢乐着他们的欢乐，才有可能触及这些高峰式历史人物的灵魂深处。

我就按照自己的思路，开始了最初的写作。第一个吸引我目光的，是中国历史上唯一的女皇帝武则天。那是一个极其艰难的写作过程。光是那个开篇部分，就推倒重写了十次之多。我必须寻找到属于自己的表达方式与叙述姿态。等到最后一篇古希腊马其顿帝国国王亚历山大竣工的时候，已经是半年之后了。即使如此，我也只完成了8篇。感觉再写下去自己要完全崩溃，于是只好匆匆宣布收摊了。此后,《燕赵晚报》开始连载这本书，书名叫做《我为峰——世界八大古典政治家之心灵史记》，在读者当中引起了不小的反响。

按照当初的设计，这本书分为上下两卷，上卷是“中国卷”，主人翁是秦始皇、曹操、武则天、成吉思汗；下卷是“外国卷”，主人翁是亚历山大、恺撒、彼得大帝、拿破仑。如果上下卷合成一本书出版，因为篇幅过长，恐怕不利于读者阅读，再加上某种体制的微妙桎梏，最后决定分为两本出版，先推出“中国卷”，随后推出“外国卷”。这就是本书的来历了。

无论如何，书要出版了。这是一件值得庆贺的事。在此，感谢陈新先生的鼎力支持与帮助；感谢刘峰先生拨冗审阅全书，校正了许多谬误；感谢北京时代华文书局的各位编辑老师，为此书的出版做了许多辛勤的工作；当然，更应该感谢的，是北京时代华文书局副总编辑王水女士，正是由于她的全力支持与不懈努力，才使得本书得以顺利问世——在此一并鞠躬致谢了！

由于本人水平所限，谬误之处在所难免，希望各位仁慈的读者不吝赐教。

韩联社

2015 年 4 月 10 日